GW01157800

Metamorfosis

Dirigida por:
Carlos Altamirano

LA PLAZA DE MAYO

Una crónica

por
Silvia Sigal

siglo
veintiuno
editores

Siglo veintiuno editores Argentina s.a.
TUCUMÁN 1621 7° N (C1050AAG), BUENOS AIRES, REPÚBLICA ARGENTINA

Siglo veintiuno editores, s.a. de c.v.
CERRO DEL AGUA 248, DELEGACIÓN COYOACÁN, 04310, MÉXICO, D. F.

Siglo veintiuno de España editores, s.a.
C/MENÉNDEZ PIDAL, 3 BIS (28036) MADRID

Sigal, Silvia
    La Plaza de Mayo. Una crónica
    1ª ed. - Buenos Aires:
    Siglo XXI Editores Argentina, 2006.
    352 p. ; 21x14 cm. (Metamorfosis / dirigida por
    Carlos Altamirano)

    ISBN 987-1220-48-0

    1. Ensayo Histórico Argentino. I. Título

CCD A864

Portada: Peter Tjebbes
Imagen de portada: 1° de mayo de 1950

ISBN-10: 987-1220-48-0
ISBN-13: 978-987-1220-48-9

Impreso en Artes Gráficas Delsur
Alte. Soler 2450, Avellaneda,
en el mes de septiembre de 2006

Hecho el depósito que marca la ley 11.723
Impreso en Argentina – Made in Argentina

Índice

A Natalia Muchnik,
con amor y admiración

Agradecimientos

No es la primera vez que Juan Carlos Torre encabeza mi lista de agradecimientos: puse a prueba esta vez, y más de la cuenta, su fidelidad y su generosa disponibilidad. Sus comentarios y los de Miguel Murmis, sagaz lector, hicieron que este libro sea menos abstruso y los errores menos frecuentes. Mi inseguridad como aprendiz de historiadora me incitó a someter las páginas correspondientes a la sabiduría de Lila Caimari, Ezequiel Gallo, Pilar González Bernaldo de Quirós, Elizabeth Jelin e Hilda Sábato.

La consulta de diarios y revistas hubiera sido imposible sin la colaboración de los empleados de las hemerotecas de la Biblioteca del Congreso y de la Biblioteca Nacional (demasiado numerosos para nombrarlos) y de Violeta Antiranello, bibliotecaria jefe de la Academia Nacional de la Historia. Carlos Altamirano me ofreció la idea original y su paciencia como director de la colección.

Introducción

Las Plazas, en realidad, porque a poco de andar, y aun antes del plural de las memorias, fueron evidentes los obstáculos para escribir sobre una única Plaza. Cambió su nombre. La hispánica Plaza Mayor, bautizada "de la Trinidad" por Juan de Garay, trasmitirá esa designación a su sección oeste, asiento de la capilla y del primitivo Cabildo. La otra parte, hacia la costa, será conocida como la Plazuela del Fuerte cuando se construya la pretenciosamente denominada Real Fortaleza de Don Juan de Austria; ahí, la Compañía de Jesús había instalado una capilla, habitaciones, un colegio y huertas, pero tras la orden de trasladarse se llevó todo, puertas, ventanas, cerrojos y rejas, dejando un descampado donde se adiestraban los soldados y tenían sus cocheras los prelados.

Para recaudar impuestos se construyó en 1803 una galería de dos alas, unidas por un arco central para proteger a los transeúntes de la lluvia, la Recova, que cruzaba la antigua Plaza por la mitad, de sur a norte. La Plaza Mayor fue bautizada "de la Victoria" después de las Invasiones Inglesas, y la Plazuela será la plaza del 25 de Mayo desde 1810. Aunque les bastaba a las autoridades atravesar el arco central para ir de una a otra, la Recova separaba las fuentes de tenor político de la Plaza: de un lado el Fuerte, residencia de las autoridades, coloniales y revolucionarias, y del otro el Cabildo, asiento de los representantes de la ciudad. Volverán a reunirse cuando el ímpetu renovador de don Torcuato de Alvear la eche abajo en 1884, y unifique ambas plazas para crear la de Mayo, la que tenemos hoy.

La multiplicidad de sus usos es otra razón para el plural.

En la Plaza Mayor se realizaban todas las ceremonias colectivas. Las procesiones del calendario católico o los homenajes a las Vírgenes merecedoras de la gratitud colectiva, especialmente la del Rosario, nombrada patrona de Buenos Aires junto a San Martín de Tours, por haber agregado a su feliz intervención en Lepanto su contribución a la victoria sobre los ingleses. También las civiles, las que puntuaban la vida de la casa real y la solemnidad colonial más importante, el Paseo del Real Estandarte en el día del patrono de la ciudad. Creada, como las europeas contemporáneas, para servir de mercado, se vendían velas, frutas y verduras de las chacras vecinas, pescados del río, mulitas, gallinas, pollos y —razón por la cual, según Mulhall, se la llamó "plaza de las perdices"— perdices, hasta que la Recova liquide buena parte de la venta "de suelo", y obligue a los feriantes a ocupar sus cuarenta locales, que alojarán luego a sastres, zapateros, fondas y artesanos.

Era además el centro festivo. Hasta 1801 las autoridades y los vecinos importantes pudieron apreciar las corridas de toros desde los balcones del Cabildo —para festejar el cumpleaños de Carlos III hubo ocho por la mañana y veinte por la tarde—; el entusiasmo popular era tal que fueron prohibidas en verano para no distraer a los segadores y, para evitar las ausencias en la fábrica de fusiles, la Revolución decidió realizarlas los domingos. Los toros competían con entretenimientos más criollos, como el juego de cañas, arrojadas por cuadrillas de jinetes con escudos de cuero, o el del pato: primero, parece, con patos vivos, después, metido hasta el pescuezo en una bolsa con cuerdas para soportar el tironeo, no se sabe si pollo, pato o pavo, si muerto o vivo, crudo o asado, pero sí que se corría tras el que tenía al ave y el vencedor se lo comía. No faltaban en la Plaza otras diversiones, juegos de bochas, salvas de artillería, músicas, repiques de campanas, arcos triunfales, volatines, palos enjabonados, mojigangas, gigantes, fuegos artificiales, rompehuesos, máscaras y, estrenados para el cumpleaños de Fernando VII, globos aerostáticos.

Esta diversidad autoriza otros tantos recorridos; opté por el derivado de su calidad originaria de centro del poder: alrededor de la Plaza estuvieron la Iglesia Matriz, el Cabildo, el Fuerte y, hasta 1906, la Casa Rosada, la Municipalidad, las Cámaras y la Suprema Corte. Este recorrido se bifurca para seguir, por un lado, los avatares de la Plaza como espacio de publicidad del poder político en conmemoraciones patrióticas y, por el otro, como lugar de expresión de muy diversos grupos que llegan ante las autoridades para cuestionarlas o presentar sus reclamos. Quedan, tercera serie, los actos que vinculan directamente a jefes de gobierno y masas en la Plaza, cuya frecuencia crece a medida que la Argentina deviene una sociedad de masas.

Me permito reunir acontecimientos tan disímiles porque poseen un atributo común: son demostraciones colectivas. Son, además, públicas, propiedad ésta cuya difícil definición me condujo a elegir las que cumplían una doble condición de publicidad: tener lugar en el espacio material de la Plaza, virtualmente abierto a todos los porteños —lo que me hizo excluir casi enteramente a las homilías en la Catedral y los debates en el Parlamento— y, al mismo tiempo, penetrar en el ámbito de la prensa, también potencialmente accesible.

Ahora bien, es claro que la primera condición no se cumple ininterrumpidamente sino que, al contrario, el acceso a la Plaza fue parcial o totalmente clausurado por las tiranías, de Rosas a la última dictadura. Siempre abierta, en cambio, para los actos gubernamentales, durante largas décadas, fue territorio exclusivo del poder político. De manera menos contundente, la evolución de la legislación sobre las reuniones "al aire libre" hará desaparecer, en el siglo XX, tanto a los mitines políticos —aun los que sólo se servían de la Plaza por su ubicación— como a las protestas sin reclamos a las autoridades, cualesquiera que fueran sus protagonistas. La pérdida de su carácter plenamente público me indujo entonces a traspasar ocasionalmente su perímetro para buscar topografías protestatarias alternativas.

La elección de diarios y periódicos como fuente exclusiva garantiza, en la práctica, la segunda condición de publicidad. Si bien esa decisión respondía al intento de soslayar una (otra) historia de las ideas, de las organizaciones o de las instituciones, existen razones para justificarla. Sólo la prensa permite reconstruir series de acontecimientos en la Plaza (y en la ciudad) y es el único medio para acceder a sus repercusiones inmediatas. Las crónicas, por último, pueden ser leídas como índices de la opinión dominante.

Sé los argumentos que pesan en contra. ¿Cómo servirse de voceros gubernamentales, el *Argos* bajo Rivadavia, *La Gaceta Mercantil* bajo Rosas, la casi totalidad de la prensa durante el peronismo o la dictadura de 1976? La misma pregunta vale, a la inversa, cuando los grandes diarios están en la oposición, a Yrigoyen, al gobierno de 1943, a la candidatura de Perón. El problema no es nuevo aunque se haya exagerado recientemente la obvia imposibilidad de acceder a una utópica realidad de los acontecimientos sin pasar por "narrativas" o "relatos" y su consiguiente, y también obvia, adecuación a determinados puntos de vista. Mi solución, pragmática, consistió, por una parte, en armar un puzzle a partir de fragmentos verosímiles de información sobre la existencia y la forma material de las demostraciones. Por la otra, en tratar a los diarios como testimonios de la opinión dominante, de los deseos del poder o de la oposición política; dicho de otro modo, a convertirlos de fuente en objeto.

Por ser públicas, esas demostraciones están destinadas a ser vistas y oídas porque, como se pregunta Pierre Favre: "¿Qué sería una manifestación que no fuera vista por nadie?". Si es imposible enumerar todos los destinatarios posibles, pueden mencionarse los indispensables: los "otros" —amigos y enemigos— y los participantes mismos —que se muestran su potencia y engendran (siquiera efímeramente) su calidad de entidad colectiva—: la presencia pública no es tan sólo la expresión de entidades previamente constituidas sino que contribuye a producirlas, modelarlas o consolidarlas. Las demostraciones tienen *in fine* un tercer destinatario, un ojo público, que es simultáneamente la garantía de su existencia. La mediatización de la sociedad hace evidente, hoy, esa dualidad constitutiva (a la vez el designado de manera explícita y una audiencia indeterminada) que destruye la ilusión de simetría entre el sentido otorgado por los participantes y el reconocido por los destinatarios.

¿Vistas y oídas por quién? El interrogante no concernirá aquí exclusivamente a su audiencia efectiva sino también a la que está inscripta en las dos formas principales de las demostraciones mismas, la procesional —protestas, marchas cívicas, desfiles del 1° de Mayo o militares— y el acto o mitin. La distinción es, con todo, relativa, por cuanto se combinan en la práctica: desfiles y manifestaciones comienzan o terminan con mitines, y éstos suelen estar nutridos por columnas convergentes (micromanifestaciones que, momentos transitorios en el sentido literal del término, no cuentan verdaderamente *per se*). Resulta entonces más adecuado referirse a un *momento-acto* y a un *momento-manifestación*. La variedad de motivos importa aquí menos que un hecho trivial: las plazas, y entre ellas la nuestra, son escasamente aptas para manifestaciones pero se prestan maravillosamente para encuentros colectivos puntuales. La Plaza de Mayo (como cualquier otra) sólo pudo recibir actos, mitines o momentos-acto.

Una manifestación consiste típicamente en el desplazamiento de una columna que se muestra ante una sucesión de públicos presentes mientras que, se sabe, un acto no recorre la ciudad. Y si no la recorre se expone materialmente a uno o a unos pocos; todo debe ocurrir dentro del campo visual y auditivo de sus protagonistas principales, la multitud y un espectador privilegiado allí presente, amigo o enemigo. Existe una gama de experiencias históricas en las que ese espectador privilegiado lo fue doblemente porque era un solo individuo y porque estaba en el poder. La Plaza de Mayo fue el lugar donde se produjeron esos encuentros singulares.

Es superfluo recordar que ni los encuentros entre pueblo y dirigentes, ni las concentraciones públicas de masas implican necesariamente maneras de hacer política que eluden las instituciones representativas. Expresiones universales, no permiten asentar lo que pudo tener de específico la política argentina de la segunda mitad del siglo xx. Si la Plaza de Mayo, y no otras de la ciudad, fue su encarnación típica, es porque allí se instituyó el *locus* del verdadero espacio significante, el dibujado por la Plaza colmada y el Jefe en la Casa de Gobierno. Asociado al liderazgo peronista, ése es el lugar social y político que permite oponer la fábrica a la Plaza en el proceso de integración obrera en la Argentina, y el que vino a dar un nuevo sustrato a los componentes plebiscitarios de la política argentina.

Para respetar un orden cronológico comienzo con un largo capítulo sobre las conmemoraciones patrias, que cierro a mediados de la década de 1940, cuando alcanzan una desusada envergadura. Intercalado, para evitar un número exagerado de *flash-backs*, otro capítulo se ocupa de las expresiones públicas de diferendos, reunidas bajo el título de las demostraciones protestatarias. Se trata, luego, de reconstruir la historia del balcón de la Plaza de Mayo y, con ella, las convocatorias de jefes de Estado: las conmemoraciones peronistas ante todo y algunas que les siguieron. Me pareció fecundo, por último, analizar el 17 de octubre y la fase inicial de las Madres de Plaza de Mayo como protestas, a partir del modelo canónico de las demostraciones organizadas. Saldremos a menudo de la Plaza (aunque no de Buenos Aires) porque, con una ambición seguramente desmesurada, quise utilizarla como lente para seguir el itinerario de algunos gobiernos y de algunos protagonistas de la historia argentina.

A modo de pedido de clemencia quiero agregar dos comentarios finales. El primero, que a la intención de partir de 1943 le siguió una exploración retrospectiva que me llevó a 1811 y a numerosos errores. El segundo, que no estoy segura de haber cumplido con mi propósito de llegar a un texto lo menos fastidioso posible, donde las interpretaciones se adivinaran tras las descripciones.

1
Las conmemoraciones patrióticas

Las modalidades de la liturgia cívica me parecen un hilo fértil para examinar la constitución de la autoridad y la emergencia de un Estado nacional. Su historia nos habla de los gobiernos que las organizaron, de los grupos que anudaron sus proyectos políticos a las efemérides y por último, y no poco, de los cambios urbanos. Fueron además, durante buena parte del siglo XIX, momentos de movilización cívica de la población porteña.

Esa liturgia, en tanto demostración pública, es un espectáculo con el que el poder se afirma a través de la presentación de la Patria a quienes se encuentran en la Plaza. Para encontrar a los "Otros" hay que dar un rodeo.

Si toda ceremonia gubernamental, signo —y la materia misma— de dominio, tiene un ingrediente político, la especificidad del ritual patriótico reside en que procura presentar públicamente una comunidad y, correlativamente, denegar simbólicamente la división de la sociedad. No es por eso inmutable, y sus variaciones pueden ser asociadas, por hipótesis, con la constitución del poder, con su institucionalización, con el proceso de emergencia de un Estado nacional, con la defensa del orden social... *Asociadas*, sin que puedan afirmarse relaciones de antecedente y consecuente. Una rápida revisión muestra que no toda mutación significativa en la sociedad o en la política se traduce en los ceremoniales. La inversa, sin embargo, no es cierta: las alteraciones de la liturgia coinciden sistemáti-

camente con momentos de activación del componente político polémico. Retomo entonces: es necesario fijarse en *estas* coyunturas para ver emerger *clasificados como enemigos de la Patria*
a los adversarios del poder. De ellas trata buena parte de esta
crónica.

Referirse a las conmemoraciones patrióticas no exige felizmente una imposible definición de la Patria. Noción inefable que
se agota en la designación de una comunidad sin fisuras, su inde-
terminación obliga a observar los intentos de fijarle significados,
variables. No varía, en cambio, que sus expresiones materiales
sean la única vía de entrada en lo que de otro modo pertenece-
ría al mundo de sentimientos, también ellos inefables. Los gestos,
emblemas, cuerpos, textos, serán, aquí, los únicos indicios de mu-
taciones en la forma de existencia social de esas Patrias.

Buenos Aires festeja su Revolución

Como toda rememoración, la del 25 de Mayo de 1811 le
otorgó al acontecimiento un significado con pocos matices y
escasas asperezas. No por eso fue consensual. En la disputa por
la primera versión pública del 25 de Mayo intervinieron varias
voces, algunas más potentes que otras, pero quienes más habían bregado para conmemorarlo, los morenistas, no estaban
ya en el poder para imprimirle un contenido quizá más jacobi-
no que el que la tiñó de todos modos.

Homenaje a Buenos Aires, autora de la nueva Patria, y a su
proyecto americano, reproducía las ambigüedades del momento. La invocación de la "libertad americana" y la "libertad civil"
—expresión querida por Saavedra, según Ignacio Núñez, para
excluir toda idea de independencia— permitió dejar en suspenso la poco clara relación con España. Tulio Halperin Donghi
pone el énfasis en la conservación de la procesión del Real Es-

tandarte, transferida al 25 de Mayo, pero cuesta asociar la decisión con el peso de las tradiciones coloniales pues su sentido político no pasaba inadvertido, como parece mostrarlo una demanda de suspenderla después de la victoria sobre los ingleses.[1] Pero Halperin Donghi tiene razón cuando escribe que el 25 de Mayo de 1811 mezclaba lo nuevo con lo viejo. Era nueva la liturgia, sin el tratamiento reservado al presidente de la Junta y a las jerarquías en el tedéum: en su famoso decreto de honores, Mariano Moreno estipulaba que "no concurren al templo a recibir inciensos sino á tributarlos al Ser Supremo [...] No habrán coxines, sitial ni distintivo entre los individuos de la Junta". No los hubo y sólo los dignatarios religiosos estuvieron autorizados a besar los Evangelios.

Lo viejo, en las diversiones. Si esta vez no se corrieron toros, el gobierno revolucionario echó mano al *stock* colonial. Su intervención permite presumir que bailes y danzas, arcos con epígrafes alusivos, recitados, canciones, discursos y representaciones teatrales procuraban insuflar lealtades que la elite criolla no podía dar por seguras en una coyuntura militar y política por demás incierta. Pero al mismo tiempo, y por mucha organización que hubiera, "estaba la gente fuera de sí, y no pensaba sino en divertirse hermanablemente",[2] en una exhibición de cohesión ante sí misma.

Buenos Aires no ahorró para homenajearse (tampoco lo había hecho en los aniversarios de su victoria sobre los ingleses): 1.000 pesos para los gastos de la iglesia, con sus hachas y velas decoradas con 120 moños, y 8.000 para iluminar durante tres días la Plaza y la Recova con las célebres 1.141 candilejas

---

[1] José Ramón Milá de la Roca y Nicolás Herrera, "Memoria presentada en Bayona sobre el virreinato del Río de la Plata para lograr su progreso", *Mayo Documental*, vol. 2, doc. 130, pp. 17-22, Buenos Aires, 1962, en Hans Vogel, "Fiestas patrias y nuevas lealtades", *Todo es Historia*, n° 287, p. 45.

[2] Juan M. Beruti, *Memorias curiosas*, en Biblioteca de Mayo, Senado de la Nación, 1960, IV, p. 169.

de sebo. Y como pareció conveniente conmemorar más sólida y duraderamente la asunción de la soberanía en 1810, el Cabildo decidió un tanto tardíamente, el 5 de abril,

> [...] levantar en media plaza una Pirámide figurada con jeroglíficos relativos de la celebridad [...] habiendo consultado con el inteligente Juan Antonio Gaspar Hernández, había este significado, que por poca diferencia podría gastarse lo mismo levantándola de firme.

De firme, es decir, con ladrillos en lugar de bastidores de tela, madera y papel. El maestro mayor Francisco Cañete construyó a todo vapor una pirámide de 14,92 metros de alto, hueca por falta de tiempo, con un palo largo por dentro para sostener el globo que la coronaba. Al obelisco, porque eso se decidió que era, *La Gaceta* le dedica unas estrofas:

> *Columnas, obeliscos*
> *Y un grito encantador*
> *Anuncian a porfía*
> *La nueva elevación.*[3]

La "nueva elevación", primer monumento porteño, se diferenciaba así de la perecedera arquitectura festiva colonial: prometido a perdurar, las inscripciones no eran cuestión baladí y el gobierno resolvió que sólo figurara el día 25, rechazando la propuesta del Cabildo de grabar la fecha de la exclusivamente porteña Reconquista. En los paneles que rodeaban la pirámide se leía, sin embargo

> [...] una decima en berso alusiva ála obra y victorias, que havian ganado las valerosas tropas de esta inmortal Ciudad, y las

---

[3] *La Gaceta de Buenos Aires*, 21/5/1811.

que esperaban ganar en defensa dela Patria, su livertad, y delas vanderas que juraron defender.[4]

Es que Buenos Aires era la heroína de la fiesta, la dueña del 25 de Mayo y el lazo con Sudamérica. Única patria de los porteños, como lo demuestra convincentemente José Carlos Chiaramonte,[5] se insertó en una identidad americana preexistente, operación facilitada por la inexistencia de entidades intermedias. Mayo será durante décadas el Mes de América, la Revolución ofrecerá la "ciudadanía americana" y en el primer aniversario, por añadidura, se apropia, literalmente, del pasado indígena. Uno de los barrios presenta ocho parejas, cuatro españoles "con sus antiguos vestidos cortos a la romana" y cuatro con "plumas de colores en la cintura y la cabeza", uno de los cuales, con "un manto carmesí en señal de su más alta dignidad, cargado de grillos y cadenas" hizo

[…] una demostración estrepitosa del espanto que le causaba su desgracia en medio de tan grandes regocijos, levantó la cabeza, reconoció a sus liberadores, y rompió en un baile que por alto hizo pedazos los grillos y las cadenas.

Con una corona cívica y armado con "arco, carcaj y flecha, fue reconocido como el caudillo de la fiesta".[6]

Si es posible que los españoles no se reconocieran demasiado en los trajes a la romana, es seguro que los indios con plumas de colores en la cabeza y en la cintura poco y nada tenían que ver con pampas o guaraníes; pero los indígenas que rodeaban

[4] Juan M. Beruti, *op. cit.*, p. 169.

[5] José Carlos Chiaramonte, "Formas de identidad en el Río de la Plata luego de 1810", *Boletín del Instituto de Historia Argentina y Americana "Dr. Emilio Ravignani"*, Tercera serie, n° 1, 1989.

[6] Ignacio Núñez, *Noticias históricas de la República Argentina, 1857*, en Biblioteca de Mayo, vol. 30, p. 48.

las estrechas fronteras de Buenos Aires no ofrecían una distancia mítica suficiente, la que se activará más tarde en el proyecto de coronar un inca. Esa invocación fantasmagórica, en la que puede verse, también, la ruptura de la ficción del pacto de sumisión originario, no fue excepcional. Un coro de cuatro niños trajeados de indios festejará la derrota de Álzaga, el 28 de mayo de 1813 se representaba la tragedia del cacique Ciripo, "de autor americano", en 1816 uno de los carros triunfales que llegan a la Plaza transporta dieciocho jóvenes ataviados como indios peruanos[7] y todavía en 1854, en los intermedios de la representación de la Compañía de Volatineros, pudo verse bailar en el tablado a "niños vestidos lujosamente con traje americano".[8]

Frente a la metrópolis, escribe Halperin Donghi, "el pasado indígena, es reivindicado como herencia común de todos los americanos".[9] Cabría sin embargo tener en cuenta la opinión del organizador de la comparsa, Ignacio Núñez, "hacer aparecer con una misma necesidad de libertad en los españoles y en los americanos" frente al despotismo de Fernando VII. Idea que reaparece (a pesar de los vaivenes en cuanto a los derechos otorgados a los españoles) en la identidad de intereses de Adolfo, Matilde y el "Español amigo" en *La libertad civil*, pieza representada en 1816.[10] Y si de funciones del tropo indígena se trata, no habría que desdeñar la que tuvo para autentificar la Revolución hincando sus raíces en la Conquista, como escribía "Un patricio a sus compatriotas":

---

[7] Citado en *Buenos Aires nos cuenta*, Municipalidad de la Ciudad de Buenos Aires, n° 16, 1988, p. 31.

[8] *La Tribuna*, 26/5/1854. *The British Packet* escribe que "*youngers attired in Indian costume who tripped it on the light fantastic toe to the delight of their juveniles compeers*", 27/5/1854.

[9] Tulio Halperin Donghi, *Revolución y guerra. Formación de una élite dirigente en la Argentina criolla*, Buenos Aires, Siglo XXI, 1972, p. 184.

[10] *La Lira Argentina*, pp. 4805 y ss.

Los bárbaros descendientes de Túbal han concebido el diabó-
lico proyecto de reproducir las sangrientas escenas del siglo XV
sobre los indígenas de una, y otra América. Ved ahí a los modernos Corteses, Pizarros, Almagros y demás satélites de la más
moderna tiranía [...] contra los que eran allá en remotas éras
los desgraciados Monarcas Atahualpa y Moctezuma, con su
digna Progenie.

O *El Observador Americano*, en 1812, dirigiéndose "A sus paisanos":

Patricios: [...]¡Insensatos! ¿Creísteis acaso que el brazo omni-
potente, que está vengando en vosotros la sangre de Atahuall-
pa y Motesuma, se suspendería ahora en vuestra ruina?

Los orígenes colectivos se fabrican con el material disponi-
ble y varían según el clima de las ideas y la suerte de sus promotores. La Plaza era testigo de una recuperación del pasado
indígena, opción radicalmente distinta de las obstinadas metáforas neoclásicas que inscribían a la Patria en la genealogía republicana. Incomprensible fuera del conflicto con España, la
equivalencia entre la opresión ejercida por los españoles con-
temporáneos y la infligida por los conquistadores a los indígenas, no solamente "reivindicaba una herencia común" sino que
unificaba al adversario otorgándole una continuidad negativa,
bárbaro durante la Conquista, ahora tirano corrupto. La noción de Patria que resulta no es la misma. En un caso descansa
enteramente en un pasado compartido, dejando en blanco la
relación con España; en el otro, cobra calidades positivas,
amante de la libertad y de la razón, por oposición a las adjudi-
cadas a su adversario, insertándola en el proceso civilizatorio.
"Feliz momento en que el brazo de los intrépidos quebró el ídolo y derribó el altar de la tiranía", fue origen de uno de los du-
raderos sentidos del 25 de Mayo; ratificado por la Asamblea del
año XIII, *El Argos* podrá escribir que Buenos Aires "elevó el es-

tandarte augusto de la libertad", "hizo pedazos la cadena de la esclavitud más baja", se alzó contra "el supremo poder de la dictadura" y "protestó abatir el poder de la corrupción trasplantado a este hemisferio desde la otra parte del Océano".

No toda "invención de una tradición" es exitosa. En 1823 la Sociedad Literaria propondrá un concurso sobre los pueblos indígenas, preguntándose: "¿Se han de tratar como naciones separadas, o han de ser reconocidos como enemigos, a quienes es preciso destruir?".[11] El diseño de la filiación autóctona era en todo tributario de la oposición a España y tenía, por eso, muy escasas posibilidades de perdurar.

Autoridad y Patria

Con el perdón a criminales arrepentidos y la liberación de esclavos con fondos públicos, el gobierno revolucionario asumía en 1811 derechos regalianos, afirmándose como heredero del poder colonial, interpretación válida también para los 8.000 pesos distribuidos, por consejo del Cabildo, para reemplazar las "demostraciones que pasan con el sonido" por "hechos que proporcionen a los pueblos bienes reales, y cuyo recuerdo anime en días más serenos las públicas alegrías de nuestros descendientes"; el gesto, más dadivoso en 1812, será calificado por el doctor Álvarez Jonte de decisión "propiamente republicana", sin parar mientes en la tradición colonial. Primer paso en la creación de símbolos propios, el Triunvirato encargaba en 1812 un canto patriótico para ser entonado cotidianamente en las escuelas y en todos los espectáculos públicos, gratificaba con 25 pesos a cada uno de los tres niños que entonaron una marcha patrióti-

---

[11] *La Abeja Argentina*, en Biblioteca de Mayo, p. 5573.

ca en el Cabildo y suspendía el Paseo del Real Estandarte, "una ceremonia humillante introducida por la tiranía e incompatible con las prerrogativas de la libertad", a la espera de una "demostración más digna y análoga a nuestra regeneración civil".

Se recuerda que la Asamblea Constituyente del año XIII se declarará fuente exclusiva de su legitimidad, sancionando la extinción de la fuente divina del poder Real; le cabía así, como lo hizo, acuñar moneda propia, fundamento de la autonomía política. Gran productora de reglas simbólicas, además de designar a la marcha de López y Parera como himno único y obligatorio, se sirvió generosamente de la materia prima ofrecida por la liturgia de la Revolución Francesa; reemplazó la efigie del rey por el sol heráldico (metáfora quizá del triunfo de la luz sobre las tinieblas),[12] una corona de laureles y un gorro frigio sostenido por las dos manos, ambas derechas, de la Fraternidad. En ese Mayo, en la Plaza, todos "se colocan el gorro de la libertad"; "los buenos patriotas, tanto hombres como mugeres, todos se lo pusieron y siguen con él cuando no en la cabeza, los hombres lo llevan pendiente de la escarapela del sombrero y las señoras mugeres de las gorras o del pecho".[13] La Asamblea ofreció al "pueblo venidero" una tersa versión de su origen borrando cuanto de ambiguo había tenido el 25 de Mayo y confirmándolo de una vez por todas como el "día de nacimiento de la Patria", "fiesta cívica" a celebrarse en "toda la comprensión del territorio de las Provincias Unidas del Río de la Plata".

Es inútil abundar sobre el papel de los emblemas, a la vez condición y consecuencia de la emergencia de grupos o naciones. Pero si afianzan los lazos entre quienes se reconocen en ellos, no es acaso ésa su única misión. Son también productos

---

[12] Jean Starobinsky, *Les emblêmes de la raison*, Champs Flammarion, 1979, p. 31.

[13] "Relación de las Fiestas Mayas de Buenos Ayres en el presente año de 1813", en Augusto E. Mallie (comp.), *De la Revolución de Mayo a través de los impresos de la época*, Buenos Aires, 1965, y Juan M. Beruti, *op. cit.*, p. 232.

políticos que, en tanto tales, sustentan y dependen del poder de las facciones que los inventan. Los conflictos en el seno de la elite criolla permitirían así entender que se adoptaran símbolos republicanos cuando eran poderosos los proyectos monárquicos, y que hubiera quienes, esperanzados por el incierto futuro de Fernando VII, decidieran forjar emblemas de autonomía sin esperar la declaración de la independencia. Porque aunque se adosara el término "civil" a los de "regeneración" o "libertad", resultaba sencillo ver en esa actividad simbólica la caída de la "máscara inútil y odiosa de los pueblos libres", y así lo hizo el general Vigodet, jefe de la plaza de Montevideo:

> Los rebeldes de Buenos Aires han enarbolado un pabellón con dos listas azul celeste a las orillas y una blanca en medio. Y han acuñado moneda con el lema de "Provincias del Río de la Plata en Unión y Libertad". Así se han quitado de una vez la máscara con que cubrieron su bastardía desde el principio de la insurrección y declarándose independientes de la Nación se han presentado a los demás como un Estado nuevo [...].[14]

Inútil también repetir que, lejos de ser el revestimiento de una comunidad preexistente en las almas, son su materia misma. Resultado de las vicisitudes del imperio español, la Revolución remitía a una identidad "no hispana", la de "españoles americanos",[15] antes que a una nacional *in nuce* y es ocioso por lo tanto escudriñar retrospectivamente las semillas de una Nación en la nueva entidad política, por demás restringida y precaria. Más que a engendrar una comunidad, los emblemas patrios vinieron para reemplazar los del antiguo orden; eran performativos, por decirlo así, que transformaban *per se* el estado de las cosas. La tarea, sin embargo, rebasaba la sustitución simple.

---

[14] Citado por María Sáenz Quesada, *La Argentina. Historia del país y de su gente*, Buenos Aires, Sudamericana, 2001, p. 235.
[15] José Carlos Chiaramonte, *op. cit.*, esp. pp. 72-73.

El 28 de mayo de 1810 se hacía saber que la Junta recibiría el tratamiento de Excelencia y que "las Armas harán a la Junta los mismos honores que a los Excmos. Señores Virreyes". Es posible encontrar en esa decisión el peso de la tradición, la marca del reconocimiento de Fernando VII o la tentativa de transferir las lealtades al nuevo gobierno, pero Mariano Moreno ofrecerá otra explicación: "el vulgo, que sólo se conduce por lo que ve, se resentiría de que sus representantes no gozasen del aparato exterior de que habían disfrutado los tiranos"; "sacrificio transitorio", entonces, que aspiraba a presentar al pueblo "la misma pompa del antiguo simulacro hasta que repetidas lecciones lo dispusiesen a recibir sin riesgo de equivocarse el precioso presente de su libertad". Ahora bien, conviene leer el término "simulacro" en su sentido estricto, el de la primera acepción del diccionario:[16] no una ilusión engañosa sino una "imagen hecha a semejanza de una cosa o persona especialmente sagrada", la "representación material de una persona real y verdadera". El "antiguo simulacro" consistía así en la exhibición de un ícono sustituto del rey o, mejor dicho, del cuerpo místico del rey, de la inmortalidad de la realeza. Sabemos por Ernst Kantorowicz cómo, a partir de la doble naturaleza de Cristo, se engendró la distinción de los dos cuerpos del rey, el natural y visible y el que no muere nunca;[17] lo mismo se sigue, en la tradición hispánica, de las Partidas de Alfonso el Sabio: "porque también la imagen del Rey, como su sello, en el que está su figura, y la señal que llevan también sus armas, y su moneda, y su carta, en la que se nombra su nombre, que todas estas cosas deben ser muy honradas, porque son su recuerdo,

---

[16] Julio Casares, *Diccionario ideológico de la lengua española de la Real Academia Española*, Barcelona, Gustavo Gili, 1987.

[17] "Una *persona ficta* —la *Dignitas*" en "una *persona ficta* —la efigie". Ernest Kantorowicz, *Les deux corps du roi*, París, Gallimard, 2000, pp. 935 y ss. [*Los dos cuerpos del rey*, Madrid, Alianza, 1985].

donde él no está".[18] El reemplazo del Real Estandarte —"de terciopelo carmesí con las Armas Reales por un lado y por el otro
con las de la ciudad, pintadas en un lienzo de tafetán"—[19] por
los nuevos símbolos era, entonces, una operación capital. No
solamente fundaba la autonomía política sino que trocaba la
representación de un poder encarnado por los objetos abstrac-
tos de veneración propuestos por la Revolución.

El decreto de honores de diciembre de 1810, al establecer
la igualdad de los miembros de la Junta, que sólo colectivamen-
te "podrá recibir honores militares, escolta y tratamiento", ins-
tituía a los representantes del pueblo como continentes del
nuevo cuerpo político.[20] Eco de la Revolución Francesa, aquí
como allí la historia fue desobediente: menos de cuatro años
después la Asamblea reemplazaba al Triunvirato por el Directorio, con un Director Supremo a quien se debía el tratamiento de excelencia y gozaba de la escolta correspondiente; en la
asamblea que eligió a Gervasio Posadas se habría proclamado
"¡Uno es el Sol!", y comenzado a decir en los despachos "mi autoridad, mis Secretarios, mi Consejo, como para ir acostum-
brando los oídos á estas locuciones extrañas, y acaso poder decir después: mi nación, mi esquadra, mis armas, mis vasallos".[21]
Si esta versión de la opositora *Crónica Argentina* es discutible, lo
es menos que, en el día del juramento de la Independencia, la
Plaza enmarcaba la distribución espacial de las jerarquías: al si-

[18] "Onde por todas estas razones sobredichas, mandaron, que non tan
solamente honrrassen al Rey los Pueblos, en qual manera quier que lo fallas-
sen, mas aun a las Imagines que fuessen fechas en assemejança, o figura del."
*Las siete Partidas del Sabio Rey D. Alfonso e Nono, copiadas de la edición de Salaman-
ca del año de 1555 que publicó El señor Gregorio Lopez...*, Valencia, 1758, vol. 2.
Agradezco a Natalia Muchnik esta referencia.

[19] Descripción del estandarte para la proclamación de Carlos IV; sesión
del Cabildo del 1° de agosto de 1789.

[20] Marcel Gauchet, "L'héritage jacobin", *Le Débat*, n° 116, París, p. 36.

[21] *La Crónica Argentina*, 16/11/1816. En Biblioteca de Mayo, t. VII, p. 6373.

tial del director supremo J. M. de Pueyrredón, lo seguían en el palco de honor 62 sillas de terciopelo para las autoridades religiosas y civiles y, detrás, otras 120, en las que mal podían sentarse los habitantes de Buenos Aires, menos que los 55.416 de 1822 pero más que los 50.999 contabilizados en 1815.

Fusiles y fiestas

"Hay muchos locos en esta República. Creo que la causa puede atribuirse a las continuas revoluciones que asuelan el país. Había muchos menos hace cincuenta años",[22] escribía un viajero francés. Es difícil verificar el incremento de locos pero no hay duda sobre la asiduidad de asambleas, pronunciamientos, puebladas, revoluciones y amotinamientos que pujaban por el poder en la Plaza de la Victoria. Durante las dos primeras décadas del siglo XIX sobraban los debates en logias, asociaciones y clubes más o menos secretos, pero la Plaza fue el lugar por excelencia de expresión de los diferendos del pueblo de Buenos Aires. Con su presencia tanto o más que con sus votos. Allí se condensaba la opinión y desde allí se intervenía directamente en los asuntos públicos.

Más o menos agitados, los porteños acudían para exigir cabildos abiertos[23] destinados a reemplazar gobiernos o cuestionar decisiones. Inquieta, la Primera Junta había reclamado precozmente la "subordinación a la autoridad nuevamente establecida", para asegurar "la confianza del pueblo en sus magistrados, el respeto y la obediencia a todas sus determinaciones y mandatos [...], base principal del orden felizmente restablecido",

---

[22] Jorge Fonderbrider (comp.), *La Buenos Aires ajena. Testimonios de extranjeros de 1536 hasta hoy*, Buenos Aires, Emecé, 2001, p. 112.

[23] En septiembre de 1811, septiembre de 1812, octubre de 1812, octubre de 1813, abril de 1815, marzo y abril de 1820.

y amenazaba con castigar con rigor a "cualquiera que siembre desconfianza o recelos". Como no hubo después razones para que ese desasosiego desapareciera, limitó a los reconocidos como *vecinos* las intervenciones públicas en el estrecho círculo de la política porteña y, ante la preocupación de los encargados del orden, decidió en 1810 que sólo podían ser admitidas en "las concurrencias públicas" las "personas blancas vestidas de frac o levita". El 5 de abril de 1811, sin embargo, mostraría la ineficacia de esta prescripción y pondría en evidencia también el peso de los habitantes de los suburbios de detrás de los cercos de tunales, movilizados durante las Invasiones Inglesas. Para sostener a Saavedra, se escribe, "se apeló a los hombres de poncho y chiripá contra los hombres de capa y de casaca";[24] protagonistas de la primera concentración verdaderamente multitudinaria, 1.500 hombres a caballo de las quintas y de los arrabales, impulsados por Joaquín Campana y encuadrados por el alcalde Tomás Grigera, acamparon y permanecieron en la Plaza toda la noche. Al día siguiente, se escandaliza Beruti,

> [...] suponiendo pueblo a la última plebe del campo, con desdoro del verdadero vecindario ilustre y sensato de esta ciudad [...] el Cabildo débil otorgó cuanto en nombre de este supuesto pueblo pidieron.[25]

La invasión rústica y plebeya, nos dice Halperin Donghi, será recordada con unánime horror por la clase política revolucionaria; también ciento sesenta años después por *El Descamisado*, publicación de la Juventud Peronista que, memorioso y sin horror alguno, ubica a Joaquín Campana en la lista de representantes de la Patria y del Pueblo.

---

[24] Ignacio Núñez, *op. cit.*, p. 453.
[25] Juan M. Beruti, *op. cit.*, p. 166.

La agitación en los politizados cafés, tiendas y cuarteles espesaba la inédita esfera pública generada por las Invasiones Inglesas, haciendo que Vicente Fidel López creyera ver en el modesto ámbito urbano de Buenos Aires el equivalente de Atenas o Corinto. Sin llegar a tanto, los porteños, muchos bajo banderas, vivían conmocionados por posibles bombardeos o desembarcos, por la entrada o salida de tropas, por los resultados de las batallas o por la caída en desgracia de notables, y es verosímil, como escribe el historiador, que "los peligros y las complicaciones tocaban de todas partes sobre esta burguesía alborotada [...] la vida diaria de los porteños era una vida turbulenta y apasionada de conversaciones de calle, de plaza, de intrigas y conspiraciones interminables".[26] Con el creciente peso de las armas en el proceso revolucionario comenzarán los levantamientos militares: la Plaza de la Victoria despertó en el amanecer del 8 de octubre de 1812 rodeada por la guarnición al mando de San Martín y tres años después, ante la amenaza de un ataque de Carlos de Alvear, era una suerte de fortaleza, con baterías de artillería en sus entradas. Se comprende entonces el entusiasmo de *El Argos*:

El recibimiento del nuevo Gobierno en este día hecho en el orden establecido por la ley es el primer acto de su género que se presencia en esta capital después de la revolución.

La primera prueba práctica que éste es también el medio de lograr que la separación de un Gobierno se haga sin causar ni el descrédito del país ni la ruina de su fortuna ni las desgracias ó las alarmas de las familias.[27]

No mucho después, sin embargo, iluminada como para las grandes fiestas —dice *El Tiempo*—, la Plaza era ocupada por las

---

[26] *La Revolución Argentina*, Ed. Imprenta y Librería "Mayo", 1881, Biblioteca de Mayo, vol. 30, p. 52.

[27] *El Argos de Buenos Aires*, 4/5/1824.

tropas de Lavalle, fervorosamente recibidas, y los vecinos la armarán para resistir un ataque de las fuerzas federales. Con las pobladas rosistas (1829, 1833) se cerrará este capítulo de potencia popular y, con él, la fase inicial de la Plaza de la Victoria como sede de las formas contestatarias.

Se sabe, todo dominio se pone en escena públicamente, y los frágiles gobiernos revolucionarios no fueron una excepción. De las modalidades de presentación de la Patria en la Plaza me interesa ante todo su componente político y, ahora, el proceso de creación de poder —sometido a los vaivenes del monopolio legítimo de la fuerza— y (también weberianamente) el de su transformación en autoridad. Con el ojo puesto en la Plaza me atrevo a modificar la por otra parte justa formulación de Echeverría sobre la doble misión de la Junta Revolucionaria: vencer a los enemigos de la Revolución y robustecer su poder para asegurar su triunfo, para ver a esa guerra como consecuencia y alimento del poder de la Junta y de sus herederos. Dicho de otro modo, sostener que la fabricación de la nueva entidad política fue fuente de dominación, siquiera transitoria, para quienes emprendían esa tarea; por intensos que fueran los sentimientos revolucionarios, y sin atribuir intenciones o imputar estrategias, me parece difícil disociar el afianzamiento de la flamante Patria de la consolidación de sus autoridades.

Desde esta óptica, las horcas levantadas en Buenos Aires pueden interpretarse como ostentación de poder. La Revolución optó por la Plaza, como lo había hecho el virreinato en 1802 para descuartizar a Martín Ferreyra (a) Curú, decapitar a los miembros de su banda y colocar sus cabezas en jaulas de hierro.[28] La continuidad no pasó inadvertida: aduciendo explíci-

---

[28] Ricardo de Lafuente Machain, *La Plaza trágica*, Cuadernos de Buenos Aires XVII, Municipalidad de la Ciudad de Buenos Aires, 1973.

tamente la voluntad de cortar con el Antiguo Régimen se desplazó la horca al Retiro en 1815 y el gobernador Martín Rodríguez la instalará frente al Fuerte, cerca del lugar donde Garay había clavado el rollo de la justicia a impartir en nombre del Rey. La Revolución no descuartizó a nadie, al menos en Buenos Aires, pero la mano de las autoridades de turno no fue suave en diciembre de 1811 con los 380 sargentos, cabos y soldados saavedristas del Regimiento de Patricios que —amén de proteger las famosas trenzas— exigían votar a sus jefes; cuatro sargentos, dos cabos y cuatro soldados fueron degradados ante las tropas, pasados por las armas y expuestos en las horcas en medio de la Plaza. Tampoco fue suave la de Rivadavia, secretario del Triunvirato, con Martín de Álzaga; fusilado, el cadáver del jefe de la conspiración del partido español quedó tres horas en la horca, expuesto a la multitud que gritaba: "¡Viva la Patria!, ¡Mueran los traidores!, ¡Viva la libertad!, ¡Perezcan los tiranos!". Como en todas partes del mundo, estas ceremonias atraían un copioso público; Buenos Aires reservaba un lugar de preferencia para las escuelas y no se apartó de la tradición don Rufino Sánchez, el maestro más acreditado, que aprovechó para dar lecciones patrióticas a sus alumnos, inmejorablemente ubicados sobre la calle Victoria. La Plaza fue testigo de idénticos castigos a los demás conjurados hasta que al cabo de un mes fue iluminada y hubo una misa de acción de gracias. Había terminado el "festival de horcas", espectáculo del poder ofrecido en la Plaza al pueblo de Buenos Aires. No cesarán los ajusticiamientos, desde los enemigos de Rosas hasta los del "mazorquero" Alem y los jefes de la Mazorca, cuyos cadáveres fueron exhibidos después de Caseros ante diez mil personas, "una verdadera plaza de Grève, en París, pues hasta los tejados de la vecindad estaban coronados de gentes".[29]

[29] *La Tribuna*, 18/10/1853.

Horcas y fusiles son útiles para proteger y reforzar el poder —o sus facciones— pero lo son menos para asegurar su legitimidad, mejor servida por el lujo y la pompa. No lo ignoraba Moreno cuando razonaba que "la costumbre de ver á los virreyes rodeados de escoltas y condecoraciones habría hecho desmerecer el concepto de la nueva autoridad si se presentaba desnuda de los mismos realces". El papel de la fiesta barroca como sostén de las autoridades es argumentado convincentemente por Juan Carlos Garavaglia, quien cita la defensa de las corridas de toros por el abogado fiscal del virreinato.

Porque es digno de notar que las diversiones públicas, como toros, cañas, comedias, volantines y otros juegos, lexos de estimarse por perjudiciales son utilísimas y recomendables al Gobierno político para que los hombres puedan alternar los cuidados y fastidios de la vida humana con los regocijos y festejos honestos [...] buscando con esta intermisión las proporciones de hallarse gustosos para continuar sus encargos, atender [...] a sus obligaciones y estar promptos y vigilantes a serbir al Rey.[30]

Tiene sus bemoles, sin embargo, aplicar este lúcido diagnóstico a las celebraciones de la primera década posrevolucionaria. Sería reductor concluir que respaldaron unívocamente al poder o respondieron a sus estrategias porque estuvieron sólo parcialmente organizadas por los gobiernos, y muy poco cuando las campanas anunciaban victorias militares, como la batalla de Salta, festejada por

[...] las señoras y señores decentes saliendo tan de sí el contento, que sin reparar ser el primer día de cuaresma [...] se

---

[30] Citado por Juan Carlos Garavaglia, "A la Nación por la Fiesta: Las *Fiestas Mayas* en el origen de la Nación en el Plata", *Boletín del Instituto de Historia Argentina y Americana "Dr. Emilio Ravignani"*, Tercera serie, n° 22, Buenos Aires, 2000, p. 79.

divirtieron hasta las once o más de la noche en contradanzas, pasapies, etcétera y cánticos patrióticos.[31]

Por otra parte, si el erario público, a veces con la colaboración del Cabildo eclesiástico, costeaba la decoración de la Plaza y los fuegos artificiales, la participación de vecinos adinerados, cuarteles militares, barrios y las comisiones de cabildantes generaban una relativa polifonía, que se interrumpirá en 1821 con la transferencia de las conmemoraciones al recién creado Departamento de Policía.

Se equivocaría, por fin, porque olvidaría que la mera voluntad del poder era insuficiente: la retórica de arcos, estatuas y fuegos artificiales dependía del estado del tesoro y sufrió durante los años de estrecheces. "La fortuna que presidía a nuestra empresa ha mostrado su inconstancia", anunciaba Posadas en enero de 1814; Buenos Aires, que con la guerra contra Montevideo, las derrotas en el Alto Perú, la caída del imperio napoleónico y la amenaza de una expedición española, enfrentaba la peor coyuntura internacional desde el comienzo de la Revolución, no estaba para diversiones. Pueyrredón —que a título personal, abría con 150 pesos una suscripción para paliar las crecientes dificultades de los porteños—[32] agobiaba a la ciudad con impuestos y empréstitos para apoyar al Ejército de los Andes y prefirió probablemente invertir en armas los 6.000 pesos gastados para las fechas mayas, en promedio, entre 1811 y 1814.[33] Se impuso la moderación,[34] sin anular espectáculos más baratos pe-

---

[31] *La Gaceta Ministerial,* 17/3/1813.

[32] *El Americano,* 28/5/1819; *La Gaceta de Buenos Aires,* 27/5/1819.

[33] Hans Vogel, *op. cit.,* p. 46.

[34] "La frugalidad en los gastos, tan necesaria en las circunstancias actuales impidió que fuesen estas fiestas tan espléndidas como en los años anteriores", *La Gaceta de Buenos Aires,* 3/6/1815; "se ha celebrado con regular decencia, mas no con el esplendor de los años anteriores", *El Censor,* 29/5/1817; "la iluminación fue bastante alegre aunque no tan costosa como la de los años anteriores", *La Gaceta de Buenos Aires,* 31/5/1817, y fue "modesta" en julio, *ibid.,* 14/7/1817.

ro igualmente apreciados, como la elección de la niña "más airosa y bonita" para llevarla en un carro triunfal tirado por cuatro hombres disfrazados de tigres y leones.[35] A pesar de la penuria, la noticia de la caída de Montevideo fue fastuosamente
recibida, y tampoco se ahorró para el juramento del Acta de la
Independencia. La Plaza fue iluminada con faroles y vasos de
colores y, en la más estricta tradición colonial, "se arrojó y derramó bastante porción de moneda nacional"; "sólo diré", cuenta un testigo, "que en el reino más poderoso no se hace jura a
un soberano con mayor magnificencia y lucimiento que la que
ha hecho Buenos Aires en la declaración de su independencia".[36] El 25 de Mayo habría sido acaso también sobrio en 1818
si no hubiera regresado a Buenos Aires, triunfal, San Martín, en
cuyo honor se construyó en 16 días una plaza dentro de la Plaza con más de 3.500 luces en la arquería, se iluminaron la pirámide, el Cabildo, la Recova y hubo "danzas primorosas y de costo".[37] "Un pueblo honesto […] que se halla sobrecargado con
el enorme peso de los sacrificios que son consiguientes, solemniza sus épocas célebres del modo que puede", escribía *El Censor*, y en 1819 casi no hubo más que un globo aerostático.

La consolidación del bloque que ligaba a Artigas, Córdoba
y el Litoral anunciaba el derrumbe del orden político construido por cinco años de Revolución. En febrero de 1820 se festeja en la Plaza la firma del tratado del Pilar, se aclama al coronel
Juan Manuel Balcarce y los vecinos penetran en el Cabildo en
marzo para reclamar la destitución del gobernador Martín Rodríguez. Tres días después se sublevan tropas; tras un tiroteo en
el Fuerte y en la Plaza comienza la crisis del año 20.

Ese 25 de Mayo Buenos Aires no festejó casi nada, *et pour
cause*. Las tropas del Directorio habían sido derrotadas por los

[35] *La Gaceta Ministerial*, 25/5/1815.
[36] *La Crónica Argentina*, 22/9/1816, y Juan M. Beruti, *op. cit.*, p. 274.
[37] *La Gaceta de Buenos Aires*, 27/5/1818; *El Censor*, 30/5/1818, Biblioteca
de Mayo, t. VIII.

caudillos del litoral y "la gran ciudad de Buenos Aires, después de tantas glorias y nombre inmortal que adquirió ha venido a quedar reducida a un gobierno de provincia", como escribe melancólicamente Beruti. Peor: el orgullo porteño debió sufrir que López y Ramírez cruzaran victoriosamente su ciudad y su Plaza, y pretendieran atar sus caballos a la reja que rodeaba su Pirámide. *El Argos*, que anotaba en su "Historia de Mayo" los acontecimientos anuales dignos de mención, enmudece. Literalmente:

Mayo de 1820

. . . .

. . . .

Este es el Mayo del año 20.[38]

La gloria de la Plaza

Pasado el "infausto año 20", independiente y con el usufructo de las rentas aduaneras, Buenos Aires "debe plegarse sobre sí misma", afirma Rivadavia. Pendientes todavía las discusiones con Inglaterra, Estados Unidos reconocía en 1822 la independencia de las Provincias Unidas del Río de la Plata y se daba por finiquitada la Revolución: "En mayo 810 se abrió la revolución; se cerró en mayo de 822. A LOS 12 AÑOS".[39]

Rivadavia, ministro de gobierno, lanzó un ambicioso plan de reformas que dio a Buenos Aires, si no un Estado verdadero, una administración modernizada. Dedicó particulares atenciones a la ciudad y a su Plaza, que hizo brillar en las celebraciones mayas. Es innecesario recordar las celebérrimas de 1822, con setenta y dos columnas —cada una con tres faroles y guirnaldas—

[38] *El Argos de Buenos Aires,* 25/5/1822.
[39] *Ibid.*

unidas por una orla de laurel con flores y cada orla con siete faroles, una cucaña, "tan alta como un ombú, y allá en la punta colgada una chuspa con pesetas",[40] rompecabezas con premios en dinero, joyas y ropas, bailes en los barrios, cien cañonazos, parada militar, equilibristas, carreras de sortijas en la Alameda y fuegos artificiales. También lució en 1823, iluminada por novedosas lámparas de gas, con tres días de fuegos artificiales —que costaron 11.495 pesos—[41] y con un círculo cerrado de cinco varas de diámetro con ochenta columnas "de orden acentuado toscano sobre las que reposaba un proporcionado cornisamento adornado de lucidos festones". Esta nueva disposición escenográfica de arcos y columnas correspondía, según Fernando Aliata, al proyecto urbanístico rivadaviano: los círculos o rectángulos definían "una fachada virtual de la plaza" y las columnatas eran proyecciones de futuro, "perímetros cívicos" que constituían un "modelo o maqueta de la urbe futura".[42] No se equivoca seguramente el autor pero conviene recordar que la iniciativa tenía antecedentes: en 1818, informa *El Censor,*

[…] dentro de aquella plaza espaciosa se erigió otra, formada de una arquería perteneciente al orden dórico. […] Cada una de sus faces o lados es de ciento veinticuatro varas, los arcos son ciento doce, cada uno de nueve pies de luz y de diez y seis de altura.

La Plaza se benefició del gusto de Rivadavia por el boato y la fastuosidad civil, pero no solamente de eso. En los lienzos

[40] *Relación que hace el gaucho Ramón Contreras a Jacinto Chano de todo lo que vio en las Fiestas Mayas en Buenos-Ayres, en el año 1822,* en Biblioteca de Mayo, t. VI, p. 5168.
[41] AGN Sala X 35-11-4, en *Buenos Aires nos cuenta, op. cit.,* p. 27.
[42] Fernando Aliata, "Cultura urbana y organización del territorio", *Nueva historia argentina, Revolución, República, Confederación (1806-1852)* (dir. Noemí Goldman), Sudamericana, 1998, p. 225.

que rodean a la pirámide, instrumentos de una pedagogía que no intentaba ocultarse, se escribían nuevos lemas —la Ley, la Ciencia, la Industria y el Comercio—,[43] transcripción de los principios del programa gubernamental.

La grandilocuencia festiva de la Plaza rivadaviana ha sido interpretada como un instrumento de creación de consenso, y la transferencia de las celebraciones al Departamento de Policía justifican la idea de una búsqueda de legitimación o, al menos, de apoyos que mal podía el gobierno dar por descontados. Por muy diversas razones. Su estilo administrativo estaba lejos de ser universalmente apreciado, muchas de sus innovaciones irritaban a grupos que conservaban un lenguaje, maneras y costumbres tradicionales, y no fueron bien recibidas la supresión del Cabildo ni la reforma militar, que redujo las fuerzas y dejó casi en la miseria a jefes revolucionarios. Menos aún la reforma eclesiástica. Si la creación de la Sociedad de Beneficencia arrancaba a la Iglesia la asistencia a la mujer —aunque sin modificar grandemente sus beneficiarias, "la clase media de la sociedad, más dignas de atenciones, que ocupan el lugar más distinguido", reducidas "a su trabajo personal, sin recursos ni relaciones de personas generosas"—,[44] la supresión del diezmo, la confiscación de bienes eclesiásticos y la fijación de sueldos al clero enardecieron a los sacerdotes, que impulsaron, en marzo de 1823, la única revuelta de esos años: dirigida por Tagle, ganó la Plaza de la Victoria al grito de "¡Viva la religión!", "¡Mueran los herejes!", repartiendo, nos dice Tomás de Iriarte, rosarios, escapularios y panfletos en el mejor estilo de fray Castañeda:

De la trompa marina, Libera nos Domine; Del sapo del diluvio, Libera nos Domine; Del ombú empapado de aguardien-

---

[43] *El Centinela*, 25/5/1823.
[44] *El Argos de Buenos Aires*, 28/5/1823.

te, Libera nos Domine; Del armado de la lengua, Libera nos
Domine; Del anglo-gálico, Libera nos Domine; Del barrena-
dor de la tierra, Libera nos Domine; Del que manda de frente contra el Papa; De Rivadavia; De Bernardino Rivadavia.[45]

El teatro, las incontables odas a las autoridades, los recitados, seguían siendo los vehículos propios para orientar ideas y
pasiones a juzgar por la decisión de publicar una selección poé-
tica "más con el fin de contribuir a elevar el espíritu público
que de hacer constar el grado de buen gusto en literatura a que
el país ha llegado".[46]

Para "elevar el espíritu público" estaba también el seductor
derroche festivo, espléndido don del poder al pueblo de Buenos Aires.

El pueblo en la Plaza

Afirmé hasta aquí, y no soy la única, que las conmemoraciones públicas expresan problemas de la dominación política,
son momentos de exhibición del poder y que las inscripciones
en torno de la Pirámide pueden ser vistas como mensajes que
oscilaban entre la pedagogía y la propaganda, afirmaciones todas que suponen la asistencia de una porción significativa de
la población como condición de eficacia, si no suficiente, necesaria.

Las crónicas y testimonios parecen confirmarlo. Nos dicen
que las fiestas posrevolucionarias atraían a vecinos *decentes* y a
otros que no lo eran tanto y que casi todo el mundo, adultos y
niños, caballeros y damas, concurría a los fuegos artificiales.
Mezclaban porteños, chusma y gentes de los suburbios; tam-

---

[45] *Memorias, op. cit.* Agradezco a Klaus Gallo esta referencia.
[46] Decreto del 9 de julio de 1922.

bién gauchos sentados sobre sus caballos y "complacidos al parecer aunque ese placer era muy débilmente expresado en su semblante";[47] complacidos o no, lo cierto es que las fiestas les ofrecían la ocasión de proveerse de lo necesario para varios meses, al igual que a las "familias de todo el país para gran beneficio del comercio".[48] El nombramiento de Gervasio Posadas como director supremo dio lugar, informan los Robertson, a,

> [...] una noche de regocijo público en Buenos Aires. En su totalidad los habitantes (literalmente la totalidad si exceptuamos uno o dos sirvientes que se dejan al cuidado de las casas) salen en traje de fiesta para dirigirse a la Plaza Mayor.[49]

Algo parecido observa *La Gaceta* en 1818, entusiasmada porque "todas las clases se han presentado de gala; ha habido un empeño formal hasta en los individuos más pobres de no disminuir el esplendor del gozo público".[50] Aunque el número de asistentes oscile, vimos, en función de las coyunturas, puede concluirse que fueron momentos de congregación y de una mixtura social coherente con "el aire de independencia de las gentes, que me presentaba un notable contraste con la esclavitud y la escuálida miseria que tanto nos había repugnado en Río de Janeiro"[51] que sorprende a Woodbine Parish, y con "la sencillez y simplicidad del republicanismo en las calles [...] no había más que simples ciudadanos y ciudadanos soldados"[52] que anota el norteamericano Henry Brackenridge. Razoné que

---

[47] En ocasión de la independencia de Chile. Jorge Fonderbrider, *op. cit.*, p. 83.

[48] *The British Packet*, 29/5/1830.

[49] John P. Robertson y William P. Robertson, *Cartas de Sud-América*, Buenos Aires, Emecé, 1950, vol. 2, p. 134, citado por Lía Munilla, tesis en preparación.

[50] *La Gaceta de Buenos Aires*, 14/7/1818.

[51] En Jorge Fonderbrider, *op. cit.*, p. 91.

[52] Henry Brackenridge, *Viaje a América del Sur*, Buenos Aires, Hyspamérica, 1988, pp. 220 y 221.

se trataba en buena medida del resultado del quiebre del orden colonial hasta que Pilar Bernaldo de Quirós me hizo ver
que, por el contrario, esa cohabitación era posible precisamente porque la persistencia de las clasificaciones del antiguo régimen impedía peligrosas confusiones. Pero la homogeneidad
porteña era irrebatible comparada con la visibilidad de las diferencias en Río de Janeiro —escala habitual de los barcos—
tanto como en las "dos ciudades" británicas; no se habían producido todavía la segregación y las distancias sociales que se
consolidan a mediados del siglo.

En la Plaza festejan la plebe y los ciudadanos *decentes*. Al conservar la separación entre fiesta y ceremonial, sin embargo, la
Revolución contribuyó a asentar la distancia entre las diversiones "hermanables" en la Plaza y, fuera de ella, la sociabilidad
de la nueva elite. No hace falta esperar. En 1811 las autoridades distribuyen invitaciones nominales al tedéum y la recepción
oficial reúne a los vecinos "condecorados" para bailar hasta las
dos de la mañana, alrededor del refresco preparado por el célebre M. Ramón (un verdadero *chef* francés) y, en el segundo
aniversario, la Junta se reúne con "muchos vecinos y señoras de
primer rango",[53] miembros de las corporaciones, los jefes de
los cuerpos militares, el comandante de la fragata británica y el
vicecónsul de Estados Unidos. En un intento de democratiza-
ción, la policía rivadaviana propondrá vender "billetes de todos
los precios en todas las posadas de la capital" para terminar con
"la costumbre de celebrar a mayo a la española antigua: esto es,
reuniéndose sólo los magnates en grandes banquetes, como a
celebrar no tanto el día de la patria, cuanto los entorchados y
los sueldos".[54] Esos banquetes, sin embargo, no se interrumpie-
ron; en ese mismo mayo participaban, en uno, Rivadavia con
los miembros de la Academia de Medicina, en otro, el presi-

[53] *La Gaceta de Buenos Aires*, 29/5/1812.
[54] *El Centinela*, 20/4/1823.

dente del Tribunal de Justicia y el ministro de los Estados Unidos, en un tercero, treinta oficiales, y fueron más numerosos los comensales del "banquete de la clase mercantil".[55] Las efemérides introducían la diferencia también en los teatros, ámbitos socialmente abiertos en los que reinaba una igualdad suficientemente notoria como para que el disgustado Francis Bond Head escribiera que asisten "esclavos, simples marineros, soldados y comerciantes, todos miembros de la misma república",[56] afirmación confirmada por *The British Packet*, que nos habla de las "multitudes de jóvenes de todos los colores que asisten generalmente". Era precisamente por eso, para "ahorrar esa incomodidad"[57] a las autoridades y a la "selecta concurrencia", que se cobraba doble en las fiestas mayas y julias. Años después será innecesario aumentar los precios; Sarmiento estará encantado por la numerosa "alta sociedad" porteña que concurre a clubes y teatros porteños: los 270 miembros del Club del Progreso, las 200 familias del Club de Mayo, los de la Filarmónica...[58]

Las demostraciones colectivas patrióticas de la primera mitad del siglo XIX nos devuelven por consiguiente una imagen matizada. Si la fiesta, con sus entretenimientos, bailes y juegos, fue popular e igualitaria, la ceremonia constituyó uno de los mecanismos de diferenciación cultural entre elite y pueblo. Las efemérides muestran tempranamente las prácticas de la semejanza de una sociedad republicana, en la Plaza, mientras que fuera de ella, en ámbitos privados o semiprivados, se forjaba la materia prima de las nuevas distinciones.

---

[55] *El Argos de Buenos Aires*, 27/5/1823.

[56] Francis Bond Head, *Las pampas y los Andes* (Londres, 1826), Buenos Aires, Hyspamérica, 1986, p. 98.

[57] *The British Packet*, 1/6/1833.

[58] "Carta al Sr. Mariano de Sarratea", Domingo Faustino Sarmiento, *Obras completas*, Edición Luz del Día, t. XXIV, p. 32.

Las patrias

Escribí que las fiestas rivadavianas eran un don al pueblo de Buenos Aires; lo eran porque éste se hallaba presente y porque el 25 de Mayo era porteño. En su rastreo de la Nación "identitaria" desde las primeras conmemoraciones, Juan Carlos Garavaglia encuentra "notable" que se mencione a la "bandera de Bs. Ays." junto a las de Lima, Colombia y Chile en 1823 y 1824, y al 25 de Mayo como fiesta de Buenos Aires; nada de eso debía sorprender en cambio al periódico gubernamental *El Argos*: "¿Quién podrá pintar, oh Buenos Aires, el denuedo y noble altivez del batallón sagrado que partió de tu seno en auxilio de todas las provincias víctimas de la codicia española?",[59] que proclamaba (una y otra vez) la primacía porteña. Es que si están creados los símbolos patrios, no está claro de qué Patria se trata cuando el Congreso de Tucumán le otorgue una segunda fecha de nacimiento. La introducción de un día festivo suplementario había dado pie para discutir su importancia relativa. Si en 1817 *El Censor* aconsejaba trasladar la evocación de Mayo al 9 de Julio —"que es sin duda el gran día de la Patria. En él adquirió existencia política"—,[60] dos años después, a la inversa, *El Americano* desaprobaba la nueva celebración por juzgarla "una repetición de los días solemnes de Mayo".[61] La tan temprana coexistencia de dos fechas, por añadidura ambas civiles, no dejaba de ser peculiar. Esa peculiaridad, resuelta en parte con la distinción entre independencia política y libertad civil —o libertad a secas—, sabrá activar, sin oponerlas jamás de manera explícita, la diferencia entre dos Patrias, la una decididamente porteña y símbolo de la lucha contra la tiranía, la otra germen de la Patria grande y precursora de reivindicaciones

---

[59] *El Argos de Buenos Aires*, 25/5/1822.
[60] *El Censor*, 29/5/1817. En Biblioteca de Mayo, t. VII.
[61] *El Americano*, 2/7/1819.

nacionales. Poco sorprendentemente, la administración rivadaviana prefirió el 25 de Mayo, y en 1826 desplazó la recordación de julio a mayo; las primeras fiestas mayas con el nuevo régimen serán las últimas para Rivadavia, que renunciaba en
junio. La decisión estaba en rigor menos cargada de simbolis-
mo de lo que suele afirmarse porque, con escasísimas excepciones (en 1824 un globo aerostático "subió con increíble majestad, atravesando el río" y los fuegos artificiales "sobrepujaron
a cuanto hemos visto de este género"),[62] los 9 de Julio fueron
mediocres, aunque más no sea porque se utilizaban los adornos de mayo, que llegaban bastante ajados; feriado simple, su
destino fue tan poco envidiable como el de las "Provincias Unidas en Sud América" de 1816.

La "feliz experiencia" consagró a la Plaza de la Victoria como lo que era, la Plaza de los porteños, y de las dos fechas que
se le ofrecían para festejar a la Patria, optó naturalmente por
la suya, el 25 de Mayo, el día en que, escribe *El Argos*, "se propuso levantar el imperio de la sabiduría sobre las ruinas de la
ignorancia española".

Rosas, también bastante naturalmente, decidirá lo contrario.

El eclipse

La guerra con el Brasil, la ley que hacía de la ciudad la capital del Estado de Buenos Aires y la sanción de la eminentemente unitaria Constitución de 1819 aceleraron la renuncia de
Rivadavia, y el fusilamiento de Dorrego desencadenó la guerra
civil. La paz vuelve en 1829 con la designación de don Juan Manuel de Rosas como gobernador, con facultades extraordina-
rias; en diciembre de 1832 rechazará, sin ellas, su reelección,
se nombra al general González Balcarce y Rosas parte en cam-

---

[62] *El Argos de Buenos Aires*, 10/7/1824.

paña al Sur contra los indios. La "revolución de los restauradores" de octubre de 1833 fuerza el reemplazo de Balcarce por el general Viamonte, quien renunciará para dejar como gobernador provisorio a Manuel V. Maza, titular de la Legislatura. En 1835 Rosas asumía con plenos poderes.

Llegó el 14 de abril a la Plaza de la Victoria, espléndidamente adornada, en un carro triunfal —que inauguró el reemplazo de caballos por partidarios—, escoltado por una guardia de honor de doscientos "ciudadanos" trajeados de chaqueta azul, chaleco colorado y sombrero redondo con una pluma roja. Mientras asistía al circo, el arco de la Recova lucía un Rosas a caballo dirigiéndose a los indios, con el olivo de la paz en una mano y, en la otra, la espada del exterminio. Por la noche se cantó:

> *Cielito, cielo y más cielo*
> *Cielito del Federal*
> *el que no lo sea neto*
> *pase a la Banda Oriental.*

Versos confirmados por una de sus primeras decisiones: excluir de sus puestos a quienes no hubieran dado pruebas positivas de lealtad a la causa nacional de la Federación, decisión aplicada sin tardanza en cuanta institución había. Precavidas, las damas de la Sociedad de Beneficencia concurrían ese año a su reunión anual con cintillos federales, por cuanto "se entendía que ninguna dama sería admitida sin ellos".[63]

El 25 de Mayo quedó medio perdido entre los regocijos, que no habían concluido el 9 de Julio, cuando los hacendados, trajeados como en abril, formaron otra guardia de honor, con bandas militares y la bandera de la expedición al Sur. Estaba blanqueado y pintado de punzó el entorno de la Plaza, listas las

[63] *The British Packet*, 30/5/1835.

divisas del régimen y los homenajes en la Recova: "Los hacendados y labradores presentan al nuevo Cincinato, el 9 de Julio de 835, un testimonio de eterna gratitud" y "La campaña del año 33 y 34 es un origen de prosperidad. Los salvajes indómitos son exterminados por el invicto ROSAS".[64]

Los cambios introducidos por el gobernador a partir de 1835 fueron, como es sabido, muy numerosos y variados. Para la historia de la Plaza cuentan los que trajeron consigo la pérdida de su calidad de sede del poder. En parte porque, avaro en general de su presencia pública, la aparición de Rosas en la Plaza de la Victoria fue excepcional (e incierta), haciéndose representar en las ceremonias por sus ministros, Arana o Insiarte.[65] En parte porque el Brigadier —que conserva una casa en lo que es hoy Bolívar y Moreno— abandona el Fuerte, residencia de las autoridades desde el tiempo de los virreyes, para instalarse en su quinta de San Benito de Palermo, donde vive y desde donde gobierna. Suprimió además la preeminencia patriótica de Buenos Aires disponiendo, en junio de 1835 —como lo anunciara a orillas del Colorado— que el 9 de Julio fuera "festivo de ambos preceptos del mismo modo que el 25 de Mayo", pero no por eso Julio contó más a menudo con su presencia ni fueron más numerosas las tropas o más vistosas las decoraciones.

Poco importan aquí los motivos personales que llevaron a Rosas a desertar las fechas cívicas, pero sí que sus ausencias neutralizaban simbólicamente a la Plaza. Ahora bien, como escribir "Plaza de la Victoria" era prácticamente lo mismo que escribir "ciudad de Buenos Aires", es difícil disociar la devaluación de la Plaza de la derrota de la orgullosa elite porteña de

---

[64] *La Gaceta Mercantil,* 18/7/1835.

[65] Ausente el 25 de Mayo de 1835, concurrió en julio a la iglesia de San Ignacio —la Catedral estaba en reparación— y a la Plaza en mayo de 1836, 1838 y 1840; tampoco asistirá regularmente a los aniversarios de su elección.

doctores y políticos desalojada por las fuerzas capitaneadas por Rosas, del traslado de buena parte del poder a la Legislatura de la provincia y, más generalmente, de la tan citada "ruralización" de Buenos Aires. De esto no habría que inferir, naturalmente, que la ciudad fue reemplazada por la campaña (o por San Benito de Palermo), sino más bien que la materialización territorial de la autoridad se volatilizaba y, como la sombra al cuerpo, acompañaba al Brigadier.

Como una suerte de revés de su ausencia, el Restaurador hizo compulsiva la asistencia de los militares a la parada en la Plaza y de los funcionarios al tedéum: el centro cívico reproducía, exponiéndolo públicamente, un disciplinamiento colectivo que no desentonaba entre otras más directas y contundentes muestras de lealtad impuestas por el régimen. El aparato civil fue sometido a una severidad marcial; al tiempo que disminuía las remuneraciones de sus empleados[66] les prohibía dejar sus asientos en el templo salvo "por el preciso término para alguna urgente necesidad". Además de exigir la presencia en la Catedral de "todas las corporaciones, tribunales, gefes de oficina y demás empleados de la lista civil y militar",[67] sus jefes debían justificar por escrito, la víspera, las razones de su inasistencia, obligación que alcanzó al mismísimo Arana, y como otros, lo hizo saber en *La Gaceta Mercantil*. Rosas reforzó el rigor de su antecesor (que prometía nada menos que al Regimiento de Patricios de Infantería "medidas con los que no asistan y así se espera no darán lugar a que de acuerdo con la Policía se obre contra los inasistentes"):[68] extendió la participación obligatoria a "todos los enrolados y que deben estarlo por la ley" y, entreverando formas de autoridad, recomendaba "a los patrones (si no quieren tener perjuicios) estimulen a sus dependientes

[66] Tulio Halperin Donghi, *Guerra y finanzas en los orígenes del Estado argentino (1791-1850)*, Buenos Aires, Editorial de Belgrano, 1982, pp. 177 y 217.
[67] Reglamento del Ceremonial, *La Gaceta Mercantil*, 15/7/1836.
[68] *El Imparcial*, 20/5/1834.

y los obliguen a asistir".[69] Se remediaron las complicaciones debidas a la superposición de posiciones civiles y militares. Los oficiales del ejército no citados por sus jefes debían concurrir en tanto empleados civiles —ubicados según "su graduación y antigüedad en la fila de su clase"— y a los convocados como militares se les exigía informar a sus superiores civiles "que a virtud de la orden recibida de su gefe militar van a concurrir a la formación".[70] La disposición de los cuerpos civiles, eclesiásticos y militares en la comitiva hacia la Catedral fue codificada en 1836[71] y se puso orden también en la Catedral —a cargo de un maestro de ceremonias para la parte civil y otro para la militar— para escuchar las oraciones de monseñor Medrano o de monseñor Argerich, "patriótico-federales" ya que, estimaba el Obispo, "nada más justo que el clero conforme sus opiniones con las del Superior Gobierno".

La Plaza armada

Le cupo a Rosas militarizar la Plaza, en el sentido estricto del término. Los desfiles del siglo XIX superarán muy excepcionalmente las cifras de sus paradas, coherentes con la importancia de las armas durante los años de guerra permanente que, queriéndolo o no, vivió el régimen: de 1839 a 1849 formaron, con vistosa exhibición de materiales, entre 2.500 y 6.000 hombres.[72] Casi ausente hasta entonces, la presentación de ciuda-

---

[69] *La Gaceta Mercantil,* 24/5/1836.

[70] *Ibid.,* 25/5/1848.

[71] En 1826 se había reglamentado la presentación del cuerpo diplomático y el gobernador González Balcarce uniformizó el ceremonial "como se practica en las Cortes y Repúblicas de Europa y América". *The British Packet,* 20/5/1833.

[72] En 1834, 1.529 hombres. Bajo Rosas, en 1839, 4.500 o 4.300; en 1840, 2.470; en 1843, 3.000 o 5.000; en 1844, 5.500 o 6.000; si en mayo de 1846 se

danos en armas (porque eso eran esencialmente) fue introducido por Rosas: 1.700 jóvenes formaban en 1831 para rendir honores al gobierno delegado. "Una fuerza respetable en campaña restituye la libertad a los pueblos hermanos", se escribe, "y en la capital no se nota su falta, porque todo ciudadano llena el vacío que ha quedado".[73]

Pese a la admiración de *La Gaceta Mercantil* por "el visible buen porte marcial, orden y disciplina de las tropas" y por más "vistosa y federalmente" que estuvieran uniformadas, compartían mucho de la indisciplina de los enganchados —voluntarios o no tanto— que componían las tropas rosistas;[74] el Restaurador, que no se contentaba con el número, estimará conveniente, en ocasión de las fiestas julias durante su campaña en el Sur, amenazar con "severo castigo al soldado de toda conversación que manifieste tibieza o desagrado en el servicio o sentimiento de la fatiga que exige su obligación".[75]

Antes de Rosas las crónicas no ofrecían —ni lo harán después— informaciones tan detalladas sobre el número de soldados y la calidad de los pertrechos; que lo haga *La Gaceta Mercantil,* diario oficial, prueba el interés del régimen por exhibir su potencia armada. Con volúmenes a veces superiores a los hombres enrolados, mostraban la movilización militar de los porteños. Las paradas terminaban con frecuencia frente al domici-

---

redujeron a los 1.300 del Regimiento de Patricios, en julio eran 4.500 con 24 piezas de artillería, tantos que sólo formaron los representantes de los cuerpos. En mayo de 1847 eran 4.610 hombres con 30 piezas de artillería; en mayo de 1848, 4.700 en 7 batallones y 3 escuadrones, y en julio, sólo el batallón 3° de Patricios y las fuerzas de la Parroquia de Catedral al Sur. Cifras de *La Gaceta Mercantil* y de *The British Packet.*

[73] *El Lucero,* n° 492, 28/5/1831.

[74] Ricardo Salvatore, "Reclutamiento militar, disciplinamiento y proletarización en la era de Rosas", *Boletín del Instituto de Historia Argentina y Americana,* n° 5, 1992, p. 34.

[75] *La Gaceta Mercantil,* 7/7/1848.

lio del Restaurador (o la Casa de los Representantes) para pro-
rrumpir en "vivas" y sobre todo en "mueras", a los franceses,
"enemigos de nuestra Libertad", al "salvage asesino Lavalle" o,
diez años después, al "loco traidor salvage unitario Urquiza".
La magnitud de las tropas hace resaltar la frugalidad de las
diversiones. El plan de economías con el que Rosas comenzó
su mandato les quitó lustre a sus primeras efemérides; los vecinos fueron requeridos a menudo para costearlas y Zucci pla-
neará gratis un carro triunfal romano, sobre ruedas que figuraban soles, con "la Fama que coronaba de laureles el busto de
Rosas, sostenido por dos génios que representaban la Historia
y el Mérito".[76] Sabemos, porque *La Gaceta Mercantil* informa
monótonamente, que se encienden "hermosos fuegos artificiales frente al departamento de Policía en medio de una inmensa concurrencia", que en la ciudad resaltaba "por todas partes
el hermoso color punzó, símbolo de la Libertad y de la Gloria",
y que en la pirámide, adornada con "propiedad y elegancia
dentro de un cuadrado de columnas simétrico y vistoso", se ins-
cribía "el voto justo y necesario de que desaparezca el bando
de los salvages y traidores unitarios".[77] Fue infrecuente que, como en la noche del 25 de Mayo de 1838, unas 600 parejas de
"2.000 de los hijos e hijas negros de Adán", en divisiones según
"sus naciones", cantaran en la Plaza "acompañados del tam-tam
y otros instrumentos musicales africanos";[78] para las verdaderas diversiones había que asistir a funciones privadas, en el Retiro, donde el famoso Circo Olímpico anunciará a Segundo La-
guna en

> […] la grande y difícil prueba de marchar por la cuerda guar-
> necida toda de puñales teniendo los ojos vendados y su cuer-
> po adornado de los mismos. Después de un minué federal Bal-

[76] *La Gaceta Mercantil*, 17/5/1836.
[77] *Ibid.*, 24/5/1840.
[78] *The British Packet*, 2/6/1838.

dumero Viera bailará en la cuerda una galopa y Florencio Cas-
tañera egecutará un gran baile. Igualmente se parará de cabeza en la punta de un puñal colocado en la maroma.[79]

Para terminar, un divertido sainete, todo a 2 pesos el asiento para hombres, también 2 para señoras (probablemente sen-
tadas) y 10 los palcos; precios fuera del alcance de un peón de
arreglo de calles cuyo jornal oscilaba entre 5 y 10 pesos en 1841,
pero accesibles para una lavandera que cobraba 100 pesos por
ocho lavados,[80] y quizá para el changador que recibía uno o dos
pesos en 1845 para transportar "paquetes grandes" a 20 o 30
cuadras.[81] Por la noche, a otro precio y para otro público, el Teatro Argentino ofrecía *La Escuela de los Reyes ó sea La Terrible Noche
de San Bartolomé en París,* con "una animada escena mímica entre el 4° al 5° acto en que se impondrá todo anhelo a fin de hacer palpables los horrores de la noche de la revolución [sic]".[82]
Si los testimonios informan sobre festejos barriales e hispá-
nicas quemas "en efigie" —destino corrido por Lavalle, Rivera,
Santa Cruz, Paz, Rivadavia, por Guizot y la reina Victoria—, los
bloqueos y las economías en los dineros públicos colaboraron
para que las fechas cívicas en la Plaza no alcanzaran jamás la
gloria de las rivadavianas, como suele recordarlo nostálgica-
mente *The British Packet.*[83]

[79] *Ibid.,* 5/7/1842.

[80] Tulio Halperin Donghi, *Guerra y finanzas…, op. cit.,* p. 229.

[81] John Brabazon, "La clase baja tenía hábitos repulsivos", en Jorge Fonderbrider, *op. cit.,* p. 115.

[82] *La Gaceta Mercantil,* 8/7/1842.

[83] En mayo de 1835 no hubo rompecabezas ni palo enjabonado por razones de "austeridad" (*The British Packet,* 30/5/1835); en 1836, sólo se ilumi-
na la Pirámide y los rompecabezas son reemplazados por 2 o 3 calesitas (*Ibid.,*
25/5/1836); el frío arruinará las de julio de 1936, que utilizan las decoraciones de mayo.

La extensión de las conmemoraciones en la campaña permite comprobar la disparidad entre las efusiones pueblerinas, estudiadas por Ricardo Salvatore, y la severidad porteña (confirmando que la desesperante parquedad de los periódicos reflejaba adecuadamente el escaso esfuerzo festivo gubernamental en la Plaza de la Victoria). Por ejemplo, en 1834. Al finalizar la parada en Buenos Aires, las tropas deseaban a viva voz la muerte del "salvage e inmundo pardejón Rivera" y de "los salvages asquerosos unitarios Paz y Mascarilla"; los mismos, en otro registro, en el pueblo de Ranchos, donde

> […] veíanse dos figuras pendientes al aire; la una, vestida de celeste, representaba una mujer; la otra, en traje militar, con morlón, casaquilla corta del mismo color y un aspecto horrendo, era conocida bajo el nombre de Mascarilla. Hízose la señal con repiques de campana y cohetes voladores; y enseguida fueron abrasados estos simulacros de unidad en medio de la algazara del pueblo, el estrépito de las bombas y los gritos de alegría universal.[84]

Uniformes punzó en el centro urbano, y quemas en efigie con asados en provincia. La tan diferente forma de vilipendiar a Mascarilla es índice de la distancia que separa a la Plaza de la Victoria de otras. Para encontrar el equivalente de los bulliciosos entusiasmos posrevolucionarios parece necesario trasladarse a los pequeños pueblos. A Luján, donde se anuncia, para el primer aniversario de la elección de Rosas, una misa con el obispo y una procesión con el retrato de Su Excelencia en caso de que Rosas no asista (efectivamente no asistió); además,

---

[84] Citado por Ricardo Salvatore, "Fiestas Federales: Representaciones de la República en el Buenos Aires rosista", *Entrepasados*, n° 11, 1996, pp. 52 y 53. (Aclaremos que el término "unidad" se refiere a los unitarios.)

[...] deseosos de funciones más análogas a nuestros usos, se ha preparado un espacioso circo donde se lidiarán toros sumamente bravos, habrá bailes públicos, fuegos artificiales y carreras de sortijas y al mediodía se servirá á los asistentes la sabrosa vianda de nuestros paisanos, la carne con cuero, para lo cual se han escogido veinte vaquillonas sumamente gordas.[85]

También en Monte y Lobos los vecinos preparan mesas con abundante pan, vino y "nuestra favorita carne con cuero" para "todo el Pueblo, sin reserva de sexo ni calidad, con la sola de ser federales"; Lobos añade corridas de sortijas frente a la imagen de un labrador "imitando al Cincinato argentino" y, a la noche, baile en la casa del ciudadano Juan Granea donde "las señoras eran lo más lucido del pueblo, sin embargo de haberse convidado para éste sin distinción".[86]

Aunque les quede un poco grande el hoy desgraciadamente de moda adjetivo "rabelaisianas" que les aplica Ricardo Salvatore, en las fiestas que nos describe se come, se bebe y son animadísimas: en 1832, en San Nicolás, bailes con dulces y licores para todo el vecindario "sin distinción", sortijas, toros, "compañías de mozos de acaballo con vestimenta de gauchos y enmascarados, todos con sus insignias federales", paisanos disfrazados de beduinos "adornados con testera y cascabeles"; diez años después, en Ranchos, "comparsas vestidas a la Turca", con "un gracioso turbante con su media luna y penacho colorado, una chaquetilla encarnada unos y otros blanca, unas bombachas y una banda terciada". El autor se deja tentar por esos atuendos del desierto y los ve como una posible "alegoría de las aspiraciones de los paisanos: nomadismo, independencia, habilidades ecuestres y lujo en el vestir". "Tal vez", agrega, "se sienten ciudadanos a caballo de un imperio en potencia".[87] Es im-

---

[85] *La Gaceta Mercantil,* 18/4/1836.
[86] *La Gaceta Mercantil,* 25/5/1837.
[87] Ricardo Salvatore, *op. cit.*, p. 52.

posible saber qué sentían en su fuero íntimo esos paisanos, pero lo cierto es que lejos de ser una alegoría gaucha, misteriosamente autóctona, los turbantes eran importados. Llegaban a la campaña bonaerense cuando el orientalismo estaba de moda en la ciudad, eco a su vez del impuesto en Francia a fines del siglo XVIII —las odaliscas de Ingres o los beduinos de Delacroix—. En 1828, cuando una Buenos Aires exhausta por el bloqueo festejaba la paz con el Brasil, cuarenta y cinco bailarines, jóvenes de las familias más respetadas de Buenos Aires, "estaban ricamente ataviados con chaquetas rojas y pantalones de satén blanco con adornos plateados, turbante y plumas",[88] y en octubre se representa la ópera *El califa de Bagdad*. Dos años después, bailaban en el Retiro, ante el Gobernador, veinte soldados negros "ataviados como esclavos turcos, con ramos de flores, dagas, etc." y los niños de la procesión de 1835, en la Plaza de la Victoria, lucirán trajes turcos con sus correspondientes turbantes;[89] el mismo Sarmiento posó con un bonete de turco.

Las diferencias entre el centro urbano y los pueblos son indiscutibles y coinciden, quizá, con la distinción entre la diversión y la fiesta —en tanto momento de exceso y de suspensión del orden cotidiano—; tardarán en borrarse y creo vano ver en el rosismo una excepción, por mucho que se busque una cultura popular bajtiniana. A la inversa, es quizá más significativo constatar la relativa modestia festiva en la Plaza, acorde con la austeridad republicana del régimen puesta de relieve por Jorge Myers.

Si se acepta que las conmemoraciones son indicios del tipo de relación entre gobernantes y gobernados, esa modestia haría pensar que, en abierto contraste con la empresa rivadaviana, no prima en la Plaza rosista la busca de adhesión del vecindario porteño a través del don. En lugar de ofrendar al pueblo porteño decoraciones y espectáculos ingeniosos, el régimen le

---

[88] *The British Packet*, 13/11/1828.
[89] *The British Packet*, 30/5/1835.

imponía una rígida participación en sus ceremonias. Testimonio de obediencia que, como todas las manifestaciones de conformidad, consistía exclusivamente en su exhibición pública.

El otro revisionismo

Cuestionando una tradición historiográfica que veía en el rosismo un corte radical, se ha identificado, con razón, tanto la persistencia de aspectos importantes del ideario revolucionario como las semillas del orden que se implantaría después. Pero hay autores que descubren otros cortes y, haciendo uso de una terminología más moderna, afirman que hubo una "refundación de la patria". Nada mejor que las prácticas litúrgicas en la Plaza para rastrear esta idea según la cual el rosismo se inventó a sí mismo como un nuevo Origen.

El régimen fue una mezcla de continuidad y cisura, y la hibridación de la bandera es un ejemplo inmejorable. Rosas, que como cualquier gobernante apreciaba en su justo valor los emblemas, decidió "grabar en el corazón de los hijos de Buenos Aires" los principios federales; para eso, "guiado por la experiencia de lo pasado", eligió "uno de los medios más bien recibidos para casos de igual naturaleza": consagró a la divisa punzó "del mismo modo que los colores nacionales"[90] e impuso una nueva bandera, blanca y azul oscuro, "con un sol rojo en el centro y en los extremos el gorro frigio de la libertad". Pese a este anclaje en la simbología republicana (al igual que la adopción del título de Gran Ciudadano y del término "regeneración", usual durante el período revolucionario)[91] hay que constatar

---

[90] Decreto del 3/2/1832, en Jorge Myers, *Orden y virtud. El discurso republicano en el régimen rosista*, Bernal, Universidad de Quilmes, 1995, p. 127.

[91] Aun después de la noche del 4 de agosto, la Asamblea nacional proclamaba solemnemente a Luis XVI "Restaurador de la libertad francesa". Jean Starobinsky, *op. cit.*, pp. 67-68.

el anonadamiento del antiguo sistema simbólico. Constatar asimismo que, con la sustitución de las reglas que fijaban la relación entre la Patria y la bandera, se operaba el reemplazo de una colectividad por otra. La modificación del pasado era igualmente visible en la oratoria —la adjetivación de la Libertad o el énfasis en el papel de las masas populares y en la independencia nacional y americana— y, en la Plaza, con la aparición de flamantes prohombres alrededor de la Pirámide: Dorrego, Quiroga, Santos Ortiz, Latorre, López o Heredia. Rosas se otorgará una primacía patriótica verdadera con su discurso en el Fuerte de mayo de 1836 (tan denostado después), que devalúa a 1816 —resultado de la "incomprensión" de los españoles— y al gobierno de 1810 por leal al rey de España.

La Plaza recordaba las fechas rosistas, el 5 de octubre y el 13 de abril pero sin renunciar al 25 de Mayo ni al 9 de Julio; dotadas de un ritual coercitivo y teñidas de rojo punzó, hacían quizás innecesaria la sustitución del calendario revolucionario por los días específicamente federales. Aunque Octubre fuera el mes de Rosas, Mayo se mantiene y el *Himno* de los restauradores no reemplaza al de López y Parera. El régimen oficial de salvas, por fin, nos devuelve una versión muy matizada; de las diez fechas fijadas en 1844, solamente una (el aniversario de su discurso en la Sala de Representantes) concierne al Restaurador.[92]

Se redacta por cierto una historia diferente, pero para incluir al rosismo como nuevo y, a la vez, como heredero de Mayo. Son las "tres gloriosas épocas de la República" evocadas por el presbítero Esteban Moreno el 9 de Julio de 1846, "el 25 de Mayo de 1810, el 9 de Julio de 1816 y la formación de la Confederación Argentina". Las fechas son un indicio de esta filia-

---

[92] Además del 25 de Mayo y el 9 de Julio, las restantes rinden honores a San Martín de Tours, a Sábado Santo, a Santa Rosa de Lima, "patrona de nuestra Libertad e Independencia", a dos fechas francesas y dos británicas. En Juan C. Garavaglia, *op. cit.*

ción (en 1841, por ejemplo, Mayo será el "Mes de América año
Treinta y Uno de la Libertad, Treinta y Cinco de la Independencia y Once de la Confederación Argentina"). Los textos,
otro. *La Gaceta Mercantil* reproduce en mayo de 1844 el Acta de
1810 y la de 1852, seguidas por los "Santos" al ejército expedicionario de 1833 y 1844;[93] en julio, después del Acta de 1816 figura la proclama de Rosas de 1833 al ejército durante su campaña al Sur y, a veces, su mensaje a la Junta de Representantes
de 1838 ya que, se razona, "si el pronunciamiento de 1816 creó
la independencia nacional, el de 1838 ha consolidado su existencia y enaltecido el honor, la gloria y dignidad de la Confederación Argentina".[94]

La inserción del rosismo en la Historia opera esencialmente por analogías: así como 1810 y 1816 fundaron la Patria, 1835
vino a rescatarla de mortíferas amenazas, inmejorablemente encarnadas por la anarquía. La cadena de equivalencias tenía, por
añadidura, un testigo de carne y hueso en la persona de don Tomás Manuel de Anchorena, "único sobreviviente de los ilustres
argentinos que firmaron la declaración de nuestra independencia [...], uno de los respetables amigos del general Rosas".[95] Podrá escribirse entonces que el hombre de Estado que anunció
por anticipado la anarquía a su país "estaba también destinado
a superarla y salvar a la República".[96] El Brigadier se instalaba
decididamente en la historia de la Patria e inauguraba en la Argentina la tradición de quienes venían a salvarla.

La inclusión de la Confederación en la serie de efemérides,
la puesta en equivalencia de sus alocuciones y los textos revo-

---

[93] En 1846 van, en orden, el bando del 22 de mayo, el de la Junta Provi-
sional, las arengas de Rosas a orillas del Río Colorado de 1833 y de 1836. (Los
"santo y seña" eran lemas tales como: "Sociedad sin religión, caos", "Virtud,
divisa federal", "Federación, gloria argentina".)

[94] *La Gaceta Mercantil*, julio de 1840.

[95] *La Gaceta Mercantil*, 8/7/1846.

[96] *La Gaceta Mercantil*, 26/5/1842.

lucionarios, son índices de una reescritura de la historia, pero que pretendía menos inventar un nuevo origen que introducir al rosismo como tercer momento patriótico.

Paradójicamente, el advenimiento de Rosas puso en evidencia el tenor político de las efemérides anteriores. Hizo estallar, partiéndola en dos, la imagen de Buenos Aires como una comunidad. "Comunidad" porque, salvo por razones ornamentales, es ocioso buscar analogías entre las fiestas mayas y la *fête révolutionnaire* del 14 de julio que, ante todo popular y tardíamente oficial, celebró el triunfo de una fracción de la sociedad y el fin de los privilegios. Mayo, en cambio, recordaba el nacimiento de una Patria de porteños que se decía sin fisuras y procuraba desplegar esa unidad, suprimiendo las disensiones. ¿No existía acaso, en la confección de una liturgia y un dispositivo simbólico compartido, el intento de mostrar una colectividad por encima de las facciones que se disputaban el poder en Buenos Aires? En la misma Plaza testigo de esa epifanía, Rosas desplegó una irremediable división. Escindida la Patria, Rosas identificó la suya con la única posible, convirtiendo a sus adversarios en un "ellos" informe, cuya oposición sólo podía provenir de la locura y el salvajismo. Esa operación le dio al rosismo una unidad potente pero precaria, que se sustentaba en un estado de guerra permanente contra contrincantes armados y contra ese "ellos". Como otras después, la comunidad rosista se alimentaba de la existencia de un adversario.

La imagen del unitario, escribe Jorge Myers, constituyó "un espacio en blanco, una efigie proteica cuyo rostro podía ser modificado al compás de la cambiante situación política".[97] Este "vaciamiento de la identidad" — idea que diversas razones me llevan a tener por justa— condujo, simétricamente, al vaciamiento de la identidad rosista, que pasó a descansar por ente-

---

[97] Jorge Myers, *op. cit.*, p. 33.

ro en su materialidad simbólica. Porque para ser rosista, sin menospreciar las pasiones, bastaba usar la chaqueta federal o el poncho colorado, una melena copiosa, grandes bigotes, patillas, escribir "Viva la Santa Federación" en todos los documentos (para los eclesiásticos sólo "Viva la Federación"), llevar el cintillo punzó sobre el lado izquierdo del pecho (obligatorio para todos los empleados, sin exceptuar a los profesores y practicantes de derecho, de medicina y cirugía) y, como aconsejaba el Obispo, no almidonar la ropa con "agua de añil, de modo que luego queda de un color que tira a celeste claro, lo que es una completa maldad de los unitarios impíos".[98] Del resto: torturas, degüellos o moños rojos pegados con brea en la cabeza de las señoras, se encargaba la Mazorca. El celeste y el colorado protagonizaban una de las escasas "disputas simbólicas" verdaderas y —no será la última vez— se conmemoraban dos Mayo, uno en Buenos Aires, otro en Montevideo.

Habiéndose apoderado de la Patria, y expulsado física y discursivamente a sus enemigos, la identidad rosista se agotaba en la lealtad a su líder, si se me permite la anacrónica expresión, y en la materialidad de los emblemas en los que Rosas, ausente, estaba presente. Pilar González tiene razón cuando escribe que las manifestaciones de pertenencia se convirtieron en símbolos de una unidad "representada por el Restaurador que figuraba a la vez el alma del pueblo federal y el de su patria".[99] Pero esos símbolos no expresaban sólo una unidad preexistente en los espíritus, y no por ser materiales y exteriores eran políticamente inertes. Al contrario, eran una fuente de producción y de alimento de identidad; de allí, entre otras razones, su imposición coercitiva.

---

[98] "Circular. Al cura vicario de Santos Lugares de Rosas", José A. Wilde, *Buenos Aires desde 70 años atrás*, Buenos Aires, Eudeba, 1960, p. 210.

[99] Pilar González Bernaldo de Quirós, *La création d'une nation. Histoire des nouvelles appartenances culturelles dans la ville de Buenos Aires entre 1829 et 1862*, Thèse, Université Paris I, Panthéon Sorbonne, 1992, II, p. 360.

Rosas intentó, como nadie antes ni después en la historia argentina, ocupar ese lugar simbólico que la Revolución había dejado vacío. Que, ausente, se rindieran honores ante su efigie, es un índice del camino recorrido por el Brigadier.

Queda en pie un interrogante: ¿hasta qué punto pueden verse evocaciones patrias en las efemérides rosistas, cuando el retrato del Restaurador y la nueva bandera encabezan las procesiones? Si lo son es a medias. Además de desplegar el exorbitante poder de Rosas, *in absentia*, celebran ante todo al pueblo federal. La escenificación de la unidad social en la Plaza de la Victoria, cimiento de las fiestas patrióticas, fue suplantada por la exhibición de una parcialidad vivida como comunidad plena, que no era, en verdad, más imaginaria ni más proteica que la patriótica.

Buenos Aires recupera su Plaza

Con la partida de su creador se desmoronó el sistema de poder rosista y quedó planteado el problema de erigir otro para reemplazarlo, escribe Tulio Halperin Donghi.[100] Nada ilustró mejor ese vacío que el 3 de febrero. El día en que Rosas se embarcaba en el *Centaur*, las autoridades civiles y militares abandonaban sus puestos, dejando acéfala a Buenos Aires. Fue una jornada caótica. Las municiones del Fuerte quedaron disponibles para quien quisiera, los presos se escapaban de cárceles sin custodia, "la plebe", "la gente de los arrabales"[101] y soldados dispersos se lanzaron al centro de la ciudad, saqueando primero las platerías y después almacenes, pulperías o zapaterías. No fue sencillo imponer el orden. Las cuadrillas de espantados crio-

---

[100] Tulio Halperin Donghi, *Proyecto y construcción de una Nación*, Biblioteca del Pensamiento Argentino, t. II, Buenos Aires, Ariel, 1995, p. 42.

[101] Juan M. Beruti, *op. cit.*, p. 486, y *Memorias del librero español Benito Hortelano*, en Jorge Fonderbrider (comp.), *op. cit.*, p. 130.

llos y extranjeros, "cazando como en una cacería de jabalíes a cuantos se encontraba robando", y un batallón de auxilio, dejaron como saldo, según testigos, unos 500 o 600 muertos, entre los caídos en las calles y los condenados sumariamente por una comisión militar. Al día siguiente Buenos Aires tenía por fin un gobernador interino, en la persona del autor del himno y presidente de la cámara de apelaciones bajo Rosas, don Vicente López. En los árboles, de Santos Lugares hasta la ciudad, colgaban los cadáveres de oficiales del régimen.

Se deshace lo que se puede, o se quiere, de la obra rosista. Se enarbola la bandera celeste y blanca en la Plaza, se blanquean paredes, vuelven a pintarse de verde zócalos, puertas, ventanas, y cada uno se viste del color que le gusta. Las posesiones de Rosas son declaradas propiedad pública, los bienes confiscados son devueltos y se reemplazan decenas de empleados por quienes pueden exhibir credenciales acordes con los nuevos tiempos. Desaparecen también disposiciones empeñadas en regular las costumbres, como los gastos excesivos en el luto —un mal "más intenso en un Estado Republicano"—, reduciéndolo a "una lazada de gazilla, crespón o cinta negra de 2 pulgadas de ancho en el brazo izquierdo", para los hombres y, para las mujeres "una pulsera negra de igual ancho en el mismo brazo".[102] Al general Justo José de Urquiza, desde luego, lo del luto le importaba mucho menos que la participación en las rentas de la aduana y la liberación de la navegación del Paraná y del Uruguay para abrir el acceso de su provincia al comercio ultramarino.

También en la Plaza se deshace la obra rosista. Retorna la bandera, "tanto tiempo ajada por el tirano", bordada por "las matronas respetables que componen la Sociedad de Beneficencia, [...] empuñada por sus propios hijos".[103] Para construir la Aduana Nueva se demolió buena parte de lo que quedaba del

[102] *La Gaceta Mercantil*, mayo de 1844.
[103] *El Nacional*, 22/5/1852.

maltrecho Fuerte (destinado por Rosas a las tropas) y, si se frustraba el proyecto de levantar en su lugar una nueva Casa de Gobierno, pocos años después alojará nuevamente a las autoridades, restituyendo a la Plaza la sede del poder político.

Se deshace mucho pero no todo. Se conservó la arenga a los soldados al terminar la parada y no pareció inconveniente que prosiguiera aclamando a las autoridades al pasar frente a la Casa de Gobierno, ni que los papeles oficiales y los periódicos estuvieran encabezados por el lema "Viva la Confederación Argentina". *El Nacional,* por su parte, decide seguir el ejemplo de *La Gaceta Mercantil,* reproduce en su editorial, junto a la proclama de 1852, la del 22 de mayo de 1810 y bandos revolucionarios y, por si este ejercicio historiográfico a la manera rosista fuera insuficiente, incluye el texto del concurso organizado por el gobierno oriental en mayo de 1841 y el poema vencedor. En las caras de la pirámide, mientras tanto, las autoridades inscriben los nuevos "cuatro días cardinales de nuestra historia": "25 de Mayo 1810", "9 de Julio 1816", "1° de Mayo 1851", "3 de Febrero 1852".[104]

El 19 de febrero, de poncho blanco, sombrero de felpa de alas anchas y cintillo punzó, el general Urquiza pasó, al frente del Desfile de la Victoria, bajo el arco de la Recova, convertido en triunfal para la ocasión. Vencedor, el General tuvo mala suerte en Buenos Aires, que se alzó siete meses después contra quien era, al fin de cuentas, un caudillo que la había derrotado en Caseros y no se privaba de desairarla. Si se lo homenajeaba en febrero con el drama *Don Pelayo, el defensor de su patria,* los teatros volvieron enseguida a su repertorio: el de la Victoria con *Le Domino Noir,* el Argentino con *La Torre de Nesle* y un *Paso de 2* por Mme. Dupré y Mlle. Landelle. Tuvo tiempo para presidir el primer 25 de Mayo posrosista en una Plaza decorada con arcos moriscos, pero ya para entonces no todas eran loas: la crónica del

---

[104] *El Nacional,* 24/5/1852.

banquete ofrecido a los gobernadores de Salta y Jujuy nos informa que todo el mundo comió y bebió a su gusto menos el general Urquiza "que no toma vino y es más parco que los que han hecho honor al 'desser'", y que al salón de baile, "que rebosaba de gente, ociosos y curiosos, la juventud elegante y simpática", prefirió "ir democráticamente a jugar al villar [sic]".[105] Urquiza no parecía estar hecho para las mundanerías porteñas y, pese a su soberbio palacio de San José, carecer del *savoir vivre* urbano que la elite porteña liberal buscaba establecer.

El recuerdo de sus alianzas con Rosas no contribuía tampoco a otorgarle el favor unánime de los hijos de Buenos Aires, poco dispuestos en realidad a renunciar a la autonomía del Estado, a la aduana y al Banco. El retorno del cintillo punzó, por añadidura, fastidiaba a la tan recientemente conversa sensibilidad política porteña, tanto que el ministro Alsina estimó necesario aclarar que no era obligatorio, y que el usado por "los valientes que componían el ejército libertador" no era un signo del régimen caído. Urquiza se fastidió mucho más y clausuró diarios opositores, disolvió la Junta de Representantes y envió al exilio a varios de sus miembros. Soliviantada, Buenos Aires aprovechó su ausencia para rebelarse, el 11 de septiembre de 1853, iniciando la década de la Secesión. Sin Buenos Aires, los gobiernos provinciales juraron la Constitución y la Convención sancionó las leyes que la obligaban a compartir el puerto y la aduana, abrían la navegación de los ríos y fijaban a Paraná como capital de la Confederación. Las primeras elecciones nacionales, también sin Buenos Aires, hicieron del caudillo entrerriano el primer presidente constitucional.

Sitiada la ciudad por las tropas de Urquiza desde diciembre, poco se podía hacer en la Plaza en mayo de 1853, pero "lo más selecto de la sociedad asistió al tedéum como si fueran tiempos ordinarios". Se redujo el séquito que debía acompañar

---

[105] *El Nacional*, 10/7/1852.

a las autoridades al templo ("de la lista civil solamente los gefes de cada oficina de la administración; en lo militar, los generales gefes de los diferentes cuerpos de la guarnición y un oficial subalterno de cada una de ellas").[106] La infantería formó
en la Plaza de la Victoria, la caballería en la 25 de Mayo; esas
fuerzas, se escribía previsoramente el año anterior, eran "el firme sostén del orden y de la constitución y la esperanza de nuestra Patria",[107] pero el levantamiento del bloqueo, en julio, no
fue obra suya sino de los dos millones de pesos pagados al jefe
de la escuadra urquicista.

En la Plaza, cuatro estatuas (tan mal hechas que hubo que
retirarlas poco después) ponían al día la pedagogía pública: en
una, 25 de Mayo de 1810 ("La Libertad" - "La Libertad siempre
renace"), en otra, 9 de Julio de 1816 ("La Justicia" - "La Justicia
nos alienta" - "La América libre"), y si la ubicada al norte de la
Plaza saludaba todavía el juramento de Urquiza: 11 de abril de
1852 ("La Esperanza" - "La Esperanza con un Mayo valiente"),
la del oeste honraba la revolución de Buenos Aires: "La Fuerza", "El Pueblo triunfante por la fuerza" - "La Anarquía" - "Le
pone fin ese 11 de Septiembre de 1852".

Con el control de los derechos aduaneros se iniciaba una
era de bonanza en la provincia, que en mayo de 1854 jura en
la Plaza su Constitución como Estado soberano; las leyendas,
ese día, rubricaban nuevamente la coyuntura: desaparece el 11
de Abril urquicista para exaltar exclusivamente a Buenos Aires
("La constitución del Estado es la garantía de las libertades públicas"), su 25 de Mayo ("Símbolo inmortal del porvenir americano") y su revolución de Septiembre ("11 de Septiembre de
1852, Buenos Aires reivindica sus derechos"). Se bautiza Plaza
Once de Septiembre al antiguo Mercado del Oeste y la fecha
es declarada fiesta cívica. Por la noche, una "escogida y nume-

---

[106] *El Nacional*, 24/5/1853.
[107] *El Nacional*, 28/5/1852.

rosa concurrencia" —sin duda la misma que bailará en la flamante sede del Club del Progreso— aplaude la "bella alegoría" de la Compañía Española, "cuatro banderas de la Patria y el gorro de la Libertad que tenía entre sus manos la simpática Matilde".[108] Intacto el conflicto con la Confederación, Buenos Aires se celebra a sí misma: ésa era la Patria que, coronada por los símbolos republicanos, tenía entre sus manos la simpática Matilde.

Civilizar la Plaza

El proyecto de la elite porteña en el gobierno tenía, por lo menos, dos caras. Una, ubicar a la ciudad, y a su Plaza, en la abandonada senda de la civilización; otra, cortar con su pasado, del que Urquiza acusaba públicamente a los unitarios: haber sucumbido sin honor al poder rosista y reclamar "la herencia de una revolución que no les pertenece, de una victoria en que no han tenido parte, de una Patria cuyo sosiego perturbaron, cuya independencia comprometieron y cuya libertad sacrificaron con su ambición y anárquica conducta".[109] Expulsado ya de la Pirámide el 3 de Febrero urquicista, Buenos Aires intentó suprimir ese pasado. Afirmándose heredera directa de la epopeya de Mayo reconstruyó su filiación unitaria con la repatriación de dos figuras mayores: en 1856 llegan las cenizas de Rivadavia y en 1858 se decide traer las de Lavalle, enterrado en la catedral de Potosí.

La ciudad no había visto jamás números comparables a los 60.000[110] ciudadanos congregados para recibir lo que queda-

---

[108] *La Tribuna*, 10/7/1854.
[109] Vicente F. López y Emilio Vera y González, *Historia de la República Argentina*, t. VI, Buenos Aires, Sopena, 1960, pp. 376-377.
[110] *La Tribuna*, 6/9/1857; *El Nacional*, 7/9/1857.

ba de Rivadavia. Consagrado héroe porteño por oposición al rosismo, se da su nombre a la calle principal y se proyecta levantarle una estatua, naturalmente en la Plaza de la Victoria. La iniciativa, escribe Halperin Donghi, respondía al esfuerzo por otorgar a la ciudad y a la provincia un pasado menos objetable que el cuarto de siglo de identificación con la experiencia rosista. Ese esfuerzo asumió la forma de la reparación de las afrentas sufridas por la ciudad y la potencia del ejercicio se tradujo en verdaderos exorcismos que proclamaban la nueva virginidad porteña: "La tierra manchada por la planta de la barbarie no era digna de hospedar en su seno las cenizas del guerrero del pensamiento", afirmaba Mármol, y un Sarmiento enfervorizado ofrece una ciudad purificada:

> Hemos lavado la ciudad de todas las mancillas morales que afeaban su fisonomía. ¡Don Bernardino! ¡Ésta es la misma patria que dejasteis hace treinta años! ¡Las mismas instituciones la rijen, el mismo espíritu la anima! ¡Estáis con los vuestros!

La vehemencia de la denegación —en el sentido freudiano del término— explica que fuera impensable, salvo como cosa de locos o borrachos, el comportamiento del individuo que, "no contento con gritar en media plaza Viva la Libertad [...], comenzó a dar desaforados vivas al tirano Juan Manuel de Rosas"; recibido con risas, según *La Tribuna*, la policía, "compadeciéndose del pobre loco le mandó a dormir su turca en cepo".[111]

También la reforma de la pirámide fue percibida como una "verdadera reparación" para armonizarla con los "edificios que ostentan una arquitectura hermosa y atrevida";[112] Sarmiento proponía, desde *El Nacional*, elevar un monumento (como "vo-

---

[111] *La Tribuna*, 27/5/1857.
[112] *El Orden*, 16/4/1856, en Rómulo Zabala, *op. cit.*, p. 73.

to para la reconstrucción de la nacionalidad argentina, pidiendo a todos los pueblos que la formaron una piedra de sus montañas") coronado por una estatua del héroe porteño, pero el testimonio material del proyecto de unir las provincias con la primacía de Buenos Aires, anota Pilar González Bernaldo de Quirós, fue la escena del abrazo de José y sus hermanos arrepentidos tallada en el friso que concluía finalmente la fachada de la Catedral.

La modernización de su Plaza y de su ciudad —ahora con una administración propia— era otra faz del proyecto de las nuevas autoridades; identificarlo no supone sin embargo subestimar el impacto del crecimiento urbano. Si la Buenos Aires de 1857 era, para Scobie, una "modesta aldea", "una modesta ciudad de provincia en Europa occidental" para Bourdé, sus 100.000 habitantes eran suficientes para que el centro urbano abandonara sus formas mercantiles más arcaicas, y así lo dispuso uno de los primeros decretos del nuevo gobierno, prohibiendo a las carretas el acceso a las plazas Lorea, Montserrat y de la Concepción, obligadas a dirigirse a las del 11 de Septiembre y Constitución.

La erección de la Recova había sido uno de los primeros signos de este proceso en la Plaza: en 1802 se ordenaba "a todos y a cada uno en la parte que le toque, dejen la plaza desembarazada de todo puesto, carreta y cualquier otra cosa que sirva de estorbo, comprendiendo expresamente en este mandato a los mercachifles";[113] en 1822 se inauguraba —a dos cuadras de la Plaza de la Victoria— el primer local expresamente consagrado al comercio y Rosas suprimirá las *bandolas*, puestos ambulantes con chucherías de poquísimo valor, instalados en la vereda ancha de la calle Victoria. La superficie de la Plaza de la Victoria quedó progresivamente liberada de sus primitivas funciones mercantiles, que fueron transferidas en buena parte a la del 25 de Mayo, del otro lado de la Recova; de la Recova Vie-

---

[113] *Acuerdos originales del extinguido Cabildo*, Libro 59.

ja, mejor dicho, porque en 1831 se inauguraba la Nueva, una arcada de dos plantas neoclásicas sobre Victoria —imaginada en 1805 para resolver "la deformidad que causa á la Plaza maior, el que ésta no esté cercada de arquería á igualdad de la recova y arco capitulares"—,[114] que terminó alojando tiendas, fondas, cafés, y escribanías estratégicamente situadas al lado de la "Casa de la Justicia" en el antiguo Cabildo. Las Recovas componían un bullicioso centro comercial que ofrecía todo lo necesario. Para los lujos había que desplazarse a las calles adyacentes hacia el sur, a Perú por ejemplo, ese "rincón de París" con las más novedosas sedas de Lyon y cintas de Saint-Étienne que maravillan a Xavier Marnier en 1850 o seguir hasta Bolívar para hacerse un traje en la sastrería inglesa de Coyle. Para clientes menos afortunados estaban las tiendas y fondas de la Recova Vieja, "punto de reunión de los pocos vendedores negros y de los comentaristas de las escasas noticias del día"[115] y, hasta 1836, las *bandolas*, donde concurrían, nos dice José E. Wilde, "los sirvientes, gente de color y los hombres de campo que bajaban a la ciudad a hacer sus compras".[116]

Los gobernadores del nuevo Estado de Buenos Aires no recibieron una Plaza muy distinta de la legada por Rivadavia, con el Cabildo ya reformado para albergar a los tribunales, la Casa de Policía en uno de sus arcos y en otro, también con vista a la Plaza, la cárcel; ni el reemplazo de su reloj en 1848 ni las sucesivas modificaciones de su fachada habían alterado su perfil colonial. La Catedral, por su parte, con el frente inconcluso, conservaba la columnata ajena a las reglas del barroco español con la que Rivadavia la había convertido en una suerte de templo cívico. Aunque a mediados de 1840 se embaldosaran casi enteramente sus costados este y sur, la Plaza seguía oscura, sin árbo-

---

[114] *Acuerdos originales del extinguido Cabildo*, Libro 60.
[115] "Buenos Aires a principios de siglo", *Caras y Caretas*, 20/5/1899.
[116] José E. Wilde, *La Plaza de la Victoria*, en Biblioteca de Mayo, vol. 30, pp. 125-127.

les ni bancos, polvorienta o embarrada; pero no desierta: si, se ha escrito, los años rosistas le quitaron mucho a su calidad de centro de la vida social *decente* —que se habría retraído al dominio privado—, proseguían los corrillos a la salida y a la entrada de los oficios, las retretas domingueras, los vuelos aerostáticos —pasión universal que los porteños compartían desde 1809— y el ajetreo en las Recovas. Pero es cierto que, poco hospitalaria para sociabilidades, la Plaza no competía con la Alameda para paseos elegantes.

Las nuevas autoridades pondrán manos a la obra, decididas a recuperar el tiempo cultural perdido. La barbarie quedaba atrás. A través de ese prisma absoluto fueron apreciadas hasta las tropas de la primera parada posrosista.

> Enterraban esos trages que hasta aquí les daban un aspecto poco conforme con la civilización del país y han podido en aquel día presentarse al frente de la mejor equipada de los pueblos cultos de Europa.[117]

La desaparición del color punzó bastaba para ponerlas "en consonancia con la civilización y cultura del heroico pueblo de Buenos Aires". Leitmotiv de la década, esas virtudes eran la contrapartida del espantado recuerdo de la visibilidad popular: en los 25 de Mayo rosistas, se escribe, las "bandas africanas de *viles-esclavos por calles y plazas discurriendo* iban y digamos después si aquello no era *un meditado ultrage del nuevo caribe que el sur abortó*".[118] La vehemencia del corte con ese pasado convertía también a las innovaciones edilicias en signos culturales:

> Un gran teatro, un gran café, un gran salón de baile son ocurrencias que parecen de poca consecuencia, cuando quiere

---

[117] *El Nacional,* 27/5/1853.
[118] *La Tribuna,* 27/5/1857. (Destacado en el original.)

pintarse el estado político y social de un pueblo; pero entre nosotros indican súbitas transformaciones del pueblo, que ennoblece sus gustos, y requiere construcciones nuevas que correspondan a la masa de hombres que lo componen.[119]

Sin alcanzar el vértigo que se alabará o denunciará en los noventa, el modo de vida se sofisticaba, dejando atrás el clima pueblerino. El 9 de Julio de 1853 los faroles de gas de la Plaza —las "lámparas solares"—, maravillan a los porteños, y desde 1856 reemplazan a los de aceite de potro en las calles; gas también en las casas particulares, y a buen ritmo (2 en mayo de 1856, 65 en junio, 51 en julio, 108 en agosto). Se construye ardorosamente (en 1853 más de 500 casas) y Buenos Aires tendrá su primera exposición de ganadería e industria, su Gasómetro en Retiro, su muelle de pasajeros. En 1857, cuando se apiñan 30.000 porteños para ver partir a las primeras locomotoras, nuestra Plaza comienza su vigorosa transformación. Prilidiano Pueyrredón le puso bancos de ladrillos (se agregarán tres de mármol blanco), empedró toda la vereda que la rodeaba, plantó los primeros árboles, una alameda en la 25 de Mayo y, rodeados por cadenas para que los animales no se los comieran, 450 paraísos en la de la Victoria; para las fiestas mayas enlozará el patio de la Pirámide y renovará el pavimento de la Plaza. Estamos siempre en 1857 cuando "lo más elegante de la sociedad porteña" asiste a la apertura de los nuevos salones del Club del Progreso, convertidos ellos también en signos ("han correspondido y representado dignamente la alta civilización a que hoy ha alcanzado Buenos Aires").[120] Frente a la Plaza se estrenaba, con un baile de disfraces y *La Traviata,* el Teatro Colón, con lugar para 2.500 espectadores. Era hora. Hasta entonces los porteños tenían que contentarse con los de la Victoria,

---

[119] *La Tribuna,* 26/5/1857.
[120] *Idem.*

Garibaldi, el Coliseo, los de drama español, los dos franceses; o el Argentino, donde

> [...] no había en toda la extensión 6 quinqueles encendidos a la vez; las señoras parecían unas sombras pálidas [...] no podíamos menos que hallarnos aletargados, faltos de aire en medio de aquél gran cajón deseando que se concluyera de una vez para lanzarnos como una bala a la calle a respirar el aire libre.[121]

"Buenos Aires debería hoy ser representada por una cuchara y una escuadra", opina *La Tribuna*,[122] aludiendo a la ola de construcciones, públicas y privadas, que procuraban dejar atrás la rusticidad de los años rosistas; 1857 fue un año tan prolífico en materia edilicia que el 9 de Julio se recomendaba concurrir a la Plaza "para aplanarla un poco, hoy que ostenta algunos cientos de carros de greda amontonados allí artísticamente por órdenes municipales".[123] Cuando se instalen dos fuentes decorativas de hierro forjado y se concluya el frente de la Catedral mal podrán las carretas atravesar la Plaza. Tampoco se prestaba para corridas de sortijas, y no lo lamentará más tarde Sarmiento cuando, en defensa de sus palmeras, abomine de "una plaza de dos cuadras de largo con patas en la base [que] no solo da espacio para que evolucionen libremente treinta piezas krupp sinó que puede dar lugar á correr la sortija, lanzar avestruces de África y hacer boleadas".

---

[121] *El Nacional*, 27/5/1853.

[122] En María Sáenz Quesada, "Los progresos materiales y la arquitectura italianizante", *Todo es Historia*, n° 157, junio de 1980.

[123] *El Nacional*, 9/7/1857.

De los transeúntes

Para que sea un verdadero *paseo* hay que esperar la primera mitad de los setenta y las comisiones de vecinos encargadas de su cuidado, pero después de Caseros retornaron las actividades lúdicas y culturales[124] y los alrededores de la Plaza fueron el asiento de una incipiente sociabilidad urbana. ¿Para quiénes?

Se contaban en miles los porteños que celebraban con "cantos relijiosos en el templo, músicas militares al aire libre, evolución de tropas, fantasmagorías de fuegos de artificio, aerostatos que hienden los aires, bailes, himnos, los colores de la libertad…".[125] A estar con Sarmiento, las fechas cívicas en la Plaza conservaban su heterogeneidad social: cotejando el "pueblo, chusma, plebe, rotos" chilenos con la muchedumbre que acude a los fuegos porteños, concluye que "el traje es el mismo para todas las clases, o más propiamente hablando no hay clases"[126] y, aunque no pueda desecharse que fuera un lugar común, encontramos (nada casualmente) en *El Nacional* de 1857 una parecida imagen de igualdad republicana:

[…] desde el más opulento hasta el más humilde proletario, todos han tenido en qué distraerse. Ricos y pobres han gozado juntos, hombreándose unos y otros, pagando así un justo tributo de admiración a la democracia, que rechaza indignada esas barreras que el orgullo de la aristocracia pretende establecer entre ciertas clases de la sociedad, […] esos aristócratas de nuevo cuño, que cifran todo su orgullo y toda su vanidad en insultar y despreciar al pobre. Por fortuna aquí no hay nada de eso.

[124] Pilar González Bernaldo de Quirós, *Civilidad y política en los orígenes de la Nación Argentina. Las sociabilidades en Buenos Aires, 1829-1862*, Buenos Aires, Fondo de Cultura Económica, 2001, p. 216.

[125] *La Tribuna*, 26/5/1856.

[126] Carta a Mariano de Sarratea, *loc. cit.*

Leemos en 1860 que "de este modo terminaron los días de regocijo para el pueblo de Buenos Aires, los días en que *todas las clases de la sociedad y del pueblo se entregan con emoción...*"[127] y, dos décadas después, que "a estas fiestas concurren las clases más modestas del pueblo que aprovechan para llevar a sus niños".[128] Parece confirmarse la longevidad de la mixtura social y de la fuerza de atracción de las celebraciones cívicas; nada impediría entonces concluir, como Henry Brackenridge en 1818, que "no hay duda de que estas manifestaciones deben tener poderosos efectos en todas las clases sociales".

Hay, sin embargo, después de Caseros, indicaciones que, al confirmar la heterogeneidad social en las efemérides, sugieren que su uso corriente lo es menos. En la recepción de los restos de Rivadavia, por ejemplo, "muchas familias que vivían soterradas se han mostrado esta vez, atraídas por el sentimiento que ha preocupado todos los ánimos"[129] y, tras aplaudir a los 30.000 concurrentes diarios en las fiestas mayas de 1862, *El Nacional* titula "Familias patrias":

> Tal pueden llamarse las dos terceras partes de las que fueron a las funciones patrias a la Plaza de la Victoria. Estas familias casi puede asegurarse que sólo en estos días visitan el centro de la ciudad, despidiéndose de la pirámide de año en año. ¿Quién no habrá observado esas caras nuevas como extrangeras a la ciudad que en tales días inundan todo?[130]

Si damos fe a estas por cierto fragmentarias reflexiones se seguiría que la mezcla social en las efemérides contrasta con un acceso selectivo a la Plaza durante el resto del año. Una parte (¿dos tercios?) la habría abandonado, convirtiéndose de es-

---

[127] *El Nacional*, 27/5/1857 y 27/5/1860 (destacado en el original).
[128] *La Pampa*, 22/5/1880.
[129] *El Nacional*, 8/9/1857.
[130] *El Nacional*, 25/5/1862.

te modo en esas "caras como extrangeras a la ciudad" (acaso las de los 1.000 espectadores, "la mayor parte vecinos de nuestro suburbio [...] con especialidad mucha gente de Barracas"[131] que en 1853 habían permanecido durante cuatro horas al pie de las horcas de los mazorqueros Badí y Troncoso). Si así fuera, la Plaza habría perdido buena parte de su calidad originaria de centro de cohabitación social; sede de una nueva sociabilidad, ésta involucraría una fracción de los porteños, no muy diferente acaso de la que paseaba por la Alameda.

De la fiesta al espectáculo, del espectáculo a la Patria

En 1859 Buenos Aires era derrotada en Cepeda por las fuerzas de la Confederación y Santiago Derqui asumía como presidente; en septiembre de 1861, en la batalla de Pavón triunfa el ejército porteño. Derqui renuncia, y el Poder Ejecutivo y las relaciones exteriores son delegadas por las provincias en Bartolomé Mitre, gobernador de Buenos Aires. Para confirmar la paz, el gobernador invitó el 9 de Julio a Derqui y a Urquiza. La Plaza fue testigo de los emotivos discursos de los protagonistas de la política nacional, y el primer piso del Teatro Colón, sede de la Logia Masónica, de los muchos abrazos intercambiados cuando esos prohombres, Sarmiento y el general Gelly y Obes alcanzaron el Grado 33. Convocados en octubre de 1862, los representantes de las provincias eligieron por unanimidad como presidente de la Nación a Bartolomé Mitre, con Marcos Paz como vicepresidente.

La liturgia cívica iniciaba su más mentada transformación, el cambio en la importancia relativa de la fiesta y la ceremonia. Si, de acuerdo con las crónicas posrevolucionarias, los regocijos primaban sobre las solemnidades oficiales, éstas avanzaron

[131] *La Tribuna*, 18/10/1853.

sobre las diversiones hasta liquidarlas, siguiendo un proceso
que no fue otra cosa que el pasaje de lo informal a lo formal,
de una disposición lábil a un encuadramiento organizado, de
una participación abierta y desordenada a otra jerarquizada y
regulada.

Con Caseros habían desaparecido las contradanzas, los jóvenes vestidos como indios peruanos y los escolares con turbantes, y las decoraciones estaban bajo el fuego de la crítica de
quienes pretendían elegancias más a tono con la renovación
cultural que los cuatro "horribles castillos, pagodas o ranchos
à la renaissance" instalados en 1856.[132] El jefe de Policía distribuía todavía, sin embargo, medallas de plata —aunque no fue
tanta su generosidad ya que eran de cobre plateado, si le creemos a *La Tribuna*—[133] y se aplaudía a un *petit amour*, una criatura de seis años que atravesó "por una cuerda de tres pulgadas
de circunferencia a lo más, el espacio que media entre la altura de la pirámide y la torre de Cabildo y luchando al hacerlo
con la fuerza del viento que entonces hacía".[134] A pocos días de
la elección de Mitre como gobernador de Buenos Aires, más
de 16.000 almas pudieron ponderar bailes de niños sobre ta-
blados, un equilibrista que descendió desde el Cabildo, acosta-
do boca abajo sobre la soga, "bajo un carro de fuegos artificiales", y una alegoría de Mayo con tres cuadros —la Libertad,
América y la Anarquía— a cargo de una comparsa de cuarenta
jóvenes, "treinta en trages y el resto de carácter".[135] Pavón no
interrumpe las fogatas y los cohetes —que sólo a fines de los sesenta la Municipalidad parece dispuesta a prohibir para librar
a la población de las frecuentes chamuscaduras— y menos aún
los vuelos aerostáticos: desde los balcones del Cabildo, Mitre le
deseaba una feliz travesía al norteamericano Gibbon Wells, cu-

[132] *La Tribuna*, 3/6/1856.
[133] *La Tribuna*, 10/7/1854.
[134] *La Tribuna*, 26/5/1857.
[135] *El Nacional*, 26 y 27/5/1860.

yo globo había descendido sobre la Plaza.[136] Un viajero relata las risas provocadas por un globo con "una enorme figura de mujer vestida de ceremonia, con un gran miriñaque y unos calzones largos que dejaban caer paracaídas de sus bolsillos"[137] y volvían a ponerse de moda las quemas de Judas, tal el "mamarracho" montado sobre un burro suspendido en San Martín y Cangallo —había costado 2.000 pesos a los vecinos que se sumarían a los 253 pesos en chocolates, postres o confites que cada porteño habría gastado en 1867—.[138]

La fiesta, sin embargo, ya no era la misma. Pantomimas y rompecabezas dejan de ser rutinarios, lo mismo que los palos enjabonados, al punto que un grupo de jóvenes juzga necesario elevar una solicitud para que se instale uno en la Plaza.[139] En las corridas de sortijas, transferidas al Paseo de Julio, en lugar de los paisanos de las orillas que recuerda Manuel Bilbao, se ven jóvenes elegantemente ataviados a quienes se destinaban "50 sortijas de oro, algunas con piedras finas", o "turcos, moros, griegos, etc., que sobre nuestro pobre recado hacían caracolear briosos corceles aguijoneándolos con sus enormes rodajas, haciéndolos brincar y ostentando su ajilidad sobre ellos".[140] (Carezco de información sobre la cantidad de turcos, moros y griegos que había en Buenos Aires, pero la diversidad concuerda con la observada por MacCann quince años antes: "ninguna ciudad del mundo —con seguridad— puede ostentar tan abigarrado concurso de gentes; es tan grande la variedad de rostros, que acaba uno por dudar de que la especie humana proceda de un tronco común".)[141]

---

[136] Cf. Vicente Gesualdo, "Las primeras ascensiones aerostáticas en Argentina y Sudamérica", *Todo es Historia*, n° 188, enero de 1983.

[137] Woodbine Hinchliff, *Viaje al Plata en 1861*, Buenos Aires, Hachette, 1955, pp. 63-64, citado por Jorge Myers, "Una revolución…", *op. cit.*, p. 131.

[138] *La Nación Argentina*, 24/5/1867.

[139] *Idem.*

[140] *La Tribuna*, 26/5/1856, 8/7/1856.

[141] William MacCann, en Jorge Fonderbrider, *op. cit.*, p. 122.

Los pueblos, Quilmes, Barracas al Sur o Ensenada, conservaban las primitivas diversiones, la municipalidad de San Fernando contrata acróbatas y se corren sortijas en San Martín, en San José de Flores —"para que puedan lucir sus caballos y aperos los gauchos del partido"—[142] o en plaza Constitución, ideal para esos lances por su tamaño y su escasa urbanización. Que se esfumaran en la Plaza de la Victoria antes que en otras, menos centrales o más insertadas en el mundo rural, autoriza a explicar esa mutación por el crecimiento de la ciudad (cerca de 200.000 habitantes, casi la mitad extranjeros).

Las cifras de la modernización urbana eran despreciables comparadas con las de fines del siglo XIX, y las miradas retrospectivas fueron severas —"hace treinta años", se lee en el Censo de 1904, "Buenos Aires seguía siendo la ciudad de los tiempos coloniales, sólo que más poblada y más grande"—, pero los servicios mejoraban, y a buen ritmo. Agua corriente: en 1869, un año después de instalada, se consumen 880.000 metros cúbicos y el doble en 1879, cantidades modestas cotejadas con los casi 40 millones de 1900, pero no tanto si se piensa en los escasos 178 metros cúbicos que se tomaban del río en 1852. Barrido y limpieza: dejada a la iniciativa de los vecinos, la ciudad estaba "en el mismo estado de suciedad que en los tiempos de Vértiz y Arredondo", constata la municipalidad, y, gracias a un nuevo impuesto, encarga en 1873 a 60 barrenderos, provistos de una carretilla, una regadera, una escoba y una pala, recorrer la zona delimitada por Balcarce, 25 de Mayo, Charcas, Uruguay, San José e Independencia. La Plaza se benefició además con la eliminación de la cárcel, que había albergado unos 200 presos en promedio y terminó siendo insuficiente: los 710 que estaban el 28 de mayo de 1875 fueron trasladados a la nueva penitenciaría. Se transformaba asimismo el ámbito público porteño, proceso eficazmente estudiado por Hilda Sábato. Sustrato de una opinión públi-

---

[142] *La Prensa*, 25/5/1871.

ca polémica, y frecuentemente voceros de cabezas políticas o intelectuales, aparecen nuevos diarios y proliferan las asociaciones
con fines diversos (masones, deportivas, culturales), sobre todo
de ayuda mutua, sobre todo de las colectividades extranjeras y sobre todo italianas.

Pero lo que cambiará profundamente la vida cotidiana de los
porteños fueron los tranvías, mal recibidos por los propietarios
de casas que se desvalorizaban y por peatones aterrados, no sin
razón: un periódico reclamará que cada *tramway* fuera seguido
por una ambulancia para recoger muertos y heridos.

Mil cuadras, la hipérbole de *La Prensa* designaba el acorta-
miento de las distancias para nuevos concurrentes a las conmemoraciones cívicas:

> […] los *tramways* se suceden unos tras otros, llenos de gente
> en las plataformas, en los estribos, gente que vive a *mil cuadras*
> de la plaza y que, seducida por la comodidad y baratura se tras-
> lada de lejanas tierras a aumentar el número de los admirado-
> res de los acróbatas.[143]

Treinta años más tarde los tranvías serán acusados de otros
males. "Dada nuestra facilidad de transporte", argumentará en
mayo de 1910 el exasperado diputado Olmedo para cuestionar
la limitación del estado de sitio a la Capital, "se pueden llevar masas —no digo grupos— masas de anarquistas ó de contraventores desde la ciudad de Buenos Aires á la ciudad de Rosario, por
ejemplo…", interrumpido por el diputado Crouzeilles, mejor in-
formado, para agregar "O á Barracas al Sud".[144] (Los tranvías fueron efectivamente útiles para los piquetes de huelgas de gremios
desprovistos de estructuras eficaces, obligados a recorrer la mayor cantidad posible de talleres —los panaderos, por ejemplo, las

---

[143] *La Prensa*, 23/5/1872. (Destacado en el original.)
[144] *Cámara de Diputados*, 13/5/1910.

368 panaderías de 1895, con sus 4.000 trabajadores— ante la amenaza de acuerdos por empresa; menos sin embargo para los mitines, hasta que el precio de los boletos permita a las fosforeras
huelguistas de Avellaneda ir en uno al suyo, en 1917.)[145]

Volvamos a los comienzos de la década de 1870 para anotar la ampliación del radio de atracción de la Plaza, adonde podía llegarse desde La Boca, entre las 6 y media de la mañana y
las 12 de la noche, en alguno de los tranvías que pasaban cada
10 minutos.[146]

¿Qué queda de la Fiesta en la década del 1870? Bastante. Los
fuegos artificiales, mayor atracción nocturna y, con suerte, los
acróbatas ofrecidos por el municipio durante el día: la compañía Ecuestre, la de Cottrelly o el célebre funámbulo Blondin,
con "sus hábiles y atrevidos ejercicios" y sus "difíciles pruebas, el
salto del Niágara, el salto por la vida, la cascada del sultán, la
zambanera y otros juegos atléticos".[147] Pero si los entretenimientos se parecían, las modalidades festivas no eran las mismas. El
público llegaba sabiendo cuándo y qué se le ofrecía ya que

> [...] aparece en todos los diarios de la capital el programa, que
> no discrepa un ápice del de los años anteriores: anuncia cohe-
> tes, bombas, músicas, globos, volatines y cédulas tan blancas
> como un campo de nieve y tan vendibles como un retrato de
> Garibaldi o de Cavour entre los italianos.[148]

Esos programas tenían horarios. El de 1868 comenzará a las
doce, a las dos, una banda de música, seguida por una ascensión de Casimiro Baraille con su globo *América*; hasta las cinco

[145] *Caras y Caretas*, 10/9/1917.
[146] *La Nación*, 15/8/1873.
[147] *La Prensa*, 26/5/1877.
[148] *La Prensa*, 24/5/1872.

y media, una compañía de acróbatas y, a las ocho, fuegos de artificio.[149] (Que se anunciaran no significa que se cumplieran. Se hizo todo lo previsto salvo el vuelo de Baraille: el viento se llevó el globo al río, salió a rescatarlo una lancha pero fue menos rápida que el vapor *Cavour*, cuya chimenea hizo explotar el gas del aparato. Hubo ahogados y quemados. En cuanto a la lancha, se hundió.) La compañía Cottrelly presentará el suyo, en la postrera presentación circense en la Plaza.

> Primera parte: 1) concierto, 2) el alambre flojo, sorprendentes equilibrios por la simpática niña Mlle. Carolina, 3) los sombreros mágicos, 4) gran lucha olímpica: los anillos gimnásticos; los clowns florentinos, hermanos Pichiari, en sus sorprendentes ejercicios acrobáticos; las sillas peligrosas, arriesgado ejercicio de gran dificultad; el puente del diablo […].[150]

La publicidad de los programas introducía el orden en la diversión. Parafraseando a Roberto da Matta,[151] puede decirse que era más difícil llegar tarde para admirar las columnas con guirnaldas de 1822 —arquitectura que no por efímera era menos sólida— que, ahora, para aplaudir las proezas de Mlle. Carolina. Los entretenimientos seriados, con una secuencia temporal establecida, desplazaban a juegos y bailes, y los espectáculos separaban más nítidamente un centro y un público, lo que es otra manera de nombrar la pérdida de la espontaneidad o de la participación.

Como siempre, estas diversiones eran tributarias de las a menudo poco florecientes finanzas. La crisis obligó a los tres poderes que convivían en Buenos Aires a compartir los gastos,

---

[149] *La Nación Argentina*, 22/5/1868.

[150] *La Nación Argentina*, 24/5/1878.

[151] Roberto da Matta, *Carnavals, bandits et héros. Ambiguïtés de la société brésilienne*, París, Esprit/Seuil, 1983, p. 52. [*Carnavales, malandras y héroes. Hacia una sociología del dilema brasileño*, México, FCE, 2002.]

un día cada uno, pero así y todo no se pudo contratar al "hombre incombustible, única novedad que se anunciaba, a causa de sus exageradas pretensiones en cuanto al precio pedido";[152] *La Nación Argentina* se quejará porque "la Municipalidad no ha estado con mucho gasto para proporcionar al pueblo diversiones como lo ha hecho otros años",[153] en 1873 la municipalidad se declaraba incapacitada para costear las fiestas y la crisis de 1875 la obligará a dejar el cuidado de las plazas a cargo de comisiones de vecinos (la de la Victoria a Manuel Cárrega, Tomás Prudent y Víctor Belaústegui). Si en julio de 1877 fueron frugales porque, informa Estanislao Zeballos, "el gobierno nacional y el provincial no han querido cooperar", en mayo "la concurrencia había sido más numerosa que nunca. En la tarde del 24 concurrieron como 20.000 almas a la Plaza y no creemos exagerar si decimos que anteayer había doble cantidad" pero, agregaba *La Prensa*, "bien es verdad que se ha ofrecido la oportunidad de presenciar los hábiles y atrevidos ejercicios del célebre funámbulo señor Blondin".[154]

Es por demás obvio el camino recorrido entre las "lecciones de eterno rencor contra la tiranía" dadas por la representación de Julio César[155] y los "atrevidos ejercicios" de un Blondin, un tránsito que nos remite igualmente a la transformación del sentido atribuido por las crónicas a la afluencia de público. Vemos así que el número de concurrentes no mide la intensidad del sentimiento patriótico como en los primeros años posrevolucionarios —y, mezclado con otras pasiones, bajo Rosas— sino la calidad del espectáculo, de los fuegos, de las decoraciones o de las inevitables representaciones circenses.

[152] *El Nacional*, 19/5/1866.
[153] *La Nación Argentina*, 24/5/1867.
[154] *La Prensa*, 27/5/1877.
[155] En Augusto E. Mallie (comp.), *op. cit.*, t. II, 1812-1815, Buenos Aires, 1965.

Las fechas cívicas eran sin embargo momentos de placer. En la Plaza y fuera de ella, en los grandes bailes en el Teatro Garibaldi, en la plaza del Parque, en el Club del Progreso, en el Skating Ring, en las funciones especiales de los teatros —llenos de bote en bote—, y oportunidades para que La Ciudad de Londres o La Tienda del Progreso anuncien sus novedades a las damas; también El Gran Baratijo Argentino con sus "preciosos géneros de vestido de lana y seda matelassé, colores, a 6, 7, 8 pesos" y "capelinas chantilly de 40, 50, 55 y las más ricas, 65".[156] Las efemérides eran sinónimo de alegría y el payaso "un personaje *del pueblo* y *para el pueblo*".

Suprimidlos del programa y habréis suprimido el alma de las fiestas. Suprimid al payaso y tendréis al pueblo en plena revolución. Suprimid al payaso y a los pocos momentos tendréis al pueblo golpeando las puertas de la Casa Municipal pidiendo a gritos al payaso.[157]

A fines de los setenta se pulverizará la alegría misma. Como los bailes, se evaporan los payasos. También los acróbatas que, con los fuegos artificiales, eran lo que quedaba de los espectáculos: su acta de defunción está fechada el 13 de mayo de 1880, cuando la municipalidad estampó un "no ha lugar" en la solicitud de la compañía Arroso para trabajar en la Plaza.[158] Se los verá en barrios y pueblos, y también en Buenos Aires, donde la intendencia contratará, en mayo de 1912, a la compañía de acróbatas del señor Monti en el parque Centenario. Pero los saltos del Niágara de Blondin habían sido el canto del cisne de los equilibristas en la de la Victoria.

---

[156] *La Prensa*, 22/5/1879.
[157] *La Prensa*, 24/5/1872. (Destacado en el original.)
[158] *La Pampa*, 14/5/1880.

Ahora bien, la urbanización y la diversificación social darían razonablemente cuenta del reemplazo de las antiguas formas festivas por ordenados espectáculos y, más tarde, por la ceremonia. No se infiere en cambio que la Patria venga a sustituir a la Fiesta. Si es indiscutible, como escribe Lilia Ana Bertoni, que a comienzos de la década de 1880 "el diseño de las conmemoraciones tiende a cristalizarse en un ceremonial más solemne",[159] las fechas lo son menos y, con ellas, una interpretación que asocie esa transformación con la constitución del Estado nacional. No es necesario esperar la década del 80 para verificar el ocaso de los entretenimientos tradicionales, ni tampoco para constatar las demandas de fervor patrio: hay que fijarse en la segunda mitad de la presidencia de Avellaneda, y más precisamente en febrero de 1878. No porque tal precisión tenga en sí misma un interés especial sino porque sugiere que el pasaje de la fiesta profana a la sacralización ceremonial de la Nación se inició antes de la unificación política. Que resultó de la combinación de decisiones estatales y de asociaciones porteñas movilizadas. Y, por último, que el pasaje de la fiesta a la nueva Patria coincidió históricamente con la entronización de San Martín como su Padre.

Se extinguirán las reuniones bulliciosas en la Plaza pero no los espectáculos. Indudablemente menos entretenido que la cascada del sultán, el Estado ofrecerá el suyo, desplegando sus instituciones: sus funcionarios, sus tropas y sus escolares marcialmente organizados.

La Plaza de la Nación

Fracasado en la Legislatura de Buenos Aires el proyecto de federalización de la ciudad, el gobierno nacional —con juris-

---

[159] En "Construir la Nacionalidad: héroes, estatuas y fiestas patrias, 1887-1891", *Boletín del Instituto de Historia Argentina y Americana "Dr. Emilio Ravignani"*, n° 5, primer semestre, 1992, p. 82.

dicción sobre el municipio— será huésped de la provincia y su subordinado financieramente hasta 1880. El presidente Mitre, alojado primero por la Legislatura, se instaló en la plaza del 25 de Mayo, en el ala del viejo Fuerte que se salvó de la demolición posterior a Caseros, y también de ese lado de la Recova Vieja sesionó el Congreso nacional, inaugurado el 12 de mayo de 1864. Revivía la Plazuela, antigua plaza de Armas, que pese a haber presenciado la rendición de los ingleses, careció de una verdadera cotización patriótica hasta la erección de la estatua a Belgrano en 1873.

El despliegue de las instituciones: funcionarios, soldados y escolares

Al reemplazar la coerción rosista por reglas más tolerantes, la evolución de la presentación pública de funcionarios es síntoma de la organización del aparato estatal y puede ser vista, simultáneamente, como una contribución a su consolidación simbólica.

Debiendo concurrir el Gobierno con todas las corporaciones y empleados de su dependencia al solemne Te Deum que debe celebrarse hoy, 9 del corriente, a las 11 horas en la Santa Iglesia Metropolitana en conmemoración del Aniversario de nuestra Independencia, se hace saber a los gefes de los distintos departamentos y oficinas a fin de que concurran con los empleados de su dependencia al mencionado Templo.[160]

Cuando el presidente Mitre citaba a comienzos de su mandato a los empleados de los cinco ministerios, los más que escasos funcionarios podían difícilmente representar instituciones casi inexistentes, pero durante los años siguientes crecerán

[160] *La Nación Argentina,* 5/7/1864, 9/7/1865, 25/5/1867, 25/5 y 9/7/1869.

las categorías convocadas: en 1867 los empleados provinciales y nacionales (motivo, se supone, del pago de sueldos por ambos gobiernos para que "tengan como costear algunos trajes para las fiestas mayas"),[161] en 1880 los municipales y en 1884 los empleados de las reparticiones nacionales, coincidentemente con el incremento de los funcionarios.[162] Con oscilaciones, también se ven en la Plaza, más numerosos, a los soldados del ejército regular creado por Mitre (base, aunque no del todo firme, del nuevo Estado). En 1865, cuando la Guerra del Paraguay ofreció la primera ocasión de formar un ejército a las órdenes del gobierno nacional, se citaba a los generales, jefes y oficiales francos, cinco años después a la totalidad de los brigadieres generales, coroneles mayores y demás oficiales del ejército nacional, y en mayo de 1873 se suman dos batallones de línea, que estrenan uniformes "iguales a los que usa el ejército francés". Pero el número de tropas fue muy modesto hasta fines de siglo —reducido a veces a su mínima expresión—:[163] un regimiento, uno o dos batallones, los alumnos del Colegio Militar y, hasta 1880, la Guardia Provincial. Modesto sobre todo porque las tropas estaban fuera de Buenos Aires,[164] dedicadas a batallar contra los indios, sofocar sublevaciones provinciales o participar, bajo la presidencia de Mitre, en alguna de las 107 revoluciones y 90 combates, según la muy citada contabilidad de Nicasio Oroño.

[161] *La Nación Argentina*, 23/5/1867.

[162] Los empleados públicos se duplicarán entre 1879 y 1882, y los municipales se multiplicarán por tres entre 1881 y 1892, de 940 a 2.983. Oscar Oszlak, *La formación del Estado argentino*, Buenos Aires, Editorial de Belgrano, 1985, p. 263; Guy Bourdé, *Urbanisation et immigration en Amérique latine. Buenos Aires*, París, Aubier, 1974. [*Buenos Aires: urbanización e inmigración*, Buenos Aires, Huemul, 1977, p. 105.]

[163] En julio de 1877 los miembros de la guarnición que se encontraban en Buenos Aires y las bandas de música de la policía y de bomberos.

[164] En 1876 residían poco más de 1.800 sobre un total que oscilaba entre 12.000 y 15.000. Oscar Oszlak, *op. cit.*, pp. 153-154.

Para que los números cambien es necesario esperar que el general Ricchieri, en persona, sortee en octubre de 1902 los jóvenes reclutados por su ley, los 900 más altos para la Armada, los 15.100 restantes para el Ejército. Se los verá en la Plaza desde el 15 de mayo de 1904.

Podría presumirse que la unificación política del país se reflejaría en la primera fecha cívica presidida por el general Roca, pero las divergencias entre las crónicas impiden confirmarlo: no tuvo, según *La Nación* "nada extraordinario, nada excepcional en relación con otros años", y *La Prensa* se ciñe a prever que gracias a la iluminación "aunque no pomposas van a ser superiores". *El Siglo*, en cambio, no había visto nunca tanta gente en calles, paseos y teatros, y admira a "los extranjeros que embellecían el conjunto con los variados colores de sus banderas",[165] entre ellos quizá los que asistirán, en el Politeama, a la representación de dos piezas en dialecto piamontés. Sabemos que se presentó la marcha *La conquista del Desierto*, compuesta en honor a Roca por el jefe de la banda del batallón de bomberos, que participaron por primera vez los jefes y oficiales de la Marina y que "un magnífico álbum de cien modelos pintados ála agua por el joven Reinaldo Giudici" hacía conocer los nuevos uniformes de los cadetes,[166] pero los 2.000 hombres armados[167] en la nueva capital de la República no fueron más numerosos que antes, ni tan distintas las armas exhibidas (pese a los nuevos fusiles, "sistema argentino", traídos de Europa por el general Viejobueno, y el cañón Krupp construido en el parque de artillería).

Hubo, sí, una innovación considerable: el desfile. A pedido de los vecinos, se dice, las tropas recorrieron Florida hasta la

---

[165] *La Nación*, 26/5/1881; *La Prensa*, 24/5/1881; *El Siglo*, 19 y 23/5/1881.

[166] *La Prensa*, 24/5/1881.

[167] Desaparecida la guardia provincial, formaron los cadetes del Colegio Militar, tres batallones de línea, un regimiento de artillería y uno de caballería, a los que se agregó la brigada de marina, con un batallón de infantería, cadetes de la Escuela Naval y de la Escuela de Oficiales.

plaza San Martín. Para una mirada retrospectiva la sustitución de la parada por el desfile importa porque incorpora definitivamente a la plaza San Martín al territorio patriótico oficial pero sobre todo porque la Plaza dejó de ser el ámbito exclusivo de las tropas. Es cierto que las paradas rosistas solían desembocar frente a la residencia del Brigadier, pero únicamente para rendirle honores cuando desertaba la Plaza; el nuevo itinerario, en cambio, posee un punto de llegada establecido, se acomoda al diseño del centro urbano de la flamante Capital y amplía el público para el espectáculo de las armas.

Para entonces el ceremonial estaba estabilizado: tedéum, desfile militar y recepción oficial con un refresco de la confitería El Águila; único elemento festivo, y motivo exclusivo de concurrencia, los sofisticados fuegos artificiales atraían en 1882 cerca de 50.000 porteños hasta que "hubo un momento en que no se podía entrar en la plaza por ninguna de sus cuatro bocacalles"[168] (no pasaba lo mismo en San Fernando, donde la municipalidad no había preparado nada, y la efemérides se salvó gracias a la fiesta del señor Clorindo Olivera para la apertura de su negocio).[169]

Supeditado a las finanzas y a las coyunturas, el número de tropas crecerá morosa e irregularmente: eran alrededor de 3.000 hombres en mayo de 1860 y 3.000 también más de treinta años después.[170] Hay cifras desusadas, como los 18.000 hombres (5.000 de línea y 13.000 de la Guardia Nacional) del 9 de Julio de 1894, cifra asociada al agravamiento de las tensiones con Chile[171] y, más, a la apertura de la Avenida de Mayo: el

---

[168] *La Nación*, 11/7/1882.

[169] *La Prensa*, 26/5/1882.

[170] Además de 500 marineros. De 1881 a 1883, entre 1.500 y 2.800 (estimación mía a partir del número de regimientos); de 1884 a 1902, entre 2.500 y 4.000.

[171] Una semana antes 14.000 hombres participaban en los ejercicios de la Guardia Nacional.

acontecimiento volcó en las calles a 200.000 porteños, "entre militares y pueblo"[172] y, en Palermo, de 4.000 a 5.000 carruajes. Recién a principios del siglo XX los jefes de Estado pudieron presidir ingentes columnas militares (fueron excepcionales los 10.000 soldados que acompañaron al Presidente en 1900 para inaugurar —pese al alud de críticas por la escasa fidelidad de Rodin— la estatua de Sarmiento). La Plaza será abandonada por primera vez en 1911 y 1912, cuando Roque Sáenz Peña opte por el hipódromo, quizá por gusto personal, quizá por el número de las tropas, tan copiosas que, extendidas en las tres pistas, tardaron 25 minutos en desfilar ante el palco oficial. La República y los lujos tenían ámbitos propios, al menos para *La Prensa:* describía deleitada el atuendo de la primera dama en el banquete oficial ("falda de lamé de oro con bordados en realce de plata y seda negra, bata de tul griego crema de helado de gasa negra con *pied* de *strass* y flecos de oro [...]") pero encontraba chocante la carroza presidencial, y no era en verdad descocado juzgar que las grandes pelucas blancas de los jinetes eran un "atalaje más propio para bodas reales que para un severo acto militar".[173]

Al desinterés de las crónicas le había seguido la vehemente contabilidad rosista; después de Pavón primó la preocupación por el orden y la simetría, expresiones del progreso de la institución. Que fue lento, si nos guiamos por el recurso a la prensa para trasmitir las instrucciones del Ministerio de Guerra, desde la composición del desfile hasta las prescripciones indumentarias. Si en 1836 *La Gaceta Mercantil* hacía saber a los soldados del Regimiento de Patricios que debían concurrir al cuartel "con chaqueta azul ó oscura y pantalón blanco", más de un si-

[172] *La Nación*, 9 y 10/7/1894; *La Prensa*, 10/7/1894.
[173] *La Prensa*, 26/5/1912.

glo y medio después puede leerse que "los jefes de los cuerpos deberán formar con kepí, chaquetilla azul gris, pantalón grancé y charretera. Los oficiales con chaquetilla y pantalón gris. La tropa en traje de diario".[174] La escasa institucionalización del ejército, por otra parte, permitía que los desfiles fueran materia opinable. En la década de 1860 se enjuiciaba su organización misma, sugiriendo que el desfile debía ser abierto por el batallón 2 en lugar de los tres cuerpos de línea,[175] y se aconsejaba eliminar los caballos en la artillería porque "lo demás es esponerse a que se repitan escenas como las de ayer que ponen en ridículo a nuestras tropas", sin pasar por alto que

> […] marcharon y contramarcharon hasta el infinito formando ovillos y nudos gordianos que reclamaban un nuevo Alejandro; felizmente sin ese recurso todo tuvo, como todas las cosas humanas, el término que quiso o el que le dieron.[176]

Más de veinte años después *La Nación*[177] arremeterá contra los bomberos porque "los remington estaban fuera de lugar en sus manos. Con su tren de bombas, hachas y escalera y demás utensilios de la profesión hubieran estado mucho mejor: habrían sido bomberos"; y como a pesar de los esfuerzos de la Inspección y la Comandancia General de Armas era imposible imponer disciplina de la noche a la mañana, el diario podrá concluir, bastante legítimamente, que no era "muy marcial que digamos (en las pausas del desfile) el destrozo general de naranjas, las que, como entre buenos compañeros, compraban y repartían aquellos que se encontraban más en fondo". Las crónicas no perdonarán nada a demostraciones perjudicadas por la asignación de fondos al ejército de Ricchieri y a la compra

---

[174] *La Prensa*, 8/7/1892.
[175] *El Nacional*, 21/5/1864.
[176] *El Nacional*, 27/5/1860.
[177] *La Nación*, 11/7/1882.

de armamentos, ante la siempre renovada amenaza de conflicto con Chile. *La Prensa,* que se felicitaba en julio de 1892 porque el desfile manifestaba "los progresos en nuestras armas", no ahorrará su irónica acidez a principios de siglo.

> Se cita a los batallones 2°, 3°, 8° y 10°. *C'est trop fort.* En el ejército no existe ningún batallón 8° ni 10°. Pero tenemos el primer batallón de los regimientos 2°, 3°, 8°, 10°, etc. Si mañana, en un documento oficial, el jefe del primer batallón del regimiento 8° se intitula jefe del batallón 8°, el ministro no tendrá derecho de corregir el error, y a ese paso dentro de poco tendremos batallones de caballería y escuadrones de infantería.[178]

Todavía en 1916 se observarán los cascos, "algunos sobre los ojos y los otros hacia atrás" o la "manera igualmente variada de hacer el saludo militar".[179] Diez años después, ante la persistente incapacidad de conscriptos reclutados en marzo para marchar en mayo con la marcialidad necesaria, el presidente Yrigoyen transferirá el desfile al 9 de Julio. El 25 de Mayo será una fecha civil hasta que Uriburu vuelva a militarizarlo y traslade los desfiles del centro urbano a las avenidas del norte.

Las invitaciones personales para el tedéum, tanto como la asistencia compulsiva, eran índices de una baja racionalidad administrativa —de una escasa burocratización en el sentido weberiano del término—; así, cuando en 1905 el Ministerio de Guerra las anule por ser "una mala práctica [...] inconciliable con los actos que por su naturaleza exigen, más que la deferencia de una invitación, el cumplir con un deber que ningún militar debe rehuir", principia la institucionalización definitiva de la presencia militar en las efemérides.

[178] *La Prensa,* 25/5/1901.
[179] *La Nación,* 26/5/1916.

Los desfiles militares, escribe Roberto da Matta, crean "un sentimiento de unidad, cuya característica esencial es la dramatización de la idea de cuerpo por los gestos, vestimentas y discursos siempre idénticos".[180] Pero para que esto sea así, para que reenvíen a tal unidad, es preciso que esos gestos, discursos y vestimentas sean, precisamente, "siempre idénticos" o, lo que es lo mismo, que posean un orden propio. A pesar de los esfuerzos por imponerlo, ese orden estuvo ausente durante largo tiempo en la exhibición del ejército en la Plaza porque lo estaba en el ejército mismo: ni por su número ni por su disciplina los desfiles del siglo XIX constituían el ordenado espectáculo de masas que serán luego.

La exposición en la Plaza de las instituciones estatales fue inseparable del afianzamiento de la Nación; la escuela no era la menos importante.

El Consejo Nacional de Educación había movilizado en 1878 y 1880 pero la historia institucional de la presencia pública de la escuela en la Plaza comienza en 1888: junto con la imposición de la enseñanza patriótica en las escuelas se estipula la concurrencia de quinientos niños y niñas al tedéum y el desfile de los "batallones escolares" ante el Presidente. Los *batallones escolares* merecen algunas observaciones: no son una metáfora. Legalizados por la Tercera República francesa en 1882, se integrarán en la política exterior argentina (se argumentará que "la república que está al Oeste de la Argentina como la que tenemos al Este también arman a los alumnos de sus escuelas o colegios, habiéndose distribuido a los de Chile, según sabemos, 1.200 rifles pequeños").[181] El regimiento "Maipo" (unos 200 alumnos del asilo de huérfanos con sus correspondientes jefes y oficiales infantiles) fue el primero, y se expandieron, sin

[180] Roberto Da Matta, *op. cit.*, pp. 60-61.
[181] *El Monitor Escolar*, 31/8/1888, p. 861.

marco reglamentario, a principios de los ochenta (desfilaban ya en la Plaza el 25 de Mayo de 1882) por obra de escuelas, parroquias y distritos escolares.

"Los niños obedecen las órdenes como movidos por un resorte, comprendiendo el interés e importancia que tiene la uniformidad", informa *El Monitor Escolar* (órgano del CNE) y, aunque admite que "el pueblo asiste con íntima satisfacción a presenciar su desfile por las calles y plazas", se opondrá muy pronto a esos batallones (el Consejo sólo participó en su organización una vez, en 1888).[182] El inspector Juan M. de Vedia desconfía de la bondad de la iniciativa porque

> [...] hay muchos niños que quieren ser oficiales y llevar una espada al cinto; algunos se tornan voluntariosos y desobedientes a las órdenes de los maestros; los que tienen voz de mando se aficionan de tal modo a ello que quieren ser obedecidos por sus condiscípulos en todos los actos de la vida.[183]

Era razonable aplicar el molde militar para inculcar a los alumnos la disciplina y la lealtad a la Nación que el monopolio estatal de la fuerza permitía, ahora, suponer inherentes al ejército, y el conflicto con Chile permite entender la introducción, en 1891, de quince minutos diarios de ejercicios sin armas para los alumnos de 4º a 6º grado y, en 1894, de la enseñanza militar en todos los colegios secundarios públicos.[184]

---

[182] Respuesta de Juan M. de Vedia al inspector técnico de Instrucción Primaria del Uruguay, *El Monitor*, 31/8/1891.

[183] *El Monitor Escolar*, n° 201, 1891, p. 13.

[184] "a) escuela del soldado: definiciones, composición del batallón, colocación de oficiales, sargento y cabos de la compañía en orden desplegado, reglas generales, posición del soldado sin armas, saludos, giros; medios flancos [...] b) Nomenclatura y manejo del fusil. Continuación de la táctica. Instrucción en orden disperso, dispersiones, marchas y cambios de frente, relevar y reforzar los tiradores, fuegos [...]" Decreto del 19/5/1894. *El Monitor Escolar*, marzo de 1895, p. 1492.

El aflujo de inmigrantes no alcanza a explicar las medidas de 1888, puesto que la convicción sobre el papel de la educación para forjar almas al servicio de la Nación (o de la República) se consolidaba contemporáneamente en Europa, impulsando parecidas pedagogías y análogas presentaciones escolares. No hay razones para rechazar la ambición declarada por el Consejo de Educación, promover un "sentimiento patrio" que proporcionara "cohesión a los elementos constitutivos de la nacionalidad", ambición que también en otras sociedades parecía requerir demostraciones públicas de la Nación en armas. "El aprendizaje del ciudadano para la defensa nacional, como higiene del cuerpo y disciplina del espíritu y como complemento necesario de las nociones del hombre en la vida práctica, de modo de convertir los batallones escolares en una institución pública", escribe el general Mitre,[185] y *La Nación* resume: los batallones auguran la "unión de las Armas y el Estado", porque "llevan el arma junto al corazón, y el corazón palpita bajo el distintivo de los defensores del estado: dos nociones que en razón de su misma importancia, aseguran la confianza en el porvenir".[186]

La exhibición en la Plaza de Mayo del ordenamiento uniforme de los cuerpos escolares en movimiento —soportes de signos patrióticos y signos patrióticos ellos mismos— eran parte del esfuerzo por forjar una ciudadanía no festiva sino activa y ostensiblemente consagrada a la Nación.[187] La presentación de las instituciones del Estado en el centro cívico corrió paralela al aprendizaje de la Nación que, parafraseando a Michael Walzer, es invisible y "debe ser personificada antes de ser vista, simbolizada antes de ser amada, imaginada antes de ser concebida".[188]

---

[185] *La Nación*, 7/7/1891.

[186] I. Monzón, "Batallones escolares", *La Nación*, 8/7/1891.

[187] Olivier Ihl, *La fête républicaine*, París, Gallimard, 1996, p. 124.

[188] Michael Walzer, "On the role of symbolism in political thought", *Political Science Quaterly*, n° 82, 1967.

La reunión de las plazas del 25 de Mayo y de la Victoria proporcionó un nuevo escenario para presentar públicamente al flamante Estado nacional. En 1884, sobre los recién colocados adoquines de la Plaza de Mayo, pudieron desfilar más cómodamente los 2.500 soldados y los 500 escolares citados por el Consejo Nacional de Educación. A partir de entonces, la presentación de la escuela y el ejército, instituciones capitales en la hechura de la Nación, reflejó, a la vez que contribuía a sustentarla, la conformación de la autoridad central. Tanto como el número importaba la exhibición de la disciplina de niños y soldados, testimonio del afianzamiento de los basamentos morales de una Nación cuya cohesión se pensaba insuficiente.

Héroes y próceres

Además de bandera y moneda, las naciones eligen héroes que les otorguen un origen y una unidad verosímil para darse una historia con sentido, como quiera que se la llame (narración, fábula, gran relato o comunidad imaginada). La Argentina no fue una excepción.

Como para honrar prohombres nada era (ni es) más sencillo y barato que bautizar las calles, Liniers había sustituido el santoral por los patricios destacados en la Defensa y la Reconquista, pero al percatarse luego de que muchos de esos "españoles europeos" carecían de suficiente pasión revolucionaria, los porteños los eliminaron, literalmente de la noche a la mañana, y, según *El Argos*[189] sin intervención de la autoridad; para reemplazarlos el periódico recomendaba que, cualquiera que fuera el método adoptado, se cuidara "de separar todo motivo que sea capaz de alterarlo con perjuicio del crédito y del mejor orden de la provincia". De nada sirvió el consejo. Las de-

[189] *El Argos de Buenos Aires*, 14/7/1821.

nominaciones proseguirán su batalla con nuevos candidatos que nada hace pensar, hoy, terminada. Rivadavia barrerá prácticamente todos para hacer ingresar países americanos, provincias y batallas. Fue más lejos y quiso asentar la filiación de la Patria dando nombre y apellido al 25 de Mayo; propuso instalar, frente al Fuerte, una fuente de bronce con los patronímicos de "los ciudadanos beneméritos que por haberla preparado deben considerarse los autores de la Revolución", iniciativa que reconocía la trascendencia ritual de la personificación y, *in statu nascendi*, el reemplazo de héroes y mártires por próceres. La mayoría de los candidatos, sin embargo, tenían la desventaja de estar vivos, y el Congreso Constituyente de 1826 debatió interminablemente la composición de los jurados para elegir los (dice Enrique de Gandía) siete ciudadanos, pero la renuncia del Presidente dejará la aplicación de la ley en la nada.

"En el cuarto de siglo posterior a Caseros", escribe Fernando Devoto, "una mitología histórica no parecía un instrumento imprescindible, ni siquiera necesario, para *élites* dirigentes menos preocupadas por construir (o inventar) un pasado que por el futuro y el progreso",[190] razón por la cual, nos dice, la obra de Mitre no desembocó inmediatamente en "instrumentos de propósitos nacionalizantes". Ese cuarto de siglo no compitió ciertamente con la exacerbada construcción de monumentos que se conocería a mediados de los ochenta, ni con la compulsiva educación patriótica puesta en marcha por Ramos Mejía a comienzos del siglo XX, pero no cabría exagerar. Acababa de constituirse el Estado nacional y se reclamaba ya la inscripción en la Pirámide de los nombres de los patriotas que habían sido sustituidos por "otros nombres *menos preclaros* que han

---

[190] Fernando Devoto, *Nacionalismo, fascismo y tradicionalismo en la Argentina moderna. Una historia*, Buenos Aires, Siglo XXI, 2002, p. 12.

nacido de los hechos de nuestra vergonzosa guerra civil",[191] cosa que hicieron tanto Mitre como Sarmiento. La Plaza de la Victoria recordará en 1871 a Castelli, Chiclana, Rodríguez Peña, Saavedra, Moreno, Paso, Belgrano, French y San Martín,[192] al año siguiente a San Martín, Moreno, Belgrano, Laprida y se inscribirán incontables nombres de batallas. En 1879 el Senado daba su acuerdo para nombrar brigadier general al general Eustaquio Frías, hubo un bautismo general de calles (Alsina, Viamonte, Lavalle, Rodríguez Peña...), se proyectaban monumentos,[193] se inauguraron estatuas (de San Martín en 1862, de Belgrano en 1873) y el presidente Roca, tras constatar el "tan alto grado de prosperidad" distribuye cien pesos a cada soldado, cabo o sargento "de los que pertenecieron a los Ejércitos que conquistaron la independencia". (Generosidad que no afectó demasiado un presupuesto militar de 7.818.929 pesos porque no quedaban tantos: 2 sargentos primeros, 3 sargentos segundos, 2 cabos primeros y 11 soldados.)

Además, se crean héroes. Gobernador de la provincia, Mitre daba en marzo de 1860 un paso decidido en la construcción de "una mitología histórica" asentada en las armas, llamando a concurso para elegir al mejor héroe pobre que quedaba. Prometía premios de 10.000 pesos

[...] al militar de los existentes del Estado, esté o no en el actual servicio que prestó mejores servicios en la Reconquista y Defensa de esta ciudad contra las armas británicas; al que prestó mejores servicios en la guerra de la Independencia; al que

---

[191] *El Nacional,* 19/7/1860, "Los héroes de la patria". (Destacado en el original.)

[192] *La Prensa,* 27/5/1871.

[193] En 1873 a Rivadavia y a Moreno —destinados inicialmente a la Plaza de la Victoria—, otro a Arenales, otro a los Libres del Sud —en Chascomús— y en 1879 se firma el decreto para el de Paz, en Córdoba.

los prestó en las guerras de la Libertad y que se encuentren en situación más desfavorable.[194]

Como el Triunvirato, "bien convencido que los sentimientos y costumbres se hallan siempre en razón de la influencia que recibe de los objetos públicos que se le presentan",[195] Mitre lo está de "hacer con demostraciones visibles que el pueblo se incline ante sus héroes". No importa que resultaran elegidos el general Frías y el presidente mismo del jurado (descartados porque no "se encontraban en situación más desfavorable"). Importa que, ahora, no es indispensable estar muerto para acceder al homenaje público. Era un reconocimiento que ponía en tiempo presente el origen de la Nación. Los años habían dejado muy escasos jefes militares de la independencia: un Olazábal, un Frías, un Matías Zapiola —que preside en 1864 la Comisión de Jefes de la Independencia—, y a ellos les tocó integrar esa entidad *sui generis*, los "guerreros sobrevivientes", que Mitre hizo ingresar en el templo patriótico. En julio de 1862, la Inspección de armas invitará a los veteranos de la guerra de la Independencia "para que vengan en cuerpo separado, mandando el general más antiguo", estarán presentes en más de una demostración pública de protesta y no se los olvidará en ninguna fecha cívica. El presidente Avellaneda no vacilaba en recordarles que estaban "colocados en el dintel de sus sepulcros" y, en verdad, a estar con las crónicas sobre la inauguración de la estatua de Belgrano en la plaza 25 de Mayo, muy poco distinguía al general Zapiola de un moribundo.

Había acudido al pié de la estátua ecuestre sostenido por el Brigadier General Bartolomé Mitre y por el Presidente de la

---

[194] *Colección de leyes y decretos militares*, t. II, Buenos Aires, Compañía Sudamericana de Billetes de Banco, 1898, p. 163.

[195] Citado por E. Buch, *O juremos con gloria morir. Historia de una épica de Estado*, Buenos Aires, Sudamericana, 1994, pp. 14-15.

República quien lo llevaba casi suspendido de los brazos, uno de los últimos recuerdos vivos de aquellos años de gloria [...] débil por su edad y por sus enfermedades, con su rostro cubierto de canas [sic] y su cuerpo forrado en el uniforme y condecoraciones que forman su gloria.[196]

Ex combatientes como en cualquier país del mundo, fueron dotados de una exorbitante carga patriótica; testigos que actualizaban las epopeyas pasadas, esos Jefes estarán en el corazón de los Centenarios, cuando se trate de dar un paso más y convertir a los héroes en próceres.

Los primeros Centenarios

La obra escrita del doctor Avellaneda no es comparable a la de un Mitre o un Sarmiento, y la revuelta de Tejedor lo encontró al fin de su mandato, con tiempo suficiente para aprobar la ley de federalización de la ciudad de Buenos Aires pero no para quedar incluido en la llamada Generación del Ochenta. Una crónica de la Plaza puede difícilmente sin embargo prescindir de su andanada de demostraciones patrióticas, cuya magnitud carecía de antecedentes desde la colosal recepción de los restos de Rivadavia en 1856. El retorno de la bandera de los Andes, en mayo de 1876 fue el primer acto; el último, en mayo de 1880, la recepción de los restos de San Martín, cuando las tropas de Tejedor estaban prácticamente formadas en la Plaza. Entre ambos solucionó el problema del alojamiento de los despojos del Libertador y conmemoró los centenarios de San Martín y de Rivadavia.

La iniciativa era tan novedosa como la idea misma de *centenario*. Deudora de la noción de *siglo* —una invención del siglo

[196] *La Prensa*, 26/9/1873.

XVII—,[197] precedía al de la Revolución Francesa, y el presidente Avellaneda no se contentará con uno sino que dispondrá
dos. Como bien poco podía haberle sucedido a la joven república cien años atrás, se optó por el nacimiento de un prócer, y
no fue caprichosa la elección de José de San Martín, héroe de
la independencia nacional, óptimamente calificado para per-
sonificar al país unificado. La epifanía sanmartiniana había recibido un serio impulso bajo Rosas, que dispuso en 1851 misas,
luto para todos los funcionarios y la erección de una columna
al héroe en la plazoleta Siete de Septiembre,[198] pero Urquiza
no le dio tiempo y le correspondió a Mitre inaugurar la estatua .
a quien, decía en la inauguración, "más cumplidamente simboliza la nacionalidad argentina"; en verdad no en la Plaza de la
Victoria sino en el escasamente urbanizado Campo de Marte
(llamado De la Gloria por las invasiones inglesas), albergue de
la principal guarnición militar, en el límite norte de la ciudad.

La celebración tenía un solo antecedente, el centenario de
Filadelfia en 1876, pero Alberdi observaba, con justa razón, que
en 1776

[…] nació la república de los Estados Unidos, no el general
Jorge Washington, que en esa data hacía cuarenta años que
había nacido. El nacimiento de Washington no dio jamás lugar a la celebración de un centenario.[199]

Para discernir el significado del homenaje de 1878 basta
con volver a ese "enorme *quid pro quo*" que, escribe Alberdi, "ha

---

[197] Pierre Nora, "L'ère de la commémoration", *Les lieux de mémoire*, París,
Gallimard, 1997, vol. 3, p. 4691.

[198] *La Gaceta Mercantil*, 27/1/1851.

[199] Prólogo (1878) a Juan María Gutiérrez, *Noticias históricas sobre el origen
y desarrollo de la enseñanza pública superior en Buenos Aires*, Bernal, Universidad
Nacional de Quilmes, 1998, p. 59.

confundido el centenario del nacimiento de un hombre con el centenario del nacimiento de una Nación". Porque no hubo en rigor confusión ninguna: de eso se trataba, precisamente. El gobierno del doctor Avellaneda *producía* un acontecimiento singular e inédito con el que no confundía dos nacimientos sino que pretendía engendrar uno, el de una Nación.

Tampoco fue caprichosa la elección de Bernardino Rivadavia, paladín de Buenos Aires. Los Centenarios llamaban, nuevamente, a borrar divisiones fratricidas (a ese olvido al que toda Nación está obligada como sabemos desde Renan); en la Plaza se leía "Vincid unidas" (sic) junto a las banderas provinciales y, como en 1856, se hicieron bajo el signo de la reparación. "Uno sentía el sentimiento reparador de inmensa veneración al primero de nuestros próceres y la primera de las víctimas de la ingratitud y la injusticia de su época", escribe *La Prensa*,[200] la recepción de sus restos era, para Sarmiento, "un acto de reparación de aquellas pasadas injusticias devolviendo al general don José de San Martín el lugar prominente que le corresponde"[201] y en vísperas del centenario de Rivadavia *El Nacional* anuncia que "un pueblo entero acudirá mañana presuroso a reparar su propia injusticia con el gran ciudadano";[202] poco dado a amnesias indudablemente más difíciles recuerda sin embargo una fractura destinada a perdurar: "Rivadavia salía de la Patria por una puerta y por la otra entraba Rosas. Estaban definidas las posiciones. En la historia de la república quedaba Rosas en el fondo oscuro que debía hacer resaltar la grandeza de Rivadavia".

Es innecesario aguardar la presidencia del general Roca para constatar la desaparición de los entretenimientos en la Plaza y para ver emerger, en su lugar, el culto de la Nación. Entre

---

[200] *La Prensa*, 22/2/1878.
[201] En *Vida de San Martín*, Claridad, Buenos Aires, 1939, p. 189.
[202] *El Nacional*, Editorial, 18/5/1880.

febrero de 1878 y mayo de 1880 hubo una lujosa celebración de los próceres sobre los que se apoyaría una Nación todavía en ciernes. La cuestión de la Capital y, con ella, de la efectiva unificación política se resolverá por las armas, pero fue Nicolás Avellaneda, con gestos eminentemente políticos, quien colocó las bases sobre las cuales asentar la identidad de la nueva Argentina.

Los oros de la República

Se tiró la casa por la ventana. En 1878 se abrieron los salones municipales "en honor de los guerreros que aun superviven", se colocó la piedra fundamental del mausoleo del Libertador y se escucharon: una salva de 101 cañonazos, una orquesta de 70 profesores con un cuerpo de 40 cantantes en la Catedral, dianas triunfales y repiques de campanas en todos los templos. Hubo para todos y a todas horas. En el parque 3 de Febrero, entretenimientos para niños, almuerzo para las tropas, ascensión de globos alegóricos, bandas de música, excursiones en los lagos, criquet, corrida de sortijas; en la Plaza de la Victoria, la compañía de acróbatas Cottrelly; en la ciudad, paseo de gala de carruajes; en el puerto, por la noche, 10 grandes hogueras, un arco triunfal, buques con faroles de colores, luces de Bengala y fuegos artificiales figurando un combate naval entre los dos muelles.

Menos de un año más tarde, le llegó el turno a Rivadavia. Otra vez arcos triunfales en la Plaza, músicas, fuegos artificiales, iluminación de la ciudad, 8.000 globos y, en el Colón, después del *Himno a Rivadavia*, "el notable drama del gran Echegaray titulado 'En el seno de la muerte'".[203] Fue la "más espléndida fiesta a que hayamos asistido en Buenos Aires", escribe *El Nacional*,

[203] *El Nacional*, 1/5/1880.

"el mismo centenario de San Martín no fue tan espléndido", adjetivo más que apropiado para el carro, cubierto de seda azul y blanca, con el busto del homenajeado, una de sus nietas vestida de República —sentada en un gran sillón voltaireano bordado de oro— y "14 niños de tierna edad, hijos de familias distinguidas", por las provincias. Los cuatro *jockeys* negros, "ricamente vestidos a la Daumant", montaban caballos tordos y los trajes de los ocho palafreneros, copia de los del coche de casamiento del rey de España, costaron 2.500 pesos; se entiende por qué:

> [...] La casaca es de riquísimo color entre torcaza y plomo a la Luis XV guarnecida con galón de seda Pompadour tornasolado. El chaleco color ante lleva las mismas guarniciones, el pantalón corto del mismo color del chaleco; botas de charol a la Napoleón; elástico con pluma azul y guarnecida con el mismo galón de seda. Una corbata blanca estilo Luis XV y guante blanco completa el rico trage de los palafreneros.[204]

El gasto en carruajes creció vertiginosamente: 30.000 el de San Martín, 60.000 el de Rivadavia (y los seis con guerreros sobrevivientes), 100.000 el fúnebre del Libertador, copia del utilizado para el duque de Wellington, "con los cambios que imponía la nacionalidad y carácter del sujeto".[205] Los oros de la República no tuvieron nada que envidiar a los virreinales. No pasará lo mismo el 25 de Mayo: el ejecutivo provincial, con sus arcas exhaustas, anunció que no participaría en los gastos y el gobierno nacional se contentó con donar 500 pesos. Una cosa eran las efemérides establecidas y otra las fechas inventadas por Avellaneda.

[204] *La Pampa*, 14/5/80; *El Nacional*, 18/5/1880.
[205] *El Siglo*, 28/5/1880; *La Pampa*, 19/5/1880.

Las procesiones: gobierno, asociaciones, extranjeros

No había habido en ningún tiempo tanta gente en las calles de Buenos Aires. Después de los 60.000 de 1856, 20.000 había sido un superlativo para ponderar los asistentes a la Plaza cuando un Blondin se cubría de gloria, para inaugurar la estatua de Belgrano en 1873 o en la protesta contra los jesuitas de 1875, y eran de 30.000 a 50.000 los que, en diciembre de 1878, manifestaban contra los impuestos.[206] Los números son aquí muy otros. En el Centenario de San Martín, una columna de 10.000 antorchas, "200.000 almas en perpetuo movimiento" —casi la mitad de Buenos Aires—.[207] El Consejo de Educación participó con el que creo primer desfile escolar digno de ese nombre. Fletó tranvías especiales para concentrar los 10.000 niños que marcharon durante una hora hasta la Plaza, las niñas, más numerosas y mejor organizadas, los varones con "banderitas que agitaban con frenético entusiasmo";[208] concurrieron naturalmente las escuelas italianas y españolas, y con "100 niños […] perfectamente uniformados que se distinguían por la robustez y el hermoso color de su raza", las alemanas. En 1880 los 100.000 a 150.000 ciudadanos (entre ellos 15.000 a 20.000 llegados de la provincia y de Montevideo)[209] tardarán más de tres horas en llegar hasta la Plaza, y tampoco escasearán los escolares: 14.242, calcula con precisión rosista *La Prensa*. Las Comisiones se ocuparon de todo. De la ubicación —"sin que sea propio alterar parcialmente el programa ni disolverse en otro punto que el señalado"—, de la simetría —todos en hileras de ocho en fondo— y del orden: comisionados auxiliados por

---

[206] En Hilda Sábato, *La política en las calles. Entre el voto y la movilización. Buenos Aires, 1862-1880*, Buenos Aires, Sudamericana, 1998, p. 192.

[207] *La Pampa*, 27/2/1878; *La Prensa*, 22/2/1878; *El Nacional*, 27/2/1878.

[208] *La Prensa*, 15/2/1878.

[209] *La Prensa*, 20/5/1880; *El Nacional* 18/5/1880.

"ciudadanos caracterizados"[210] y agentes de policía evitaron la batahola de septiembre de 1873, cuando el entusiasmo de los asistentes hizo casi imposible escuchar a los oradores y amenazó seriamente las rejas que rodeaban a la flamante estatua de Belgrano.

Los Centenarios fueron la apoteosis de los inmigrantes.

El elemento extrangero nos sobrepuja siempre en este terreno; forzoso es confesarlo. Los extrangeros engrosaban las filas de la majestuosa procesión cívica, en tanto que una gran mayoría de argentinos poblaban los balcones, coronaban las azoteas y cordonaban las veredas.[211]

Aunque los italianos organizaran esmeradamente multitudinarios periplos —e inauguraran la estatua a Mazzini en ese mismo año de 1878—, no hay nada allí que responda a un litigio por el "espacio simbólico"; todo, en cambio, para ver, literalmente, un conjuro a competir, como lo confirma *El Porteño*:

[…] en la procesión conduciendo la corona para el rey italiano sus compatriotas nos han mostrado lo que puede la voluntad y el orden. Aquello fue admirable. ¿No podremos hacer otro tanto desde hoy? El amor propio argentino esta empeñado en esta ocasión.[212]

Pese a algunas agitaciones contra la colectividad italiana los inmigrantes no suscitan todavía irritaciones de monta y, no sin razón, su presencia es incensada, confirmando las afirmaciones

[210] *La Prensa*, 21/5/1880.
[211] *La Prensa*, 20/5/1878.
[212] *El Porteño*, 23/2/1878.

de Hilda Sábato sobre la participación de los extranjeros. Entre 8.000 y 10.000 italianos con bandas y banderas (más de 20 sociedades) cubrían doce manzanas en 1878; dos años después 20.000 atestarán 40 cuadras, y "más de cien sociedades extrangeras lucirán sus insignias respectivas" para recibir los restos de San Martín.[213] "La población cosmopolita de Buenos Aires debe estar orgullosa del espectáculo que ella misma se ha proporcionado", escribe *El Nacional*, "suya es la obra, suya debe ser, pues, la satisfacción […] el pueblo tiene en cuenta y agradece este testimonio ingenuo de su simpatía". Para *La Prensa*, "el movimiento de entusiasmo que ha despertado entre los extrangeros de Buenos Aires la celebración del centenario de San Martín excede todo lo que pueda decirse en su encomio". Fue una "manifestación verdaderamente cosmopolita y democrática que no tenía todavía ejemplo en la América del Sur", estima *El Porteño*, y pide que se agradezca a la comunidad italiana; "¿De qué modo? Nada más fácil. Concluida la gigantesca procesión todas las sociedades podrían pasar por delante de los balcones de la municipalidad, detenerse allí un momento y oír unas palabras de labios del doctor Quintana".[214]

Se movilizaron decenas de asociaciones y clubes, argentinos y extranjeros —muchos creados después de Caseros—[215] y las comisiones *ad hoc* que respondieron a la sugerencia oficial (a "cada uno […] a que se constituya voluntariamente en miembro de una comisión, para hacer que la gratitud y el entusias-

---

[213] *La Pampa*, 22 /5/1880.

[214] *El Nacional*, 26/2/1878; *La Prensa*, 22/2/1878; *El Nacional*, 27/2/1878; *El Porteño*, 21/2/1878.

[215] Los Misteriosos —que invitan a acudir en traje negro y corbata blanca—, la Sociedad Tipográfica Bonaerense, Socorros Positania, el Colegio de Escribanos, Socorros Mariano Moreno, la Sociedad Rural Argentina, el Operaio Italiano, las sociedades Stella di Roma, Benevolenza o Lago Di Como, la Asociación Médica y la Asociación Científica Argentina, el Club del Progreso, el Centro Industrial, el de los Liberales, centros de estudiantes, etcétera.

mo público se manifiesten con brío"). Se exhortaba "al vecindario del municipio, nacional y extrangero" a embanderar e iluminar los frentes de sus casas "en la forma que les sea posible y según los medios con que cuenten", invitación confirmada por visitas a domicilio de agentes de policía.[216] El resultado fue un espectáculo que, si le creemos a la entusiasta *La Prensa*, se reprodujo "en calles y barrios más pobres, en los suburbios, en las mismas quintas, tal vez en las lejanas estancias, el patriotismo argentino se revelaba con la misma efusión en las ornamentaciones de los edificios".[217]

> Millares de luces de gas de aceite, de bujías, de faroles chinescos adornaban las fachadas, flotaban al viento desde las azoteas, puertas, ventanas y balcones banderas de todas las nacionalidades.

No había terminado el homenaje a Rivadavia, entreverado con el 25 de Mayo, cuando desembarcan por fin del *Villarino* los restos de San Martín; dos experiencias en tan poco tiempo le ahorraron trabajo a la Comisión Central de Repatriación, que pudo ceñirse a solicitar que "concurran en la misma forma" a la procesión fúnebre hasta la Plaza.

"En cuerpo"

Novedosas por sus motivos, estas demostraciones adoptaban la modalidad más arcaica de presencia pública colectiva ordenada, la procesión. Pero si el cortejo que inauguraba la estatua de Belgrano distribuía espacialmente las jerarquías del todavía

---

[216] Nota dirigida por la Comisión Nacional al jefe de Policía. *El Nacional*, 12/2/1878.
[217] *La Prensa*, 23/2/1878.

endeble Estado argentino, este formato *princeps* se desdibuja en 1878 para integrar clubes y una miríada de asociaciones. Lo reencontramos en la marcha de las sociedades argentinas, abierta por la Sociedad Rural Argentina y cerrada por sociedades musicales, pero es menos visible en el cortejo de las extranjeras; el honor otorgado por la ubicación no desaparece, por supuesto, no al menos para las sociedades españolas que, designadas para encabezarlo, esperan que sus conciudadanos "harán corresponder tan grande distinción asistiendo todos los residentes en Buenos Aires y sus alrededores".[218]

Hasta aquí, el programa oficial. Pero las personas, ni entonces ni hoy, se clasifican a sí mismas en una sola categoría. Los heterogéneos criterios de afiliación (nacionalidad, profesión, oficio, club, barrio) permitían que quienes podían incorporarse a más de una, y no hay motivos para pensar que no los hubiera, pudieran optar, digamos, entre el Club del Progreso y el Centro Industrial, o entre una sociedad extranjera, un gremio y una parroquia. Así, algunos prefirieron marchar bajo el estandarte de la "Sociedad Unión Panaderos" —de raso blanco con dos manos unidas sosteniendo un haz de espigas de trigo bordadas de oro—, o con el de los sastres, "que bien se ve que ha sido trabajado por hombres del oficio [...] de riquísimo terciopelo rojo oscuro bordado de oro con primor sin igual".[219] El resultado fue una exhibición legible y socialmente etiquetada: en corporación. *La Prensa* la reclamaba para el 25 de Mayo, porque "mil veces más grandiosa".

> Las asociaciones extrangeras van a concurrir en cuerpo ¿y las arjentinas? [...] Los miembros concurrirán sin duda uno a uno a la fiesta del patriotismo argentino pero habría sido mil veces más grandiosa la concurrencia de cuerpos de cada asociación.

[218] *El Nacional,* 18/5/1878.
[219] *El Nacional,* 26/2/1878.

"En corporación": el término y la cosa se encuentran sin excepción en la historia de la liturgia patriótica. Resabio de la terminología del Antiguo Régimen, estaba lejos de traducir ahora una sociedad de órdenes pero no por eso carecía de sentido cuando —pese al fraude y a la escasísima participación electoral— se había constituido una ciudadanía de individuos. Puede decirse que, en rigor, los Centenarios no convocaron directamente a la población sino a agrupaciones que, a su vez, movilizaron sus redes. Se dirigieron menos a ciudadanos que a miembros de unidades prepolíticas de pertenencia. En lugar de individuos *"uno a uno"*, las marchas cívicas reunieron, *"en cuerpo"*, un mosaico de organizaciones.

La masiva participación nos dice de la calidad asociativa —de la sociedad civil, si se quiere formularlo así— y de la eficacia del encuadramiento estatal. ¿Qué convendría retener, entonces? ¿El impulso dado por el gobierno o la movilización de una ciudad que habría "salido de su letargo y su retraimiento en las fiestas cívicas"?[220] Seguramente ambas: en un contexto político crítico, el Presidente quiso que los porteños se vieran a sí mismos como una unidad, y enroló a entidades ajenas al sistema de partidos que se activaron para responder positivamente. Por primera vez desde hacía mucho tiempo, las autoridades buscaron explícitamente, y lo lograron, el despliegue entusiasta de la sociedad porteña.

La envergadura de la movilización cívica no impide constatar la valencia política de la nueva liturgia: la comunión de Buenos Aires en torno de próceres, contrapunto de los enfrentamientos que desgarraban el ámbito político. Se entiende así que se vea a los Centenarios como una "suntuosa fiesta de familia en que cada cual procuraba concurrir al éxito".

---

[220] *El Nacional*, 27/2/1878.

La autoridad, concertando la seguridad, la comodidad y el orden. El pueblo concurriendo al brillo de la fiesta. Los extrangeros residentes fraternizando de la manera más galante han sido parte, y parte activa en el júbilo nacional. Todas las condiciones de la sociedad se han confundido, todas las posiciones, todas las industrias.[221]

O, como lo enuncia diáfanamente *El Porteño*:

Mientras que el partido mitrista se divide profundamente y los autonomistas andan como bola sin manija, la comisión del centenario de San Martín sigue impasible sus trabajos haciendo lo imposible para que la fiesta sea digna del objeto memorable que conmemora.[222]

Es que Buenos Aires estaba en ebullición. Como consecuencia de los oscuros acuerdos en el Colegio Electoral que llevaron al poder a Avellaneda, y de la amenaza prefigurada por la alianza de gobernadores y autonomistas porteños, Bartolomé Mitre había encabezado una revuelta en 1874 invocando la nulidad de la elección; la revolución fue derrotada pero quedó irresuelto el problema del autonomismo porteño. La Liga de Gobernadores logró imponer la candidatura del general Roca, la muerte de Adolfo Alsina abrió la lucha por su sucesión en el autonomismo, los dos partidos tradicionales se fracturaban y acababa de fracasar una tentativa gubernamental, la llamada Conciliación de los Partidos. Tras haberse evitado por poco un enfrentamiento entre las milicias del gobernador, apostadas bajo los arcos del Cabildo, y las fuerzas nacionales, ubicadas alrededor de la Casa Rosada, el doctor Nicolás Avellaneda diseñaba, en vísperas del Centenario de San Martín, el lugar del ejército: "No creamos [...] que el militar arrastre hoy su espada como

---

[221] "Política y fiestas", *El Porteño*, 15/2/1878.
[222] *El Porteño*, 15/2/1878.

un adorno vano, sin honor y sin gloria. [...] la hay también cuando las pasiones se acallan y en medio de las turbulencias políticas de la oscuridad de los tiempos las instituciones de un pueblo libre son sostenidas finalmente por la espada leal del soldado".

Las iniciativas del Presidente remiten por cierto a sus bases políticas provinciales, a su enfrentamiento con las facciones porteñistas y al proyecto de federalizar la ciudad de Buenos Aires; si importara, lo que no es seguro, identificar objetivos inmediatos a la ristra de ceremonias del trienio, habría que buscarlos en la voluntad de engendrar consenso ante la grave crisis política y las amenazas armadas mostrándole al pueblo de Buenos Aires su propia unidad patriótica. No lo ignora don Ezequiel Paz que denuncia, furibundo, al jefe de gobierno, quien "con las fiestas públicas y los demás espectáculos ha venido ganando tiempo y acercándose más y más al término de su periodo presidencial [...] espectáculos con que ha tenido entretenida estruendosamente a la opinión pública".[223]

Avellaneda encontró efectivamente un apoyo sin restricciones. Los más diversos grupos y dirigentes suspendieron sus preferencias políticas y *La Prensa, La Nación, La Tribuna* colaboraron entusiastas; también *El Porteño,* que llama a "todas las personas de la campaña y de otros países argentinos que pueden trasladarse a la capital el día del Centenario. ¡Vengan todos los que puedan! Para que sea eminentemente popular. ¡Que todos vengan a Buenos Aires!",[224] lo que no le impide escribir que "la política está en trégua, á la capa, en el mar de las intrigas", ni tachar a Avellaneda de "cínico, felón, amigo que mancha el tálamo nupcial del amigo, mequetrefe de la boca podrida, el más ruin, el más cobarde, el más inservible de los argentinos". Algo

[223] *La Pampa,* 21/5/1880.
[224] *El Porteño,* 14/2/1878.

parecido a un consenso extrapolítico se lee en las crónicas que descubren en la procesión a "todo Buenos Aires. Buenos Aires con todas sus corporaciones, con todas sus sociedades, con todas sus músicas, con todas las asociaciones extrangeras, con las fuerzas militares de la guarnición".[225]

Las consecuencias de las decisiones gubernamentales, como cualesquiera otras, con frecuencia distan de los fines que dicen tener, o que se les atribuyen. Para nuestra Plaza importa que, independientemente de sus posibles razones políticas, la innovación litúrgica constituyó un paso decisivo en el culto simbólico a la Nación a través de sus prohombres. El término "laicización" es seguramente inadecuado bajo la administración del piadoso doctor Avellaneda, pero no lo sería quizás adivinar una suerte de sacralización de los próceres, cuyas imágenes eran paseadas a la manera de las figuras santas sobre palanquines; sin menoscabar los 13 metros de altura del inmóvil catafalco de Dorrego, hay que registrar los más de 4 metros del coche que transporta la estatua de San Martín, los cerca de 7 de la plataforma de su carro mortuorio y al pedestal de 3 metros de alto por 8 de largo sobre el cual se apoya el busto de Rivadavia —de medio cuerpo y doble del tamaño natural— y los 7 metros de alzada del carruaje.

Mil ochocientos setenta y ocho fecha por otra parte el renacimiento del fervor patriótico en los diarios, esto es la transformación del sentido atribuido al número de concurrentes en las fechas cívicas o, lo que es lo mismo, a sus motivos. "Sin payasos no hay fiestas patrias posibles", escribía *La Prensa* en 1873, pero se pregunta ahora, olvidadiza:

> ¿Dónde están esas situaciones del entusiasmo patrio? ¿Esas algaradas tumultuarias con que se sustentaban las expansiones de corazones enardecidos hacia quienes tienen sus nombres escritos en el libro de la inmortalidad?

---

[225] "Política y fiestas", *El Porteño*, 15/2/1878.

Campeón solitario en la materia, aplaude en mayo de 1879 el acto del consejo escolar de la parroquia del Socorro —con más de 2.000 niños— y el de julio —5.000 personas al pie del monumento a San Martín—: es "signo", escribe, de que "hay quienes alimentan todavía en su alma el fuego del patriotismo". Si el 25 de Mayo fue recordado, como lo anunciaba la comisión municipal, "con la modestia que exigen imperiosamente las deplorables condiciones de la actualidad", no atribuyó la "ausencia de pueblo" a la pobreza de los entretenimientos, sino a un "descreimiento moral" y, a la inversa, estimó que las "más de 20.000 almas que asisten a la parada" de julio constituían una prueba de patriotismo.[226] *La Prensa*, siempre, felicita a la municipalidad por la distribución de las actas de 1810 "porque es necesario que se avive el recuerdo de tantos hechos gloriosos",[227] un recuerdo que se avivará muchísimo en mayo de 1879, con una Plaza poblada de batallas y de próceres que la asemejan a un mapa de Buenos Aires de hoy:

Alberti, Castelli, Necochea, Lavalle, Brown, Las Heras, Arenales, Passo, Dehesa, Quesada, Lamadrid, Vieytes, Pringles, Brandsen, Dorrego, Anchorena, Alvarado, Rodríguez Peña, Martínez, Espora, Rosales, Díaz Vélez, Azcuénaga, Rodríguez Peña, Anchorena, Zapiola, Brandsen, Artigas, Pico, Monteagudo, Hidalgo, Viamonte, Rojas, Chiclana, Pueyrredón, Balcarce, Olazábal, Quintana, Crespo, Larrea, Saavedra, etcétera.

En ese invierno, mientras tanto, Roca volvía triunfante de la campaña al Sur para aceptar la candidatura a presidente y en 1880 era elegido por los colegios electorales de todo el país. Carlos Tejedor, gobernador de Buenos Aires, votado por 70 electores, decidió resistir. Buenos Aires estaba al borde de la

[226] *La Prensa*, 26/5/1879 y 10/7/1879.
[227] *La Prensa*, 20/3/1879.

guerra civil cuando la capilla que debía recibir los restos de San Martín seguía inconclusa.

Entre procesiones, llegada de restos e inauguraciones de mausoleos, un Comité por la Paz reunía el 1° de mayo de 1880 unas 30.000 o 40.000 personas en la Plaza de la Victoria. Gerentes de Banco, miembros del Club Industrial, de la Sociedad Rural, masones, políticos, personalidades, y entre 10 y 15 asociaciones extranjeras, marcharon al cuidado de 250 comisarios, con una cinta blanca en el ojal del lado izquierdo. Encabezada por Mitre, Vicente Fidel López, Sarmiento y el superviviente general Frías, la columna dejó un memorial en el Congreso y otro en la Casa de Gobierno de la Provincia; el presidente Avellaneda saldrá a los balcones de la Casa de Gobierno para exclamar: "Señores, salgo a vuestro encuentro y os saludo con vuestra divisa. ¡Viva la Paz!"[228] El presidente electo no estaba sin embargo demasiado dispuesto a una transacción y la iniciativa del Comité no sirvió para nada; la entrevista entre Roca y Tejedor tampoco.

Se esperó con todo que las cenizas de San Martín fueran depositadas en el mausoleo, trabajosamente calzado en la capilla de Nuestra Señora de la Paz, mudada a otra contigua. En junio, las fuerzas del gobernador, un batallón de la guardia provincial, los bomberos y no pocos ciudadanos, formaban a tres cuadras de la Plaza y el día 7 Avellaneda trasladó la sede del gobierno al por entonces pueblo de Belgrano. Las refriegas en la Plaza enfrentaron cerca de 20.000 hombres, Tejedor renunció a la gobernación y el 21 de septiembre de 1880 el presidente Avellaneda firmó la ley de federalización de la ciudad de Buenos Aires.

---

[228] *La Prensa*, 11/5/1880.

Volviendo: si las conmemoraciones cívicas son tenidas por reflejos fieles de la evolución política era razonable presumir cambios tras la unificación efectiva del país. Sucedió sin embargo que las cosas no fueron tan exactamente así (y no tenían quizá por qué serlo). La Fiesta ya había sido sustituida por la Patria antes de la asunción del general Roca, y las autoridades, apoyadas por la sociedad porteña, habían sentado las bases del culto a los próceres.

"De hoy en adelante mayo será el mes de la conmemoración de los grandes hombres argentinos", escribía *La Nación*, "el más grande de nuestros guerreros y el más grande de nuestros hombres civiles será glorificado en este memorable mes".

Han sido necesarios setenta largos años de luchas intestinas, de ensayos malogrados, de bárbaras tiranías, de dolorosas pruebas, de esfuerzos supremos, para consolidar los cimientos de la nacionalidad y la república, y para reparar las injusticias cometidas por las generaciones que se han ido sucediendo. Gracias al cielo, al fin los hombres de Mayo empiezan a recibir el culto de la posteridad.[229]

La victoria de las tropas de Avellaneda vino a sancionar esa nacionalidad, cuyos cimientos habían sido puestos cuando "los hombres de Mayo empezaron a recibir el culto de la posteridad".

Entre la Patria y la protesta

El impulso de 1878 y 1880 había desaparecido, o casi, en la República Argentina consolidada con la ciudad de Buenos Aires como capital.

---

[229] *La Nación*, 25/5/1880.

Los sucesores de Avellaneda no dispusieron manifestaciones patrióticas y las asociaciones porteñas dejaron que el ejército y la escuela se hicieran cargo de la Patria. Retrocede el entusiasmo cívico en la Plaza y también fuera de ella. Durante la década del 80, nos dicen Natalio Botana y Ezequiel Gallo, "la sociedad argentina fue notoriamente indiferente a los avatares de la política". Quizá, como decía el Presidente en su mensaje de 1888, porque la prosperidad quitaba "para bien de la patria, materia prima a la actividad política",[230] desmentido sin embargo ese mismo año al salir de la Casa Rosada por un concierto de silbatos que lo obligó a cambiar de itinerario para volver a su casa, mientras un oficial de la caballería, enfurecido, arremetía "con su cabalgadura sobre aquella compacta masa de gente. Aquello fue una mari-morena".[231]

Las muy recientemente adquiridas fortunas trastornaban jerarquías hasta entonces bastante estables, y una opulencia sin precedentes contrastaba con el fraude político y la concentración de poderes por el Partido Autonomista Nacional, en cuyo seno se dirimió la sucesión de Roca por el "marido de la hermana de su mujer". En el otoño de 1889, cuando las sucesivas alzas del oro no presagiaban nada bueno para las finanzas del país, se reúne el primer núcleo de oposición y en septiembre se funda la Unión Cívica de la Juventud. La inexistencia de partidos opositores hizo que la escalada comenzara con una organización que no era ni aspiraba a ser un partido político;[232] algo parecido puede decirse del club Gimnasia y Esgrima, que resolvió hacer del 9 de Julio de 1889 un homenaje al todavía sobreviviente general Frías. Iniciativa que empalmaba, escribe

---

[230] Natalio Botana y Ezequiel Gallo, *De la República posible a la República verdadera (1880-1910)*, Buenos Aires, Biblioteca del Pensamiento Argentino III, Ariel Historia, 1997, p. 219.

[231] *La Nación*, 27/5/1888.

[232] Natalio Botana y Ezequiel Gallo, *op. cit.*, pp. 38-39.

Lilia Ana Bertoni, con la disconformidad de grupos políticos desplazados y los reclamos de participación de otros.[233]

La Iglesia, que venía de perder el control sobre la enseñanza y el matrimonio, se sirvió de la ocasión para salir a la palestra: el arzobispo Aneiros hizo cantar el tedéum en todas las iglesias, dispuso la concurrencia de "todo el clero secular y religioso de la capital que no esté impedido" y, en una desusada nota pública "al venerable Clero y á los fieles", ofrece su remedio al "estado deplorable á que hemos llegado", una vida cristiana y "no de licencia ni de placeres, no de fausto.[234]

Del catálogo de demostraciones públicas se eligió la procesión cívica, de probada eficacia una década atrás. Con una diferencia mayor cifrada por una escueta noticia: "El presidente de la República, ministros de la Corte Federal y del Congreso Nacional, han sido invitados a concurrir a los festejos". Las autoridades fueron al tedéum pero no monopolizaron la liturgia patriótica en la Plaza, y la marcha culminó en la calle Balcarce evitando cuidadosamente el frente de la Casa Rosada.

No creo que sea un despropósito comparar esta procesión y las de los Centenarios. Se parecían en un punto: el intento de producción de comunidad. La prensa y no pocos hombres públicos establecieron en ambos casos la equivalencia entre patriotismo y espíritu cívico: la plétora de concurrentes era sinónimo de conciencia patria, y la activación asociativa de virtud civil. Las convocatorias fueron casi idénticas y, al encontrar el mismo eco en parroquias y sociedades, también lo fueron las interpretaciones.

[233] Cf. Lilia Ana Bertoni, *Patriotas, cosmopolitas y nacionalistas. La construcción de la nacionalidad argentina a fines del siglo XIX*, Buenos Aires, Fondo de Cultura Económica, 2001, p. 100.

[234] *El Nacional*, 9/7/1889; *La Prensa*, 6/7/1889.

Después del Centenario de 1878 se escribe:

[...] un olvido indolente había entregado a la autoridad pública la facultad exclusiva de disponer las conmemoraciones cívicas. El pueblo concurría como invitado a estos actos para llenar un tributo de cortesía a sus días memorables. [Se] ha producido un movimiento nuevo y precioso en el espíritu público [...], Buenos Aires ha dejado su rol pasivo en los festines cívicos.[235]

Después de la procesión de julio de 1889:

[...] muchos años ha que la población no se incorporaba a las fiestas patrias sino como curioso espectador de los espectáculos oficiales sin sentir dentro del pecho las ardientes emociones del patriotismo. Más que días de la Patria, los días 25 de Mayo y 9 de Julio eran días de descanso y de ordinaria diversión con los efectivos de las revistas militares y la iluminación pública.[236]

Pero el clima político era prácticamente el opuesto en uno y otro caso. En los Centenarios, la aplaudida unanimidad patriótica contrastaba con la exasperación de las divisiones políticas. "Estamos a 20 días de la designación del presidente de la república por los electores y ambos partidos mantienen sus posiciones intransigentes, prontos para despedazar la patria antes que ceder de sus exigencias y de sus egoísmos", afirma *El Nacional* y se pregunta, enfáticamente:

¿Habremos evocado a los númenes de la Patria, San Martín y Rivadavia, para perpetuar sus memorias venerandas con nues-

---

[235] *El Nacional*, 26/2/1878.
[236] *La Prensa*, 9/7/1889.

tros delirios y nuestros escándalos? ¿Habremos invocado sus nombres para testigos de que somos descendientes dejenerados, incapaces de patriotismo, de desinterés siquiera? ¿Serán virtudes antiguas perdidas en los abismos del tiempo como esas maravillas de las civilizaciones estinguidas esbozadas por la leyenda?[237]

En vísperas de la Revolución del 90, en cambio, se descubre en expresiones públicas análogas el fin de esa apatía cívica denostada por quienes hacían la opinión y por la recientemente formada oposición política. No se reclama concordia sino el "despertamiento del espíritu público",[238] Francisco Barroetaveña lamenta "el estado de la sociabilidad argentina, caracterizada por el indiferentismo en cuanto concierne al ejercicio del derecho del ciudadano"[239] y José Manuel Estrada se alarma ante ese "pueblo indolente y dormido que abdica sus derechos, olvida sus tradiciones, sus deberes y su porvenir". Se entiende entonces que *La Prensa* adivine en julio de 1889 un "sentimiento cívico instintivo", "algo como un sentimiento nuevo":

Esta vez el escenario ha cambiado de aspecto. […] el pueblo no se satisface con las riquezas materiales, el letargo no es la muerte, no estamos en la hora de las violentas energías pero sí en una época en la que el espíritu social no está satisfecho.

"Resurrección del espíritu cívico en la heroica ciudad de Buenos Aires" constatada igualmente en abril de 1890 por Leandro Alem, en la fundación de la Unión Cívica. En un contexto político profundamente dispar volvía a enlazarse patria y civismo, valores colectivos, ambos, que designaban una cohe-

---

[237] *El Nacional,* 27/5/1880.
[238] *La Prensa,* 6/9/1889.
[239] "Tu Quoque Juventud. En tropel al éxito", *La Nación,* 20/8/1889.

sión social amenazada, en 1878 por la discordia política, en 1889 por el "sensualismo", el materialismo reinante, "la pasión arrolladora de los negocios y los regocijos del éxito".[240]

La crisis de 1890 hizo estragos: quiebras en cadena, suspensión de obras públicas, caída brutal del número de inmigrantes (en dos años desciende de 218.000 a 28.000).[241] El 26 de julio de 1890 estalló la revolución cívico-militar dirigida por Leandro N. Alem y si Manuel Campos, el general rebelde, fue derrotado, el 6 de agosto una cómoda mayoría parlamentaria aceptó la renuncia del Presidente. El vicepresidente Carlos Pellegrini asumió el poder.

La caída de Juárez Celman no calmó los ánimos y la sociedad porteña —o mejor dicho las asociaciones de la elite— parecían experimentar un segundo arrebato de civismo: en mayo y en julio de 1891, primeras efemérides de la administración de Carlos Pellegrini, se marcha nuevamente hacia la Plaza de la Victoria. "Bendita la adversidad que desacredita oligarquías corrompidas y corruptoras y disipa los sueños enervantes de los pueblos", decía José Manuel Estrada en el Frontón y la Comisión Municipal opina, como un eco, que "la molicie, el lujo y la descomposición social hacen del éxito el único objeto de las preocupaciones del hombre. [...]. ¡Quizá por estas causas no hemos recordado bastante las fechas patrias en los últimos años!" Todo sucede como si la crisis económica y los conflictos políticos alimentaran expresiones públicas de una mezcla de patriotismo y civismo que se decía unánime.

---

[240] *La Prensa,* 9/7/1889.

[241] El peso perdió en cuatro años dos tercios de su valor y los salarios bajaron casi 50% entre 1888 y 1894. A. G. Ford, "La Argentina y la crisis de Baring de 1890", en Giménez Zapiola (comp.), *El régimen oligárquico. Materiales para el estudio de la realidad argentina hasta 1930,* Buenos Aires, Amorrortu, 1975. A fines de 1901, *La Prensa* calculaba que una familia obrera recibía un salario mensual de 30 pesos para enfrentar gastos mínimos de 43 pesos, y una familia típica de empleados que necesitaba 265 pesos recibía 150.

Para el acto de mayo —a cargo de la Municipalidad con la participación del CNE y, naturalmente, del Club Gimnasia y Esgrima— se exhorta nuevamente a adornar el frente de las casas y a reunirse en comisiones. Desfilaron carros triunfales, otra vez dos, y otra vez con palafreneros negros; uno transportaba a una niña vestida de República y una por cada provincia, cuyos vestuarios se beneficiaron de los veinticinco metros de velo de monja celeste donados por los señores Naveira y Cano. En el otro iba un busto de San Martín, escoltado por el batallón infantil Maipo, el club Gimnasia y Esgrima y las "sociedades nacionales y extrangeras en el orden que vayan llegando". Se reservó un papel prominente a los batallones infantiles; el ministro de Guerra donó pequeños fusiles y ametralladoras para presentar uno correctamente y, para armar a los 1.000 niños previstos, los organizadores piden "a todas las personas que posean fusiles o carabinas pequeñas que quieran suministrarlas". Se desconcentrarán a la voz de "¡Batallones á sus cuarteles!", tras ver bendecidas sus banderas, salvo, porque ya lo estaba, la del batallón Maipo, que retornó al asilo en tranvías cedidos por la gerencia de Nueva Buenos Aires.[242]

Los integrantes de las columnas se parecían a los de 1878 y 1880, salvo uno, las asociaciones de extranjeros, que perdían su lugar privilegiado. No estuvieron ausentes —tampoco en los años sucesivos—[243] pero comenzaba a cerrarse el ciclo de su tan ensalzada participación en las procesiones patrióticas. Tal vez porque se habían erosionado las esperanzas puestas en los inmigrantes —ahora mayoritarios en la Capital— y arreciaban los debates sobre su naturalización, su voto, sus monumentos y, encendidos, sobre las escuelas italianas (que llevaron a Sarmien-

---

[242] *La Prensa*, 18, 23 y 24 /5/1891; *La Nación*, 24/5/1891.

[243] En la marcha del Consejo Escolar de Barracas al Sur y, alternando con las argentinas "en un estricto orden de antigüedad", en la de los vecinos de la calle Perú (*La Nación*, 7/9/1895), en 1897 en la del Círculo de la Prensa (*La Nación*, 25/5/1897), etcétera.

to a preguntarse sobre el sentido de educar "italianamente").
Pero quizá también porque predominaban ahora las entidades
con base territorial, expresión acaso de un nuevo modo de inscripción de las identidades urbanas: sus sociedades habrían
corrido la misma suerte que las argentinas. Sea cual fuere la razón, lo cierto es que cedían a los comités de vecinos, los conse-
jos escolares de distrito y las comisiones barriales buena parte
de la tarea de administrar la movilización pública patriótica.
También en el ámbito privado pues la parroquia de la Concepción pedía a los vecinos "iluminar las salas" y ejecutar "a las 8
P.M. en punto el himno nacional, propendiendo así a que tanto en las calles como en el interior del hogar reine la mayor alegría", mientras la de Santa Lucía quería que se pusieran luces
en frentes y casas "y dejar éstas abiertas e iluminadas interior-
mente á objeto de llenar de alegría el aspecto de nuestra hermosa localidad".

La caridad se volcaba sobre los damnificados por la crisis.
Imitando a la municipalidad que distribuía en 1891 carne gratis —por primera vez en la historia, no la última—, la parroquia
de la Piedad ofrecía dinero de nueve a once de la mañana en
Lavalle 1436; la de San Cristóbal ("obsequiada con cincuenta
reses") carne y pan en Piedad y Ecuador; pan y carne también
en San Telmo y en Montserrat para los pobres, que debían venir con los certificados correspondientes; para eso servían las
donaciones de los carboneros o los tres mil kilos de pan de segunda clase de la Sociedad Cooperativa de Panadería. Llovían
también los donativos sobre la Sociedad de Beneficencia, la "rica carterita, construida por delicadas manos, llena de ropa para niños" llevada personalmente por una señora anciana que
no dio su nombre, o las 6 batitas, 18 pañuelos y varios retazos
de género de Martina Pérez.[244] Otra colecta, famosa, estuvo al
orden del día. En una larguísima lista figuraban quienes se des-

[244] *La Nación*, 19/5/1891.

hicieron de 50 centavos para las placas de homenaje a los primeros guerreros muertos, Manuel Artigas y Felipe Pereyra Lucena, con lo que se venía bastante tardíamente a cumplir con lo resuelto por la Primera Junta en 1811.[245]

En un país trastornado por la crisis y por la agitación política, la Plaza de Mayo era testigo de ese "entusiasmo de la plaza pública" del que descreía el general Roca, traducción bastante cabal del "despertamiento de la vida cívica nacional, adormecida durante un decenio" reclamado contemporáneamente por la Unión Cívica.[246] (Hubo también otros entusiasmos en la Plaza, pero pasaron bastante inadvertidos, nada tenían que ver con esta vida cívica, y tuvieron un desenlace menos apacible: el 1º de mayo la policía disolvía un pequeño mitin anarquista.)

El tenor político opositor de las procesiones no se había perdido en 1892: terminado que hubo el estado de sitio decretado por la revolución radical, el Presidente tuvo que salir a la puerta de su casa ante los vítores a Mitre y Alem proferidos por unos 150 a 200 participantes de la procesión del 25 de Mayo; tampoco al año siguiente, cuando una Plaza más poblada que de costumbre aclamaba a del Valle y Alem frente a la Casa Rosada.[247] Con distintos protagonistas y con un contenido contestatario por demás borroso, las procesiones quedarán incorporadas a la liturgia cívica hasta la década de 1930.

[245] *La Prensa*, 22, 23, 26 y 27/5/1891.
[246] *Manifiesto al Pueblo de la República*, 2/7/1891.
[247] *La Nación*, 10/7/1893.

La nueva Patria

La Patria pública había decaído a fines del siglo. Recién en 1900 *El Monitor Escolar* puede felicitarse por el inusitado número de actos en los barrios[248] y *La Prensa* redescubre el entusiasmo patrio en un acto dispuesto por el teniente coronel Amadeo Baldrich. El diario de Paz no está solo. *La Voz de la Iglesia* respira, también ella, "ambiente patrio" y concluye que el "espíritu nacional, argentino" estaba "infiltrado en la masa anónima lo mismo que en el hombre de pensamiento".[249]

No es ajena a esa "infiltración" una Juventud que, también en materia de Patria, actúa en primera persona. A ella se debió la recuperación del día de la Reconquista, una "fecha tan digna" que había caído en un "olvido injustificado […] hasta que un grupo de jóvenes organizaron las fiestas, actualmente brillantes".[250] Movidos por el mismo impulso que les había hecho crear asociaciones patrióticas y peregrinar a cuanto lugar histórico había,[251] los "estudiantes de los colegios y distinguidos miembros de la Juventud" reemplazaron a "la encantadora columna de niñitas y sus agudas vocecitas".[252] Decidieron también resucitar las marchas cívicas en la Plaza.

La "Nueva Generación" de la década de 1910 estaba convencida de sus derechos por serlo. Y no hay razones para otorgar el monopolio del "juvenilismo" a los herederos de Rodó, a los arquitectos de la Reforma Universitaria, a quienes estaban tentados por la Revolución rusa o agitados por las nuevas pasiones la-

---

[248] En 1902, 6.000 niños en Barracas; seis años después, 5.000 en plaza Lavalle; los célebres 20.000 juran la bandera en el Centenario de Mayo y, para el de la Independencia, 150.000 distribuidos por distritos además de los 25.000 despachados por el CNE frente al Congreso.

[249] *La Voz de la Iglesia*, 24/5/1902 y 25/5/1904.

[250] *Caras y Caretas*, n° 150, 17/8/1901; *La Prensa*, 11/8/1901.

[251] A Tucumán en julio de 1893; a Salta, por la batalla, en 1894 y 1895; en 1896 a San Lorenzo, en 1897 a Yapeyú, en 1906 a Tucumán, etcétera.

[252] *Caras y Caretas*, n° 191, 31/5/1902. *La Nación*, 25/5/1903.

tinoamericanistas; hay otros, animados por el ideal del retorno a Cristo y a España, decididos defensores de la Patria. Que merecía ser tratada con gravedad, como lo demostraron en vísperas del Centenario y de la anunciada huelga general. Se recuerda que unos mil jóvenes, acompañados por una prensa enardecida por la concesión de una parte del mercado Florida (en Florida y Córdoba), incendiaron el circo popular de Frank Brown, contratado por la comisión de fiestas para treinta funciones gratuitas por 50.000 pesos. Pese a estar rodeado por un gran portal de hierro y pilares con el escudo de cada provincia, y contar con un sector enteramente alfombrado con sillas de Viena, el circo fue visto como una "concesión guaranga, chavacana, que trae a la calle Florida, a espaldas del Jockey Club, a un paso de la plaza San Martín y de la de Mayo [...] una instalación que avergüenza e irrita",[253] "más apropiada para una aldea de campo o un barrio de los suburbios que para el corazón de una zona aristocrática de una gran capital como Buenos Aires", y escandalosa porque "hace como exponente del gusto artístico metropolitano piruetas y payasadas para estupefacción de visitantes que tendrán más derecho para considerarnos pueblo de indígenas que se divierten y ríen en los barracones de feria".[254] Sólo el diario *El Pueblo* se apartó de la grita general, advirtiendo que "se trata de diversiones para los niños, las tropas y marinería, la clase pobre en general que suele ser olvidada en las conmemoraciones oficiales".[255]

La *Revista Municipal* daba la última vuelta de tuerca a la historia de la Plaza festiva:

Buenos Aires ha dejado ya su ropaje de niño que se embauca con la jeringosa del payaso, que palpita de emoción ante el salto de un acróbata.[256]

[253] *El Diario,* 28/4/1910.
[254] *Revista Municipal,* nº 328, 9/5/1910.
[255] *El Pueblo,* 1/5/1910.
[256] *Revista Municipal, loc. cit.*

En el filo del siglo nacía un nacionalismo que descreía de las esperanzas en la misión civilizadora del inmigrante, un poco perdidas ya por el Sarmiento de *La condición del extranjero en América*. La "cuestión nacional" articuló las respuestas de algunos a la agitación popular y la propaganda anarquista, de otros a la amenaza cultural de extranjeros —tan guarangos y chabacanos como el circo de Frank Brown— corruptores del idioma, los valores y las costumbres, y de otros por fin a una amalgama de ambas. Es un lugar común recordar la variedad de las maneras de afirmar la nueva Patria. Podían rebelarse contra el materialismo y el imperialismo norteamericano, redescubrir España y las tradiciones argentinas, abominar del positivismo dominante o hablar en nombre de Cristo. La reivindica, a su manera, *La Bolsa* de Julián Martel (1891) y, con otros matices, el arco que va del Cambaceres de *En la sangre* (1887) al Joaquín V. González de *El Juicio del Siglo*; del Ricardo Rojas de *La restauración nacionalista* (1909) al Manuel Gálvez de *El diario de Gabriel Quiroga* (1910), pasando por Manuel Ugarte, José Hernández o Leopoldo Lugones. Esta crónica ya abandonó demasiadas veces a la Plaza como para detenerse en esos textos; desgraciadamente, porque es más engorroso buscar, en la Plaza, huellas de las nuevas maneras de pensar la unidad de los argentinos. Las hay sin embargo.

Con Hilarión Larguía y Belisario Roldán como oradores, la recién creada Comisión Nacional de la Juventud se preparaba en 1910 para "levantar el espíritu público, hoy decaído"[257] y *La Razón* esperaba "que el Centenario sea el punto de partida para la restauración de las conmemoraciones patrióticas".[258] Podrán estar satisfechos: con llamados a la levitación universal el país celebró menos su pasado que su presente promisorio. Pero la llegada de la Infanta no restauró la calma social, como vino a re-

---

[257] *El Diario*, 20/5/1909.
[258] *La Razón*, 24/5/1909.

cordarlo la huelga general. Indignada, la nueva Juventud (los patrióticos estudiantes que, para júbilo de *La Prensa*, abandonaban "súbitamente" su indiferencia para preparar un homenaje al Centenario), "con esa bizarra espontaneidad que caracteriza sus arranques",[259] reunió más de 10.000 firmas para reclamar una conducta enérgica contra el anarquismo; a la huelga, anunciada para el 18 de mayo, replican el 17 con una marcha, saludada desde los balcones de la Municipalidad por el intendente. El día 18 serían unos 3.000 los que reclamaban en la Plaza, con el doctor Gálvez y Carlos Goyena como portavoces, la expulsión de todos los anarquistas; recibidos por el ministro Van Gelderen en reemplazo del Presidente —ausente—, rumbearon después, "ebrios de entusiasmo", unos, a la casa de Figueroa Alcorta, otros, al puerto, como nos dice, exaltado, *El Pueblo*:

Las palpitaciones del entusiasmo popular, las intensas vibraciones de la fibra patriótica que se echaban tanto de menos han brotado como al contacto de una chispa eléctrica ante la osada provocación de un grupo de descastados, indignos de nuestra generosa hospitalidad.

Las diversas Juventudes se turnarán con el florilegio de flamantes asociaciones patrióticas para dirigir cortejos cívicos y marchas de antorchas hasta la Plaza. En mayo de 1911 una columna con jefes militares y universitarios presidida por el rector de la Universidad; al año siguiente otra, de los centros de estudiantes, que hizo dos altos en su ruta hacia la plaza Colón: ante la casa del doctor Manuel Carlés para invitarlo a unirse, cosa que hizo, en la primera fila, y en la Plaza de Mayo, para solicitar al Presidente el bautismo de las 20 circunscripciones electorales de la Capital "con nombre de patricios".[260] Estarán

[259] *El Pueblo*, 16 y 17/5/1910.
[260] Son sus delegados Horacio Martínez, Eduardo D. Iglesias y Benjamín Bonifacio. *La Prensa*, 24 y 26/5/1912.

luego la Juventud Argentina, la Asociación Patriótica Nacional (con de Vedia y Mitre y Manuel Ugarte), la Asociación Cristiana de Señoritas, la Juventud Argentina (con Joaquín de Vedia y Leopoldo Lugones), la Asociación Patriótica Nacional, que reclama la palabra de don Victorino de la Plaza.[261] Las procesiones fueron nutridas por la guerra: a pesar del frío invierno de 1917 (el 23 de junio nevaba en Buenos Aires), el Comité Patriótico Popular, la Junta Patriótica y sociedades italianas cantaron el himno en honor de Italia frente al diario *La Prensa*; el Comité retornaba en 1918 (nuevamente con Manuel Ugarte, Mariano de Vedia, Salavert Varela y un representante del ministro de Guerra) mientras la Junta Patriótica agregaba la silueta de Ramiro de Maeztu, uno de los inspiradores del renacimiento católico argentino; citemos por fin a la Juventud Hispano Americana, encargada de los 12 de Octubre, a menudo más concurridos que las efemérides tradicionales.

Esas entidades adquirieron, en la primera década del siglo XX, un tinte fuertemente nacionalista, y se las verá participando activamente en las celebraciones de 1919 y 1920, el bienio de exasperación patriótica que siguió a la Semana Trágica. El 24 de mayo de 1919 tenemos a la primera, citada por el doctor Manuel Carlés y la Liga Patriótica. *La Nación* presentía "un gran acto de civismo sólo comparable con las manifestaciones a las que dieron motivo la Revolución y la Independencia"[262] y no se equivocaba: los 120.000 participantes[263] superaron todas las previsiones. Detrás de Carlés y las sociedades femeninas de la Liga se ubicaron autoridades, jueces, diputados. También el doctor Hipólito Yrigoyen.

La liturgia cívica oficial, en ese Mayo, cobró una inusitada envergadura. Se sucedieron, a los pies del Cabildo o de la Pi-

---

[261] *La Prensa*, 24/5/1915.
[262] *La Nación*, 25/5/1919.
[263] Sandra McGee Deutsch, *The Rise of the Argentine Patriotic League*, University of Nebraska Press, Lincoln & London, 1986, p. 93.

rámide, el colegio Pueyrredón, con la banda del regimiento 3 de infantería, la Asociación Nacional de Damas Patricias con su directora y las Vanguardias de la Patria con el suyo; la Comisión Pro Patria con una procesión y la Comisión Nacional de la Juventud (a cuya iniciativa hubo que agradecer un paro de dos minutos, a las 24, con la adhesión de los tranvías de la Anglo-Argentina), con un acto. La comitiva oficial, encabezada por el doctor Hipólito Yrigoyen, debía ir a la Plaza desde el Congreso pero las cosas no sucedieron como estaba previsto: ante el asombro general, el Presidente echó a andar resueltamente por Florida en dirección de plaza San Martín, frustrando al intendente Cantilo —y miembros del Ejecutivo— en los balcones de la Municipalidad y, en los de la Casa de Gobierno, a la muy patricia señora Dolores Lavalle de Lavalle —presidenta de la comisión pro Panteón nacional y promotora del paquete Corso de las Flores—, invitada especialmente para que "diera libertad a varias docenas de palomas"[264] cuando se avistara la columna.

¿Qué tienen en común estas procesiones cívicas y las del filo del siglo? Poco y nada. Excluyen, como su nombre lo indica, al ejército, y siguen formalmente a cargo de ONG, pero son ahora casi tan oficiales como el ceremonial estatal. Más: abiertas antaño al *popolo minuto*, en 1919 y 1920 se ciñen estrechamente a los rangos sociales, como lo revela la comparación del orden de las marchas. En 1889 son casi treinta asociaciones, ubicadas de acuerdo con un sorteo;[265] en mayo de 1920 el ge-

---

[264] *La Prensa*, 26/5/1920.

[265] Gimnasia y Esgrima, el Club Militar, el Centro Naval, la Sociedad Tipográfica Bonaerense, el Club Hípico, el Instituto Geográfico Argentino, el Club Social Francés, el Club Unión Argentina, la Academia Literaria del Plata, el Centro Porteño, Estrella del Plata, el Centro Gallego, el Club del Plata, Orfeón Argentino, Colegio de Escribanos, Reduci delle Patrie Bataglie, Hel-

neral Ricchieri, presidente de la comisión organizadora, anunciaba que la procesión habría de reunir "todo cuanto tiene de representativo nuestra capital y su carácter será completamente democrático":[266] eligió para eso, en orden, a los Guerreros del Paraguay y del Desierto, la Sociedad de Beneficencia, la Asociación Pro Patria de Señoritas, el Consejo Nacional de Mujeres, la Cruz Roja Argentina, la Liga de Damas Contra la Tuberculosis, el Centro Naval, el Círculo de Armas, el Jockey Club, la Bolsa de Comercio y la Unión Industrial Argentina, los colegios nacionales y niños de colectividades, los Círculos de Obreros (católicos) y la Federación Sionista.

En todas las procesiones, no podía ser de otro modo, grupos de la elite porteña tuvieron un papel de primer orden y, junto con la prensa, pudieron darles, como lo hicieron, sentidos políticos coyunturales. Estuvieron sin embargo asociados todos con uno, que me atrevo a llamar invariable: el derivado de la presentación de una comunidad no conflictiva, la Patria. En las de Avellaneda el patriotismo fue contrapuesto por sus protagonistas a las luchas políticas facciosas y en 1889 a una década de atonía. Treinta años más tarde se hacían en nombre de otra Patria, la que debía ser defendida de la agitación social y el activismo de los anarquistas, enemigos ajenos al sistema político. Expulsados discursivamente de la Nación y, menos discursivamente, del país, esa exterioridad permitía aglutinar a fuerzas diversas en auxilio de la pureza patriótica, de una cohesión social que, de buena o mala fe, pensaban cercada.

---

vecia, la France, el Centro de Estudiantes, Enfants de Béranger, Centro Unión Normalista, Club Parroquia de la Concepción, Parroquia de la Piedad, Unión Suiza, Unione e Benevolenza, Club Español y otras 18, para terminar con las sociedades de La Boca.

[266] *La Prensa*, 18/5/1920.

Si esto se manifiesta en la Plaza, no habría que olvidar que, fuera de ella, también conmemoran clubes, parroquias y centros sociales con bailes, conferencias patrióticas, tertulias o conciertos, y otro tanto hacen la Iglesia y la infatigable Liga Patriótica que, paralelamente al partido Socialista, trabajaron el cuerpo social nutriendo la rica vida asociativa de la segunda década del siglo. En 1920 invitaban

> [...] el Centro Català, el Centro Eslavo, el Uruguay Club, el Club Social San Martín, el Círculo de Aragón, el Centro Berciano, Amantes del Saber, Los Irascibles, Los Rebeldes, Bomberos Voluntarios de la Boca, Agrupación Luis Arata, Orfeón España, Los Cultores de Talía, Tome y Traiga, Agrupación Porteña, American Dancing Club, Young Men, Labardén, El Gran Bonete, los Inmortales, Club Hispano Argentino, Amor a Nuestra Ciencia, Asociación Cristiana de Jóvenes, Círculo Estudiantil Porteño, Centro Qué te Parece, Comisión de Fomento de Villa Lugano, Lirios de la Plata [...]

La vitalidad de las asociaciones le arrebatará al Estado, hasta el peronismo, el monopolio de las celebraciones patrias porteñas.

2
Las demostraciones protestatarias

En aras de la unidad temática —y sin ignorar el engorro— vuelvo atrás para recordar rápidamente los estilos de demostraciones colectivas en la Plaza.

Las puebladas y las asambleas de vecinos fueron sustituidas, después de Pavón, por manifestaciones públicas de protesta. Legitimadas por el derecho a peticionar reconocido por la Constitución de 1853, presionaban, sin cuestionarlos, sobre los gobiernos de un Estado todavía enclenque. Contrastaban así con un ámbito político donde las opiniones apelaban a las armas como un medio de acceso al poder tan idóneo y legítimo como elecciones que mal podían defender su pureza, y donde las luchas entre máquinas electorales se prolongaron en rebeliones armadas: los mitristas se levantaron en 1874, las fuerzas de Tejedor se tirotearon con el ejército nacional en 1880 y, diez años más tarde, la revolución del Parque, derrotada, hacía caer al gobierno de Juárez Celman. Herederas, a su manera, de esta forma de hacer política, las revoluciones radicales de fines del siglo XIX y principios del XX optaron también por levantamientos cívico-militares. De esa agitada historia quedan en esta crónica solamente las demostraciones colectivas, que comparten un cierto número de atributos por muy disímiles que sean sus motivos y sus protagonistas.

En primer lugar, y a diferencia de declaraciones o solicitadas, en las que prima la calidad de los firmantes —su *virtù*—, las demostraciones públicas exhiben cuerpos. Cuerpos dotados de una materialidad visual y sonora que es convertida en signo por los participantes y los espectadores, a través de operaciones que poco difieren, en rigor, de las efectuadas por historiadores o sociólogos.

Los cuerpos significantes son el componente necesario y esencial de una demostración protestataria. Aunque se redacten petitorios, se marcha para mostrarlos a otro —adversario o amigo—, a sí mismos, al pueblo de Buenos Aires; para ser vistos y evaluados por su número, para que se vean sus banderas, se lean sus carteles y se escuchen sus *slogans*. No lo ignoraba el jefe de policía cuando argumentaba, para rechazar una manifestación de la UCR, que los propósitos de un partido no debían difundirse "nunca por medio de gritos y aclamaciones de las manifestaciones callejeras, [que] sirven para hacer *ostentación de las fuerzas de un partido*".[1] Lo mismo podría haber dicho de los desfiles del 1º de Mayo, "ostentación de fuerza" ante los manifestantes mismos, ante las columnas obreras competidoras, ante los habitantes de la ciudad, ante el poder, ante la opinión, ante la prensa... No sorprende entonces que su aspecto para una visión exterior —la vestimenta, el volumen de las voces, el orden de las columnas— fuera objeto de atención y de debates. Se sabe que el Partido Socialista quiso demostraciones pulcras y ordenadas. "Orden y tranquilidad", "Cultura", insistía, para diferenciarse de los anarquistas, para evitar la intervención policial y para proseguir su obra de transformación moral de los trabajadores. El anarquismo tenía una parecida preocupación por su imagen pública, de signo opuesto (en su primer desfile marchó con los puños cerrados, cantando a todo pulmón, acompañado por la banda de la sociedad "El colmo de la desgracia"), denostaba a los socialistas por festejar lo que debía ser un aniversario de luto y combate, y reclamaba "demostrar algo; demostrar entusiasmo, vigor, vida...".[2]

---

[1] Nota de la Jefatura al PEN, 30/4/1902. (Destacado mío.)

[2] *La Protesta Humana*, 1/5/1902, en Aníbal Viguera, "El Primero de Mayo en Buenos Aires, 1890-1950: evolución y usos de una tradición", *Boletín del Instituto de Historia Argentina y Americana "Dr. Emilio Ravignani"*, nº 3, 1991, p. 61.

La benevolencia hacia el socialismo de gran parte de los hombres públicos y de la prensa provendrá en no escasa medida de su buena conducta pública e, inversamente, la falta de respeto por el orden urbano de los desfiles anarquistas fue vista como señal de una equivalente falta de respeto por el orden social. Si de medir la verdad de las intenciones revolucionarias se trata, Aníbal Viguera está en lo cierto cuando concluye que "los oradores más enardecidos y los discursos más contestatarios" no distinguían unas columnas de otras, pero no por eso la distinción carecía de significado: las muestras de espíritu combativo (de "violencia simbólica" para decirlo de otro modo) contaban para ellos, para los socialistas, para la opinión y para la policía que, en desacuerdo con nuestro autor, utilizaba al fin de cuentas el mismo código que el anarquismo.

Los cuerpos manifestantes son, además, conmensurables. La cantidad de individuos que dicen moverse por idénticas razones es la medida capital de las demostraciones públicas, utilizada por los organizadores, el poder, sus adversarios, la prensa, y yo misma no hago otra cosa. Secundaria en una procesión estrictamente religiosa, menos importante que la marcialidad durante el proceso de organización del ejército, es esencial en una protesta. De la mano del número ingresará explícitamente, desde mediados del siglo XIX, la cuestión del orden. Lo hacía visible la reiterada satisfacción por la ausencia de desbordes, transcripción del alivio ante la amenaza —imprevisible e indefinida— disimulada en toda aglomeración numerosa. No fueron insensibles sus organizadores mismos, que instauraron tempranamente sus propios servicios de orden, ni la policía, que en un 25 de Mayo apostaba en la Plaza a 36 comisarios y vigilantes.[3]

[3] *La Pampa,* 19/5/1881.

El volumen de las demostraciones, sin embargo, escapa a los participantes porque, cito nuevamente a Pierre Favre, "no existe ningún lugar desde donde pueda 'verse' una acción colectiva en su totalidad".[4] Esa deseada, y quimérica, aprehensión había llevado a un periódico socialista vienés del siglo XIX, recuerda George Mosse, a sugerir la construcción de rampas en la ruta de los cortejos del 1° de Mayo para que, elevados por encima del nivel de las calles, pudiesen "ver" la marcha de las filas. "Mezclado en la procesión no es posible ver nada", confirma un periodista en el Centenario de Rivadavia, "hay que trepar a una altura y tener despejado el frente para dominar el océano de cabezas humanas".[5]

Las manifestaciones son opacas para sí mismas por un segundo motivo: pese a los esfuerzos de sus dirigentes por explicitar sus reclamos no logran jamás controlar acabadamente su significado. Éste, o mejor dicho sus diferentes significados (sus efectos de sentido) resultan de los desciframientos realizados por los destinatarios, que nada hace suponer convergentes con el que procura dar la movilización. Se trata, en verdad, de la imposibilidad de construir con carteles o estribillos, fragmentos discursivos fatalmente parcelarios, una unidad imposible: la enunciación singular de un discurso argumentativo.

Los ciclos protestatarios

El crecimiento urbano hizo perder a la Plaza de la Victoria su privilegio como lugar de protesta y, si es que lo fue, de foro porteño: la aparición del formato manifestación obligó a seleccionar dos entre las dieciséis plazas existentes en 1868, una

---

[4] Pierre Favre, "Manifester en France aujourd'hui", Introducción a *La Manifestation*, vol. col. con la dirección de P. Favre, París, Presses de la Fondation Nationale des Sciences Politiques, abril de 1990, p. 23.

[5] *El Nacional*, 18/5/1880.

para la concentración, otra para el mitin final. Las de Lorea (hoy frente a la plaza Congreso) y de la Victoria, preferidas desde el principio, serán elegidas en 1899 por la primera protesta empresaria y, en 1901, por la primera gran manifestación socialista.

Uno de los muchos méritos de los trabajos de Hilda Sábato, que son mi guía absoluta para las décadas de 1860 y 1870, es haber mostrado la frecuencia de las protestas públicas[6] y, por oposición a la violencia de las contiendas electorales, su organizada mansedumbre. Novedosas en Buenos Aires, correspondían en realidad a modalidades de acción colectiva preexistentes: Sidney Tarrow nos dice que fueron adoptadas en Inglaterra desde el siglo XVIII y, a estar con Charles Tilly, se generalizaron en Francia después de la Revolución de 1848; hacia 1780 los reclamos particulares fueron sustituidos por petitorios firmados con demandas generales —cuyo arquetipo, para Tarrow, fue el cartismo— acompañados por columnas públicas. El alcance de la comparación es por cierto limitado (Buenos Aires carecía de capas significativas de trabajadores o campesinos, de una tradición similar de revueltas y, vigente el voto universal masculino, mal podían los porteños luchar por la extensión del sufragio) pero es adecuada para advertir la coincidencia de la aparición de manifestaciones y el pasaje de demandas particulares a exigencias más universales. Las movilizaciones en apoyo al Perú permiten fechar en 1864 el tránsito de las frecuentes quejas en el Buenos Aires colonial y posrevolucionario (por la escasez, hábitos o escasa fijación de los peones, o por precios agrarios)

---

[6] Entre otras, para apoyar al Perú en conflicto con España (1864); en adhesión a la Guerra de la Triple Alianza (1865); para solidarizarse con la independencia de Cuba (1869 y 1873); contra la condena a muerte de Castro de Chavarría (1870); para organizar la lucha contra la fiebre amarilla (1871); contra la decisión del arzobispo de entregar el templo de San Ignacio a los jesuitas (1875) y, en 1878, contra la ley de impuestos a alcoholes, tabacos y naipes.

a demostraciones públicas por causas generales. Ahora bien, ¿qué significa "causa general"? Creo que por lo menos dos razones conducen a Hilda Sábato a calificar así a las motivaciones de las que estudia: fueron construidas por la prensa y por sus dirigentes como expresión de todo el pueblo de Buenos Aires, y no traducían conflictos políticos ni sociales. "La esfera pública", nos dice,

> […] se constituyó entonces como el lugar de la unidad y no del conflicto, y todas las acciones invocaban el nombre del pueblo. Las tensiones sociales, culturales, ideológicas, políticas no tenían expresión en ese terreno y aunque a veces ellas se insinuaran o terminaran por desplegarse en toda su gravedad, como ocurrió en el episodio del Colegio del Salvador, en general las actividades públicas no reproducían ni alimentaban esas tensiones.[7]

No es seguro, sin embargo, que haya que tomar al pie de la letra el contenido de los discursos. Y si es cierto que no expresaban, literalmente, tensiones sociales, es sencillo descubrir la expresión de diferendos que seccionaban a la opinión: contra la pena de muerte, contra una España con la que no se habían hecho verdaderamente las paces, contra los jesuitas, siempre sospechados de querer erigir el imperio universal del Vaticano… La autonomía de estos tópicos respecto de las divisiones partidarias justifica quizá la imagen de unanimidad forjada por sus protagonistas y por una prensa adicta, pero no cabría postularla desde una lectura ulterior, atenta a las tensiones (llamémoslas ideológicas o culturales) engendradas por una sociedad con clases débilmente constituidas y donde las organizaciones de intereses eran casi inexistentes.

Puede afirmarse, en cambio, que esas demandas eran generales comparadas con los reclamos categoriales de grupos o cla-

---

[7] *Op. cit.*, pp. 288-289.

ses emergentes, típicos del ciclo siguiente. Mientras las primeras estuvieron dirigidas a obtener *decisiones gubernamentales puntuales*, los segundos, paradójicamente *particulares y complejos* podrán generar cadenas protestatarias de más aliento (por la
protección a la industria o la legislación laboral).

Después de 1880 la iniciativa de las demostraciones se fue
transfiriendo de comisiones *ad hoc* a entidades preexistentes (el
Partido Socialista, la UIA, los centros de estudiantes o las asociaciones católicas), fenómeno perceptible en los años setenta. Se
transformaban así las consecuencias de la cantidad de participantes; amén de medir la intensidad del reclamo, el número será un
factor de cohesión para sus organizadores mismos, y una exhibición de poder ante quienes competían por parecidos adherentes. Disminuyó, paralela y previsiblemente, la cuota de improvisación hasta llegar a una suerte de tecnología protestataria: las
efímeras comisiones de la década de 1860 carecían de recursos
comparables a la comisión de 21 miembros y las ochenta comisiones gremiales movilizadas por la Unión Industrial en 1899. Se
reducía por último la importancia de la prensa en la fase de preparación material. Los diarios conservarán de todos modos su papel, capital, como canal de comunicación en el seno de instituciones y grupos débilmente estructurados, desde el ejército —con
la publicación de las instrucciones a las tropas— hasta los gremios
y partidos que anunciaban fecha y lugar de sus asambleas, mitines o manifestaciones (menos habitualmente, por supuesto, los
anarquistas que los socialistas, con Juan B. Justo en la redacción
de *La Nación* en 1896). Fueron además el vehículo del ingreso en
la esfera pública de petitorios *sin manifestaciones*, tal el que inauguraba las demandas socialistas de leyes laborales protectoras, en
julio de 1890 y, al año siguiente, enviado al doctor Pellegrini (que
tendría "más poder absoluto que el mismo zar de Rusia"),[8] el re-

---

[8] *La Prensa*, "La cuestión social", 16/1/1891; *El Obrero*, 24/1/1891, cit.
por Herbert Spalding, *La clase trabajadora argentina. (Documentos para su historia. 1890-1912)*, Buenos Aires, Galerna, p. 140.

clamo de abolición de gravámenes sobre productos de primera necesidad[9] en los que el Partido Socialista veía muy razonablemente un factor de degradación del consumo popular.

¿Quiénes y por qué protestaron después en la Plaza? Aun incompleta, la lista enseña la abundancia de reivindicaciones de grupos particulares. En 1882 propietarios y comerciantes del sur de la ciudad solicitan una mayor atención a la zona y en 1888 hay un mitin del Centro de Comercio frente al Congreso —por entonces contiguo a la Plaza—; su decisión de organizar una Exposición Nacional asumiendo la representación de los industriales fue descalificada por la flamante Unión Industrial Argentina, que convocará en 1899 por una mayor protección y contra las barreras provinciales. Vemos después a los trabajadores municipales (por la jornada de trabajo en 1894 y por horarios en 1895) y, en 1901, a socialistas y anarquistas contra la desocupación; a jóvenes —y no tan jóvenes— contra la ley de unificación de la deuda, a los Círculos de Obreros Católicos por legislación laboral y a grupos liberales para apoyar el proyecto de ley de divorcio, desalojados éstos por la policía, como los lustradores de botines que, en marzo de ese año, reclamaban en todos los dialectos italianos medio día de descanso dominical. En 1902 se vuelve a la Plaza para protestar contra el desempleo, dos años después los socialistas intentan reunirse para condenar la represión policial de mayo, y no habría que olvidar a los estudiantes secundarios, concurrentes habituales, que, de huelga en huelga, llegan para solicitar que las fracciones de puntos de calificación sean computadas como enteros, "cediendo sin duda al contagioso ejemplo de todos los que se reúnen para protestar de algo o contra alguien al aire libre";[10] entre otras se verá a la manifestación que llega desde la plaza Lorea, en 1906, a favor del divorcio. La mudanza del Congreso, al transferir los

---

[9] La crisis de 1890 había llevado a sancionar una nueva ley impositiva.

[10] *Caras y Caretas,* mayo de 1904.

reclamos legislativos fuera de la Plaza, abrirá un paréntesis, cerrado en 1913 por los Círculos de Obreros —ahora bajo las órdenes de monseñor De Andrea— para pedir legislación laboral, retornarán los estudiantes secundarios y en 1915 una multitud socialista reclama contra el alza del costo de la vida.

Durante la primera administración de Hipólito Yrigoyen la Plaza recibió, en 1917, una agitada manifestación para reclamar la ruptura de relaciones con el imperio alemán, una semana después otra para apoyar al Presidente, sucesivas columnas cristianas, y las asociaciones convocadas por monseñor Dionisio Napal para marchar desde allí hasta el palacio legislativo. En junio de 1918 comparecían los estudiantes universitarios para apoyar la intervención a la Universidad de Córdoba y en abril de 1919 los de colegios secundarios (que no habían vacilado en dirigirse directamente al domicilio del Presidente)[11] contra el examen de ingreso en la Facultad de Medicina, luego a todas las otras. Han de pasar tres años hasta la rocambolesca secuencia de movilizaciones en torno de la ley de jubilaciones. Comenzó, a favor de la ley, por la multitudinaria manifestación de 1922 y la entusiasta aunque menos nutrida columna encabezada por el presidente de la Asociación del Trabajo de 1924, y terminará con la copiosa marcha de la Casa Rosada al Congreso, en 1925, para pedir su anulación. Para entonces ya tenemos como Presidente a Marcelo T. de Alvear. Sus contrariedades no habrán de limitarse a los zarandeos de la ley jubilatoria: en agosto de 1923 pudo verificar el disgusto de los azucareros ante un nuevo régimen de impuestos, llegados a la Casa de Gobierno desde la Bolsa de Comercio, y le quedará todavía una, en 1926, cuando todo lo que Buenos Aires contaba de selecto y renombrado se convulsionó ante el proyecto de modificar la música del himno. Con Yrigoyen reelecto, retornan en 1928 unos 200 estudiantes secundarios para pedir, como era habi-

---

[11] *Caras y Caretas*, abril de 1919; *La Nación*, 7 y 8/4/1919, 15/4/1919.

tual, menos rigores,[12] y una columna de comerciantes por la apertura dominical de sus negocios. La Plaza, creo, no conocerá otros reclamos hasta el "¡Que renuncie Yrigoyen!" de los estudiantes de cinco colegios nacionales en septiembre de 1930.

Grupos reducidos concurrirán luego, esporádicamente, pero puede decirse que los comerciantes minoristas de 1928 habían cerrado el ciclo de protestas categoriales abierto en 1878. Para encontrar otras cuantitativamente significativas es necesario esperar que el presidente Farrell reciba, en marzo de 1944, a unos 40.000 trabajadores ferroviarios que, pese a un detalladísimo pliego, no ocultan sus objetivos políticos; Luis Monzalvo, secretario del sindicato, lo escribirá sin ambages ("el acto había sido eminentemente político sin haberse declarado que tuviera ese carácter. Implícitamente tenía el carácter de plataforma de lanzamiento de una nueva forma de realizar política")[13] y no otra cosa se infiere de su discurso público:

> […] el gremio está al lado del gobierno en la obra constructiva y de positivo beneficio público que está efectuando […] porque fue el primero que, con el actual secretario de Trabajo y Previsión, coronel Juan D. Perón, movilizó el gobierno para la solución de nuestros problemas.[14]

La concentración fue el preámbulo de una serie que culminará el 17 de octubre de 1945.

---

[12] Que bastaran 7 puntos y cuarto para eximirse, que las materias previas pudieran aprobarse en los exámenes de marzo con 4 puntos, que las inasistencias no contaran para la exención de exámenes, etcétera.

[13] Luis Monzalvo, *Testigo de la primera hora del peronismo*, Buenos Aires, Pleamar, 1972, p. 123.

[14] *La Nación*, 21/3/1944.

Las protestas bajo control

Los ciudadanos reunidos en el Teatro Variedades en 1873 a favor de Cuba, enfurecidos por un artículo de *El Correo Español,* se habían precipitado a la Plaza de la Victoria sin pedir permiso a nadie. Un cuarto de siglo más tarde, en julio de 1897, otros ciudadanos, también antiespañoles, vieron frustrada por decisión policial su manifestación en solidaridad con la independencia cubana. Mediaba, entre ambos episodios, la legislación del gobierno provincial de Carlos Tejedor sobre reuniones públicas: el decreto del 19 de agosto de 1878, adoptado como ordenanza permanente por la policía de la Capital. El jefe de policía invocó la obligación de evitar disturbios prevista por el decreto, "pues la población de la Capital alberga no menos de 50.000 españoles",[15] pero la educación y el don de gentes contaban. A diferencia de los panaderos y albañiles que habían corrido la misma suerte, don Bernardo Ruillen presentó un recurso de amparo, infructuoso, por violación del derecho de reunión.

De esto se sigue una observación retrospectiva que no creo baladí: las protestas del primer ciclo escapaban al control gubernamental.

El decreto distinguía entre orden privado, los "locales de propiedad particular",[16] y la "vía pública" —o sea también nuestra Plaza—, donde quedaban prohibidas las "reuniones populares"[17] después de la puesta del sol y se exigía informar previamente al departamento de policía (en la ciudad), y a los

[15] Orden del Día del 30 de abril de 1902, nota al PEN, *Memorias de la Policía.*

[16] "En las reuniones que no tienen lugar en la vía pública sino en locales de propiedad particular, la Policía no debe tomar en ellas la menor intervención, a menos que las circunstancias así lo exijan", Orden del Día, 26/4/1889, *Ordenanzas Generales de la Policía de Buenos Aires, op. cit.,* p. 573.

[17] Por "popular" se entiende entonces toda reunión numerosa.

juzgados de paz (en los partidos de campaña). Debía también comunicarse el recorrido de las manifestaciones, que serán objeto de sucesivas ordenanzas policiales[18] (en 1897 se indica a los comisarios que no deben ser permitidas sin la orden expresa de la Jefatura). Fueron insuficientes, sin embargo, para reducir la ambigüedad de las atribuciones de la policía, cuyos jefes no se cansan de reclamar la reglamentación correspondiente porque, se quejan en 1893, están obligados a "resolver con su propio criterio".[19] Para colmo no siempre tuvieron suerte. El Poder Ejecutivo dijo nones en 1888, al enterarse de la prohibición de una asamblea de la Sociedad Católica de Socorros Mutuos por lo reducido del local y "en previsión de los desórdenes a que ella podía dar lugar, dada la exaltación de los ánimos y la desinteligencia reinante entre sus miembros". Hay desórdenes y desórdenes, indica el Ministro. Son perfectamente legítimos los que manifiestan "los intereses encontrados y las desinteligencias; el apasionamiento y el calor propios a la vida de toda asociación", y demuestra inapelablemente el disparate del comisario:

> De otra suerte, y con relación á los casos como el que de se trata, mañana podría la Policía prohibir la reunión de asambleas de otras asociaciones, como supongamos las del Club del Progreso, Jockey Club, etc. en previsión de desórdenes imaginarios y de la falta de local aparente para contener a todos su miembros.[20]

---

[18] Se las recuerda en momentos agitados: en diciembre de 1889, por ejemplo, la policía vuelve a comunicar la prohibición de modificar el itinerario de las "manifestaciones al aire libre de agrupaciones que se reúnan con el propósito de recorrer las calles", Orden del Día, 5/12/1889. *Ordenanzas Generales de la Policía de Buenos Aires*, 1880-1907, p. 573.

[19] Memoria del Jefe de Policía, *Memorias del Ministerio del Interior*, 1893, pp. 251-252.

[20] *Memorias del Ministerio del Interior*, 1888.

El renacido impulso cívico porteño de fines de los ochenta estuvo bajo la atenta mirada policial tanto como la vida pública de la UCR: obligada a pedir autorización, sus actos "después de la puesta del sol" fueron aplicadamente prohibidos. "Los agentes de seguridad, que entienden a las mil maravillas eso de las disoluciones en seco",[21] también impidieron otros, como el mitin de estudiantes secundarios de 1906 frente a la Casa de Gobierno, sin permiso "por no haberlo previsto o porque se les hubiera rehusado", a diferencia de la manifestación desde la Plaza de Mayo hasta la del Once por la separación de la Iglesia y el Estado, para la cual, el mismo año, don Florencio Garrigós, prudente, solicitó —y obtuvo— el permiso correspondiente.

El decreto de Tejedor —único marco legal para las reuniones públicas hasta la década de 1930— no había sido pensado para inexistentes mitines o desfiles obreros pero, llegado el momento, sus disposiciones se les aplicaron cuidadosamente. No puedo precisar exactamente a partir de cuándo, pero me consta que una comisión de albañiles huelguistas solicitaba en 1894 autorización para reunirse en el Prado Español, concedida con "la sola exigencia de que ha de ser de carácter pacífico y sin ejercer presión ni violencia sobre los que no quieran seguirlos en su campaña".[22] El convulso clima social de la primera década del siglo llevó al coronel Falcón —afligido por el fracaso de los proyectos sobre reuniones públicas elevados por el doctor Beazley, su antecesor, por el coronel Domínguez y por Mariano de Vedia— a elevar el suyo el 1º de abril de 1908, imponiendo, mientras tanto, sus propias "nociones básicas". Excluía naturalmente las "reuniones de carácter subversivo y las ofensivas

---

[21] *Caras y Caretas*, abril de 1906.
[22] *La Nación*, 10/8/1894.

a un gobierno amigo", sólo permitiría manifestaciones y reuniones —en locales cerrados o abiertos— "donde no perjudiquen las instalaciones ú obras nacionales ó municipales", y se ocupa de disciplinarlas, limitando, en la práctica, su visibilidad:

> [...] la concentración al punto de reunión de los adherentes a las asambleas públicas se hará por las veredas, en tranvías, vehículos, etc.; y las bandas de música que acompañen a los grupos no podrán hacer sonar sus instrumentos sinó en el punto de reunión.[23]

La Ley de Defensa social confirmará la inclusión de todas las reuniones, al aire libre o no, en el dominio del orden público, pero este orden, ambiguamente concebido, tardó en actualizar sus instrumentos legales, y los gobiernos deberán recurrir reiteradamente al Estado de sitio. La inexistencia de reglas claras para la acción policial, la trabajosa definición de los criterios a utilizar, el recurso a disposiciones arcaicas (que parecían mostrar la dificultad de una sociedad liberal para delimitar lo privado y lo público) fueron fenómenos tenaces: en 1912 el ministro del Interior lamentará que la policía proceda "en virtud de prácticas existentes, de costumbres tradicionales, de disposiciones incompletas, sin preceptos legales"[24] y todavía en 1929 la policía rechaza la autorización a un acto del Comité Radical Acción por no haber "comunicado a la policía su constitución, ni se sabe quiénes forman su comisión, ni fines que persigue", y por el sitio elegido, Diagonal y Florida, "punto de concurrencia de numerosa gente, con especialidad señoras y niñas, que ha elegido la calle últimamente nombrada como paseo tradicional".

[23] *Memoria de la Policía de Buenos Aires*, 1906-1908, p. 459.
[24] *Memoria del Ministerio del Interior*, 1912-1913, p. 230.

El año 1878 establece doblemente el comienzo del nuevo ciclo protestatario: se instaura el control gubernamental sobre las demostraciones públicas y la protesta contra los impuestos marca más nítidamente el tránsito a reclamos particulares. La coincidencia es, sin embargo, azarosa. A Carlos Tejedor, gobernador de Buenos Aires (y futuro jefe de las fuerzas sublevadas contra el gobierno nacional en 1880), no le preocupaban las esporádicas protestas —que, como escribe Hilda Sábato, estuvieron exentas de demandas contestatarias del orden—, sino las generadas por la grave crisis política, como lo explicitan los fundamentos del proyecto de ley: "el derecho de reunión, entre nosotros, ha sido llevado á extremos peligrosos, sobre todo en materia política".

Orden y violencia en la Plaza

¿Hasta qué punto la aparición de los "conflictos sociales explícitos" llevó, posibilidad sugerida por Hilda Sábato, a la transformación de la esfera pública en un habermasiano "campo de competencia de intereses, competencia que asume la forma del conflicto violento"? No hay una respuesta única; depende, primero, del lugar —en la Plaza o fuera de ella—, segundo, del formato de las protestas y, tercero, de la materialización del adversario. Del lugar, porque si los mitines de huelga en barrios obreros fueron rudamente reprimidos desde los ochenta —y, después del 900, los desfiles del 1° de Mayo—, las protestas populares en la Plaza de Mayo, desprovistas de arrebatos desordenados, no trasladaron verdaderamente la intensidad de las divisiones en la sociedad. (Si damos crédito a sus motivos explícitos, habría que concluir que las que, desde 1894, reclamaban legislación laboral en detrimento del poder patronal eran las únicas que transcribían los nuevos conflictos.) Pacíficas, rara vez justificarán la intervención policial. Sus demandas eran social e ideológicamente compatibles con el

orden existente y asumían la forma legítima por excelencia de
los reivindicaciones públicas colectivas: la petición ante las autoridades.

El canon de la petición

Para reflexionar sobre el advenimiento de la violencia en
las protestas —de trabajadores o de las elites— conviene distinguir dos formatos: las que obedecen al canon de la petición
y las otras, sin pliegos a las autoridades o sencillamente sin reclamos.

Esta distinción permite advertir que el diagnóstico de Hilda Sábato es parcialmente correcto. Tiene razón porque con
la aparición de asociaciones de obreros y artesanos, de socialistas y anarquistas, las exteriorizaciones colectivas perdieron
mucho de su apacibilidad: sus miembros ya no se reclutaban
mayoritariamente entre la "gente decente" sino entre los trabajadores, principalmente extranjeros, generados por el desarrollo de las manufacturas, los servicios y los transportes. Vemos así que se reprimieron generosamente mitines de huelga,
que no peticionaban ante las autoridades ni ante los empresarios, y desfiles del 1º de Mayo: su recorrido, autónomo respecto de la geografía del poder, mostraba hasta qué punto estaban
destinados ante todo a ser una expresión pública de los trabajadores mismos.

Es menos correcto aplicado a nuestra Plaza, adonde se acude con demandas ante el Ejecutivo, la Municipalidad o las Cámaras, cuyas sedes la circundaron hasta el Centenario. *Estas*
protestas fueron sosegadas y disciplinadas, antes y después de
1880; las otras, no siempre. La petición traza la divisoria entre
orden y violencia por muy obvias razones: porque la redacción
de un pliego supone una organización y porque más que enfrentar adversarios se solicita la intervención de autoridades reconocidas como interlocutores legítimos.

Son buenos ejemplos *a contrario* las escasas demostraciones colectivas en la Plaza con derivas iracundas: contra la devolución de San Ignacio a los jesuitas en 1875, contra el proyecto de garantizar la deuda con los ingresos de la Aduana en 1901, contra la modificación de la letra del himno en 1926.

Comienzo con la decisión del arzobispo y diputado nacional monseñor Federico Aneiros de devolver San Ignacio a los jesuitas y a los mercedarios (expulsados los primeros por Carlos III y disuelta la congregación de la Merced por Rivadavia), que terminó con el asalto al Arzobispado y el incendio del Colegio del Salvador. Los jesuitas despertaban desde antiguo la desconfianza de los numerosos porteños liberales, y la pastoral del arzobispo de Buenos Aires vino a reavivar las nunca apagadas polémicas sobre la relación entre el Estado y la Iglesia, sublevando a la casi totalidad de la prensa. *El Nacional* predecía: "No habrá estremo, por violento que fuese, a que no tuviere derecho de llegar el pueblo si las convulsiones de un tremendo cataclismo trajeran en los jesuitas las miasmas sociales a la superficie", y *El Español* que "el pueblo en masa va a levantar su voz contra los anticatólicos, malvados, impíos, herejes jesuitas".[25] Circularon proposiciones de elevar peticiones al gobierno sin que se concretara ninguna. Buenos Aires se agitaba: tras un primer mitin en la Plaza de la Victoria —aunque anulado, reunió cientos de personas— el 28 de febrero se citó en el teatro Variedades, donde los oradores condenaron a los jesuitas y al arzobispo con énfasis variable hasta que comenzaron a salir del teatro grupos al grito de "¡A la Plaza de la Victoria! ¡Al Palacio Arzobispal!" En el camino se les sumó "un pueblo diez veces mayor", con banderas argentinas, españolas, italianas, retratos de Rivadavia y carteles: "¡Abajo los jesuitas! ¡La iglesia libre! ¡El Estado libre!" En la Plaza sucedió lo nunca visto. El

[25] *El Español*, 27/2/1875. Citado por Hilda Sábato, *op. cit.*, p. 224, de donde provienen las informaciones sobre el episodio.

Palacio Arzobispal fue apedreado —lo mismo que los escasos policías que trataban de calmar los ánimos—, sus vidrios rotos y destrozada buena parte de sus muebles por los que franquearon sus puertas, que tampoco salieron incólumes. Después de habérselas con la iglesia de San Ignacio, los manifestantes exclamaron "¡Al Colegio!" y emprendieron la ruta hacia el edificio de los jesuitas. Nuevamente piedras y puertas forzadas, una gran fogata en Callao con cuanto había en el Colegio del Salvador, jesuitas perseguidos, algunos golpeados, y enfrentamientos que dejaron como saldo contusos y heridos para estupor de los hombres públicos y de la prensa.

Algo similar sucedió en otro episodio, el rechazo al proyecto de unificación de la deuda negociado por Pellegrini en Europa en 1901, por juzgar que el ofrecimiento de las entradas de aduana como garantía constituía una cesión de soberanía. Los estudiantes de Derecho, animados por sus profesores, presentaron un pliego de protesta a la Cámara y salieron en manifestación, que no terminó con la corrección esperada por *Caras y Caretas* "de la calidad de las personas que forman parte de ella": lanzaron cascotes al local de *La Tribuna* y se tiroteó la sede de *El País* (fundado por Carlos Pellegrini) alcanzando a Hugo Stunz, el administrador, uno de los 50 heridos en los choques con la policía. La casa del general Roca no tuvo mejor suerte y tampoco la del doctor Pellegrini quien, cuando volvía del Jockey Club, se encontró con una multitud hostil y recibió un cascotazo en la cabeza. El 5 de julio se decretaba el estado de sitio y se suspendía a *La Nación*, tenaz opositora al proyecto; sabemos por la tampoco favorable *La Prensa*[26] que, en un segundo momento, se concentraron en la Plaza unas 2.000 personas, "en su mayoría jóvenes, muchos de ellos estudiantes de nuestras universidades" al grito de "¡Abajo la unificación!". Se ubicaron frente a la Casa Rosada, protegida por "una doble fi-

---

[26] *La Prensa*, 31/7/1901.

la de vigilantes armoniosa y teatralmente alternados con bomberos provistos de máusers y bayoneta calada" y, por dentro —según la posiblemente exagerada versión del diario—, por una "numerosa fuerza de infantería, bomberos, y marineros en gran cantidad", que no impidieron la ocupación de la terraza para carruajes ni las piedras contra el edificio mientras se discutía el proyecto. Unas 600 a 1.000 personas expulsadas de la Plaza se lanzaron por Rivadavia y por Florida; si para *Caras y Caretas* la policía estuvo mesurada, *La Prensa* escribe que sufrían "a cada instante cargas al galope de guardias de seguridad" y que 400 personas "del pueblo" dieron gritos destemplados y arrojaron piedras "después de haber asaltado y destruido totalmente el kiosco de hierro que está en la Avenida de Mayo al llegar a Entre Ríos". Cualquiera que haya sido la vehemencia policial, el hecho es que no hay rastros de manifestantes muertos (no era un estudiante del Colegio Nacional "el hombre que cayó moribundo en el atrio mismo de la Catedral y recibió la extremaunción de monseñor Romero" sobre el cual informa el semanario), pero sí de víctimas de un "ataque del pueblo": un agente de policía, Serafio Martínez, de 14 años, y Rosario Villalba, vigilante del escuadrón, que cayó agonizante de su caballo, baleado en Paseo Colón. El general Roca renunciará al proyecto para indignación de Carlos Pellegrini, que lo acusó de cobardía y pasó a la oposición, rompiendo una alianza política que había dominado veinte años de la política argentina.

Como en 1875 una protesta desembocaba en agresiones directas y violentas contra adversarios específicos y geográficamente localizables. También ahora el estupor fue mayúsculo, y se dijo que "de los disturbios tenían toda la culpa los anarquistas y eso llegó a poner miedo", escribe *Caras y Caretas*, "porque temíamos hallarnos a la vuelta de cada esquina con un Angiolillo o con un Brecci".

Poco más de un cuarto de siglo más tarde la Plaza será agitada nuevamente por conspicuos ciudadanos patriotas, que suplantan a los estudiantes. El motivo venía de lejos: el león rendido a las plantas de la Argentina no podía dejar de suscitar problemas una vez normalizadas las relaciones diplomáticas con España, cuyos embajadores tenían desde 1865 la orden de retirarse de todo acto oficial en el que se cantara el himno.[27] Los solemnes festejos del IV Centenario del Descubrimiento y la declaración del 12 de Octubre como día festivo eran inequívocos índices del acercamiento a España, que se tradujo en la decisión presidencial (a pedido de asociaciones españolas) de limitar el himno a su última estrofa. Cantada el 9 de Julio de 1893, la versión desató encendidos debates parlamentarios que hicieron dar marcha atrás, pero sin hacer cesar "los incidentes desagradables como los que estamos destinados a presenciar año por año en todos los sitios en que asiste el pueblo y se ejecuta o canta el himno nacional" lamentados por *La Prensa*.[28] Para *La Nación* la solución consistía en conservar exclusivamente la música, que pondría fin a desórdenes como el de mayo de 1895 en el teatro Rivadavia, cuando la compañía española (lo eran muchas) se negó a cantar el himno con la estrofa ofensiva y, ante las ruidosas exigencias del público, se retiró del escenario mientras la señora Toscano arrojaba sobre una silla la bandera argentina que sostenía. "Nada obliga a las compañías teatrales a cantar el himno pues una ordenanza antigua sólo manda tocarlo" concluye el diario; "¿por qué no prescinden de su canto [...]? En el Odeón, por ejemplo, donde también actúa una compañía española, se limitaron a tocarlo y, como es natural, no ocurrió absolutamente nada".[29] Treinta años después, cuando se oficializa el proyecto de modificarla, la música del himno dejó de ofrecer una solución para ser objeto de vehementes polémicas.

---

[27] Esteban Buch, *op. cit.*, p. 87; texto que utilizo aquí con escasas restricciones.

[28] *La Prensa*, 23/6/1896, citado por Lilia Ana Bertoni, *op. cit.*, p. 295.

[29] *La Nación*, 26/5/1895, citado por Francis Korn, *Buenos Aires. Mundos particulares. 1870-1895-1914-1945*, Buenos Aires, Sudamericana, 2004, p. 118.

El 2 de agosto de 1924 la comisión convocada por el presidente Alvear propuso una muy reformada versión, que se escuchó en el Teatro Colón el 25 de Mayo de 1927. Encabezada por *La Prensa*, la campaña de defensa del himno tradicional desgarró durante tres meses a las elites porteñas, y no solamente a ellas. Agrupaciones de maestros, clubes de barrio, pequeños diarios, simples particulares, argentinos pero también extranjeros, anota Esteban Buch, envían su adhesión al periódico; se pronuncian Alfredo Palacios, el club Dios y Patria, los masones de la Gran Logia Nacional Argentina. "Las damas de la aristocracia porteña" opinaban sobre la cuestión, en casa de la señorita Justa Campos Urquiza se cantaba el himno tradicional "ante un selecto grupo de caballeros y damas",[30] y una disciplinada manifestación llegaba ante los balcones de la Casa de Gobierno para solicitar que se dejaran las cosas como estaban. El Presidente, que no esperaba seguramente tamaña oposición, reunió otra comisión,[31] pero los adversarios del nuevo himno no esperaron sus conclusiones. El 9 de Julio, después del desfile, entonaron decididamente la antigua versión y exigieron otro tanto de la policía. Sin petición alguna, unas 50.000 personas —según *La Prensa*— protestaron airadamente hasta que los bomberos barrieron la Plaza con mangueras. Treinta heridos y unos veinte detenidos fueron el saldo de la batahola, durante la cual el jefe de policía tuvo que ser rescatado por sus oficiales. Para *La Nación* se habían enfrentado "dos bandos adversos", el que "aplaudía la versión oficializada del Himno" y el que "protestaba contra ella", versión más probable que la muy embanderada de *La Prensa*, que adjudicaba la entera responsabilidad a los agentes del escuadrón,

---

[30] *Caras y Caretas*, n° 1504, 30/7/1927.
[31] Presidida por Ricardo Rojas y compuesta por Manuel Carlés, Antonio Dellepiane, Ricardo Levene, Coriolano Alberini, Paul Groussac, Rómulo Zabala, Pascual Guaglianone, Rómulo Carbia, Hugo del Carril y otros.

que "no obstante la pasividad de los manifestantes [...] carga-
ron contra la multitud indefensa, sembrando el pánico por
doquier".

Estas tres protestas con derivaciones violentas tienen rasgos
comunes. En primer lugar, respondían a causas generales: contra los jesuitas, contra un proyecto juzgado vejatorio de los intereses nacionales, contra la modificación de un símbolo patrio. En segundo lugar, promovidas por individuos o entidades
ligados a las elites, lograron una adhesión más amplia. Por último, desprovistas de petitorios, indujeron situaciones de masa, en las que, para Canetti, "las diferencias entre individuos
tienden a borrarse" y "todo acontece como dentro de un cuerpo". Una masa, entonces, que desencadena su furia cuando el
adversario es materialmente identificado: el Palacio Arzobispal
y el Colegio de los Jesuitas en 1875, la Casa de Gobierno en
1901, en 1924 la policía y el grupo opuesto por la estrofa del
himno. Sería absurdo concluir que este tipo de desenlaces encuentra un terreno más propicio en las protestas por causas generales; lo prueban las tantas que fueron pacíficas. Pero, a la
inversa, hay que consignar la serenidad reinante en las que tienen reclamos particulares y que son, precisamente, las que mejor se prestan al canon de la petición.

Concluir que en la Plaza predominaron los reclamos organizados es otra manera de decir que escasearon las aglomera-
ciones exaltadas. Hasta las postrimerías del siglo XIX, en efecto,
pueden contarse con los dedos de una mano y, para encontrar-
las, hay que fijarse menos en protestas obreras que en la agitación política del quinquenio posterior a la crisis del 90. Se abre
entonces el primer ciclo de revoluciones radicales, renace la
violencia que prevaleciera en las luchas políticas de los seten-

ta,[32] vuelven los muertos y heridos en comicios y empadronamientos, y el rumor sobre una intervención del Reino Unido provoca una furibunda concentración en la que "las banderas inglesas en la Plaza de la Victoria [sic] fueron despedazadas por argentinos elegantemente vestidos".[33] La policía no se quedaba atrás. En abril de 1891 dispersaba en Florida a partidarios que festejaban el triunfo de la fórmula Udaondo-Arias, y una carga montada disolvió un enfrentamiento a garrotazos entre mitristas y radicales a la salida de un banquete en la Rotisserie Mercier. *La Prensa* informará sobre la desagradable sorpresa del "distinguido joven Andrés Varela, que paseaba tranquilamente por Florida" y que, habiéndose acercado a ciudadanos que criticaban la intervención policial, fue esposado y llevado sin más trámite a la comisaría; otro tanto les sucedió a tres jóvenes que iban por Corrientes entre Florida y Maipú, a manos de la policía dirigida por el general Campos —la misma que, según *La Vanguardia*, dispersaba a los socialistas reunidos el 1º de Mayo— (la autoridad de la institución no era sin embargo lo que será después: en agosto de 1891 el General fue detenido a pedido del juez Gallegos por abuso de autoridad en la investigación de un crimen). Las manifestaciones públicas contra la policía no se hicieron esperar y la violencia llegó a la Plaza el 25 de Mayo de 1894:

> [...] grupos numerosos de ciudadanos inermes eran atrope
> llados por los caballos de la policía y hasta algún rebenque o
> sable golpeaba a los despavoridos festejantes. Un número de
> 200 personas se repartieron [sic] entre la comisaría primera y
> segunda.[34]

---

[32] Ezequiel Gallo, "Un quinquenio difícil: las presidencias de Carlos Pellegrini y Luis Sáenz Peña", en Gustavo Ferrari y E. Gallo (ed.), *La Argentina. Del Ochenta al Centenario*, Buenos Aires, 1980, p. 237.

[33] *Ibid.*, p. 218.

[34] *La Prensa*, 26/5/1894.

En verdad los "argentinos elegantemente vestidos" estuvieron animados tan a menudo como los anarquistas por pasiones que no se prestaban para petitorios. No fueron los trabajadores quienes alteraron el orden en la Plaza de Mayo. La emergencia del "espíritu cívico" le había otorgado ese papel a la política y, en ella, al protagonista nacido a fines de siglo: la Juventud.

Los protagonistas

La Plaza de Mayo es pensada a veces como una jurisdicción aristocrática invadida en 1945 por un pueblo que, excluido hasta entonces, la convirtió en escena de sus movilizaciones. Sin refutarla de raíz, conviene rectificar algo esta imagen: de fines del siglo XIX a comienzos del XX, más de dos décadas de demostraciones populares desmienten que les haya estado siempre vedada. A su vez, la frecuencia de protestas de ciudadanos "decentes", industriales, comerciantes y estudiantes, de la Sociedad Rural y de la Bolsa de Comercio, a lo largo de casi setenta años, pone en jaque la idea de que la belicosidad en el corazón urbano fue, históricamente, exclusivamente popular.

Los empresarios

Vimos llegar en 1899 a la protesta de la Unión Industrial Argentina. Juzgando quizás insuficientes los 877 socios que la habían fundado dos meses atrás, hizo cerrar fábricas y talleres para sumar al personal, exitosamente, pues de los 40.000 a 80.000 mil manifestantes, una cuarta parte, evalúa *La Nación* —opuesta al reclamo—, estaba formada por mujeres y niños "que concurren cotidianamente a las fábricas a ganarse el sustento", proporción verosímil según el censo de 1904, que contabiliza 16% de trabajadoras y 10,5% de niños en las actividades industriales. *La Vanguardia*, en todo caso, lo confirma.

Escribimos estas líneas bajo una impresión dolorosísima, después de haber contemplado un espectáculo denigrante, monstruoso, viendo millares de trabajadores, hombres, mujeres, niños y niñas, de cuatro a diez años recorrer estúpidamente las calles, exigiendo con su presencia privilegios y derechos que no les comprenden.[35]

Fue una expresión acabada del canon de la petición, como la que organizará en julio de 1922 a favor de la ley de jubilación para los trabajadores de la industria y el comercio;[36] la iniciativa contaba como antecedente con la decisión de la Asociación del Trabajo de constituir un fondo patronal, con cuotas de "todos los capitalistas, industriales y comerciantes que lo deseen", para acordar pensiones al trabajador "en caso de desgracia, en su vejez o cuando se viera invalidado para el desempeño de sus tareas".[37] La UIA vuelve a aconsejar el cierre de las empresas, invita a directores y patrones "sea al frente de su personal o reuniéndose con sus colegas en los salones de la Rotisserie Sportsman para incorporarse a la columna"[38] y sólo autoriza a los obreros y empleados carteles de menos de dos metros por uno, todos con un lema, "jubilación". Se los obligó a asistir, insiste *La Vanguardia*, y para demostrar la escasez de verdaderos obreros anota que "una tercera parte de los manifestantes eran mujeres, empleadas en las grandes tiendas, fábricas de dulces, etc.". Ocho bandas musicales animaron la marcha, y le otorgó especial atractivo una carroza alegórica, gentilmen-

---

[35] *La Vanguardia*, 27/7/1899.

[36] A través de la comisión "Pro jubilación de empleados y obreros del comercio, industria, periodismo, compañías anónimas, gráficos y anexos, etc.". Los empleados municipales y nacionales, los ferroviarios, tranviarios, telefonistas y telegrafistas poseían regímenes jubilatorios propios, y en octubre de 1922 se aprobará el de los bancarios.

[37] *La Nación*, 9/5/1919.

[38] *La Nación*, 7/7/1922.

te costeada por las casas adherentes, de 6 metros de largo y 5 de alto, tirada por seis caballos atalajados a la Gran Daumont. A pocas semanas del fin de su primera administración, Hipólito Yrigoyen se asomó a los balcones de la Casa Rosada para contemplar a los manifestantes y recibir el petitorio, dirigido a "vuestra rectitud de magistrado y a la actitud que siempre habéis demostrado".[39]

La apresurada redacción de la ley[40] dejó en la penumbra su jurisdicción, se sucedieron los conflictos y el consenso patronal se quebró bastante rápidamente: los Cocineros y Pasteleros la repudiaban de plano, la Unión Comercial de Sastres aceptaba depositar sus aportes, el Centro de Panaderos se negaba a pagar a su personal. Todos convergen por fin en el rechazo a la ley, sumándose a la oposición, por muy distintos motivos, del anarquismo, el sindicalismo y el Partido Socialista —que celebra la víspera del 1° de Mayo en el teatro Cervantes, con la representación de *La mala ley*, de don Manuel Linares Rivas—.[41] La Iglesia, en cambio, la apoyaba sin reparos y aprovechaba la ocasión para denunciar al Partido Socialista, su competidor por las almas, "que, so capa del pretendido amparo y protección a la masa —cuya exclusiva pretende— no perderá medios ni métodos para destruir en ella cualquier intento de independencia".[42]

A fines de abril de 1924 la UIA suspende los aportes y ante la declaración de huelga general de la USA y la Federación Obrera, se propondrá, en una asamblea en la Bolsa de Comercio, cerrar solidariamente los comercios, iniciativa a la cual los dueños de panaderías se oponen con bastante buen tino, "por cuanto ese medio, precisamente, fue combatido por los patro-

[39] *La Nación, ibid.*; *Caras y Caretas*, 8/7/1922; *La Montaña*, 12/7/1922.
[40] Fue votada en diputados en octubre de 1923 y suspendida finalmente en septiembre de 1926.
[41] *La Vanguardia*, 1/5/1924.
[42] *El Pueblo*, 1/5/1924.

nes". Se bajarán, sí, las cortinas para el mitin en plaza Colón, de donde partió don Joaquín de Anchorena, presidente de la Asociación del Trabajo, para entrevistarse con el doctor Alvear.

Ante un país semiparalizado y la *impasse* política, el general Justo, ministro de Guerra, creyó conveniente aclarar que "el ejército continuará tranquilamente su instrucción porque nada tiene que hacer con los movimientos que se anuncian en tanto que ellos no afecten la seguridad de las instituciones".

Aglutinando otra vez asalariados y empresarios —que vuelven a cerrar sus puertas—, una espesa columna marcha en 1925 hacia el Congreso para reclamar la anulación de la ley. La cabeza se formó frente a la Bolsa de Comercio, un "público inmenso" colmó la Plaza de Mayo y toda la zona adyacente, y al pasar frente a la Casa de Gobierno los manifestantes aplaudieron al Presidente de la República, que agradeció con un gesto de la mano.

En el petitorio de 1922 "los patrones y directores de la mayoría de las firmas comerciales e industriales de la capital" justificaban su apoyo a la ley

[...] como un postulado de revolución social de incalculable trascendencia para las relaciones del capital y del trabajo desde el momento en que, sancionada la ley de jubilaciones para nuestros gremios, se habrán asociado los intereses de empleados y empleadores para trabajar todos de consuno en una obra de paz y previsión abriéndose así una era de propiedad colectiva.

Son los mismos que, tres años después, argumentan para impetrar su derogación que

[...] los trabajadores, en un país que está comprendido en gran parte en una zona de clima cálido y a la vez enervante, no se sienten atraídos por la promesa de vivir sin trabajar cuando aún cuentan con fuerzas suficientes para la labor. No están de acuerdo con una ley que tiende a matar las energías individuales y formar una clase parasitaria.

Habrá todavía una manifestación patronal ante la Casa de Gobierno, el 31 de octubre de 1928, inmediatamente después del retorno al gobierno de Hipólito Yrigoyen. El comercio minorista, reunido por el Comité ejecutivo de la Industria y el Comercio, salió a expresarle públicamente su adhesión. Al son de bandas con vistosos uniformes, encabezada por banderas argentinas, españolas, italianas, belgas, japonesas, con dirigentes del Comité nacional del radicalismo y "algunos cientos de personas",[43] la marcha llegó a la Plaza sin olvidar el petitorio: disminución de los impuestos y autorización para abrir los almacenes y despachos de bebidas los domingos hasta el mediodía, ya que, razonan, el descanso de los asalariados no debía suponer una disminución en las ventas.

Todo el abanico social porteño, antiguo y moderno, frecuentó la Plaza para protestar desde 1864 hasta 1928. Tendremos en junio de 1933 el mitin "en defensa de la industria y el trabajo nacionales", organizado por la UIA tras la misión Roca y el tratado comercial con Gran Bretaña (30.000 personas dentro del Luna Park y otras 15.000 en las calles adyacentes), pero no participarán más en manifestaciones con demandas específicas ni volverán a la Plaza. *Estas* demostraciones públicas desaparecieron en 1928 del catálogo de la acción colectiva empresaria. Vendrán en su lugar declaraciones o solicitadas en la prensa —"manifestaciones de papel"— y procedimientos menos públicos de presión sobre los gobiernos.

---

[43] *La Razón*, 31/10/1928.

Los políticos

Ni los partidos ni los movimientos de opinión habían estado ausentes de la Plaza. Porque era un cómodo lugar céntrico o por estar frente a la Casa de Gobierno fue usada para mitines, cuantiosos durante la movilización de la década de 1870: cinco cuadras de partidarios de Alsina y Avellaneda alrededor de la Plaza,[44] unos 10.000 mitristas en 1877, de "12 a 14.000 almas"[45] para aclamar a Avellaneda. También a fines de 1880, como punto de partida o de llegada de columnas opositoras, por los 6.000 a 10.000 ciudadanos reunidos por Alem para marchar hasta la Recoleta —con coronas "conducidas á hombro, á brazo, en angarillas, á veces llevadas por morenos en traje de palafreneros"—,[46] por los 4 a 5.000 que habían enfilado por Florida tras crear la Unión Cívica en 1899, por los insólitos 30.000 para proclamar la candidatura del fundador de *La Nación* (alineados desde el Frontón detrás de Aristóbulo del Valle, Alem y Mitre) sin contar a los que acudieron, agitados, durante la revolución del 90. Silenciosas algunas, no se interrumpirán con el nuevo siglo. La Plaza fue usada también para reuniones socialistas, en 1898, en 1902 (para explicar su doctrina económica a unos 2.000 correligionarios) o para apoyar el acuerdo con Chile. Los mitines comienzan a escasear, sin embargo, después del Centenario; no existen —no encontré al menos— prohibiciones en los edictos policiales y no me queda sino suponer que la Policía escatimaba las autorizaciones. Lo cierto es que ninguna formación política proclamó sus candidatos en la Plaza durante las primeras campañas electorales bajo la Ley Sáenz Peña ni lo hará jamás en el siglo xx.

Desaparecía de la geografía pública del sistema de partidos sin convertirse por eso, políticamente, en tierra de nadie. Des-

[44] Hilda Sábato, *op. cit.*, p. 155.
[45] *La Prensa*, 4/7/1877 y 9/10/1877.
[46] *La Nación*, 4/8/1894.

de la mudanza del Congreso fue de más en más el lugar específico del Ejecutivo, y a partir de 1916 creció su tenor político partidario, herencia quizá de la insólita multitud que se apodera de
la Plaza para festejar la victoria de Hipólito Yrigoyen. El radicalismo puso muy pronto a sus partidarios en la calle y comienzan
en 1917 las manifestaciones de los aliadófilos, que poco diferenciaba de la oposición al gobierno; encabezados por el activo y
heterogéneo Comité Nacional de la Juventud llegan en abril a
la Plaza de Mayo, vitoreando a Inglaterra, Italia y Norteamérica
desde el Frontón, con un petitorio por el abandono de la neutralidad, traduciendo, se opina, el "enorme entusiasmo del vigoroso ambiente argentino, de origen cosmopolita [...] que llegaban desde los más apartados barrios de la ciudad".[47] Una
semana después les responderá una columna que desemboca
también en la Plaza, en defensa de la política internacional del
gobierno, y en junio se desfila ante la Casa Rosada para aclamar
a Yrigoyen.

La amalgamación de política internacional y política *tout
court*, y reclamos al Poder Ejecutivo casi invariablemente entre-
verados con muestras de adhesión al Presidente (de la multitud
reunida a favor de la ley de jubilaciones se habrían levantado
brazos empuñando carnets radicales, diplomas, peticiones es-
critas y un cartel en el que se leía "Excelencia, somos los del día
30, le rogamos que nos atienda")[48] contribuyeron a teñir políticamente a la Plaza. Pero, tanto o más que las exteriorizaciones
abiertamente pro gubernamentales, irritaba a la prontamente
consolidada oposición la voluntad gubernamental de hacer de
las fechas cívicas expresiones de apoyo a Yrigoyen; los grandes
diarios no se abstuvieron de denunciarlo. Ante la noticia de la
participación del Presidente en la marcha de la Liga Patriótica,
La Nación cuidó de anotar que

[47] *La Gaceta*, 22/4/1917.
[48] *La Vanguardia*, 23/6/1920.

[…] bien entendido que ella no pueda significar otra cosa que no sea la adhesión del gobierno de la república al homenaje que el pueblo rinde a una de sus más gloriosas efemérides. En este sentido no sería grato ni mucho menos el escuchar expresiones que derivaran la demostración hacia motivos que le son extraños.[49]

La advertencia no era injustificada, y los deseos del diario no habrían de cumplirse entonces ni tampoco en el Centenario de Belgrano de 1920, como lo preveía el vicepresidente de la brigada de telegrafistas de la Liga Patriótica: "el desfile de hoy tendrá el significado de una adhesión al presidente Yrigoyen".[50] *La Prensa*, que esperaba moderación de quienes "se inspiran en intereses partidistas o en propagandas sociales", lamenta la "desviación que ya tuvimos ocasión de poner de relieve en otras ocasiones análogas pero que nunca fue tan visible como en la circunstancia actual". *El Diario* describe el arco triunfal y el mástil de 30 metros para que "el Poder Ejecutivo se ofreciera bajo los pliegues de la enorme bandera a la admiración de su pueblo" y *La Vanguardia* advierte el riesgo de que los escolares, al encontrar "en el puesto de honor a un señor alto, trigueño y de poca barba, que toma para sí todos los homenajes del público, lo confundan con el héroe de la independencia". Y se pregunta, "¿se trata de honrar a Belgrano o a Yrigoyen?".[51] No sin razón a juzgar por los titulares, nada excepcionales, del diario gubernamental *La Época:* "El pueblo canta el himno. El pueblo acompaña y ovaciona al Presidente", "Vivando a la Patria y al Presidente".[52] (Hay que decir que la oposición no se comportará muy diferentemente y se servirá

[49] *La Nación*, 24/5/1919.
[50] *La Vanguardia*, 16/6/1920.
[51] *El Diario*, 21/6/1920; *La Prensa*, 21/6/1920 y 22/6/1920; *La Vanguardia*, 23/6/1920.
[52] *La Época*, 21/6/1920.

del Centenario del nacimiento de Bartolomé Mitre, en 1921, para llenar la Plaza —pese al rechazo, por internacionalista, de José Penelón, concejal, a la adhesión del cuerpo—, haciendo pasar inadvertido al 9 de Julio.)

El advenimiento de Alvear interrumpió el uso abiertamente político de la Plaza, reanudado en octubre de 1928. En vísperas del golpe militar de 1930, la Plaza de Mayo era en buena medida la Plaza del Presidente, y en septiembre se llega para apoyar a Yrigoyen o para reclamar su renuncia.

Los trabajadores. Plaza, fábrica, ciudad

La Plaza

El 1° de Mayo de 1890, perfectamente ajenos a los prolegómenos de la Revolución del Parque, los emigrados alemanes agrupados en el Club Vorwaerts decidían sumarse a las expresiones universales y simultáneas por la jornada de ocho horas solicitadas por el Congreso de la II Internacional (mitines, manifestaciones, petitorios y acaso huelgas, porque caía jueves). Citaron "si no llueve" en el Prado Español, un salón de baile suficientemente grande como para albergar los 1.200 un poco mezquinamente calculados por *La Nación*.[53] El acto transcurrió en paz. No así en 1891, cuando los anarquistas optan por la Plaza de Mayo para congregarse a las dos de la tarde "a favor de lo que se llama el trabajo libre", reseña *La Prensa*; habían declarado una huelga general que, según el matutino, se limitó a los trabajadores manuales "junto a los que en las circunstancias actuales carecen de ocupación", y *La Voz de la Iglesia* precisa que "los obreros que trabajan en las obras del sifón en el Riachuelo fueron los primeros que esta mañana no quisieron trabajar" pero, suaviza, "en algunas fábricas nos han manifestado que han faltado pocos obreros".[54]

[53] *La Nación*, 2/5/1890.
[54] *La Voz de la Iglesia*, 2/5/1891.

Se escribe, como era de rigor en casi toda la gran prensa, que "el obrero argentino es sensato y amante de la tranquilidad y no son de temer aquí las conmociones que preocupan a otras naciones",[55] pero la policía no parecía compartir esa apreciación del obrero argentino y ordenó a todas las comisarías impedir la formación de grupos para asistir al mitin, y arrestar a los desobedientes. Su intervención en la Plaza fue recibida con gritos y silbidos, y uno de los concurrentes, italiano, que "trató de acometer con un estilete al vigilante", fue desarmado frente a la estatua de Belgrano y arrestado junto a otros doce. Tampoco aprobaron el mitin los socialistas que, mucho más alarmados que *La Prensa*, informan a sus correligionarios reunidos en Bruselas que fracasó "por la tonta habladuría de los anarquistas, que proclamaron una huelga general, el saqueo de los almacenes y la revolución social";

[…] los presos y heridos por la brutalidad de la policía excitada por la charlatanería de los anarquistas no saldrán tan pronto de la prisión, aunque sean enteramente inocentes; los anarquistas se han sabido salvar, huyendo locos de miedo; como una tropilla de carneros. ¡Ésa es la táctica de ellos![56]

Los promotores volvieron a citar para el día 3, "en la plaza Victoria [sic]",[57] pero no hubo acto o por lo menos no encontré rastros de que lo haya habido. Aunque se renovaba el nunca liquidado terror provocado por la Comuna de París —que las evocaciones de exiliados se empeñaban en confirmar—, ese 1º de Mayo no tuvo la importancia suficiente para alarmar al poder y mal puede hablarse de un intento de "apropiación del espacio público", simbólica o no.

---

[55] *La Prensa*, 2/5/1891.
[56] *El Obrero*, 28/7/1891, cit. por Herbert Spalding, *op. cit.*, p. 128.
[57] *La Prensa*, 2/5/1891; *La Voz de la Iglesia*, 1/5/1891 y 2/5/1891.

Ni este 1° de Mayo ni las pequeñas tribunas levantadas por los socialistas y por los Círculos Obreros enmiendan realmente la conclusión de Aníbal Viguera:[58] no se realizaron en la Plaza de Mayo, ni los sangrientos mencionados por Perón —y tantos otros antes de él— ni los no sangrientos. Por muy simbólica que fuera, la Plaza quedó fuera del territorio de esa autopresentación pública de clase de la que nos habla Hobsbawm. Tampoco se citaron allí, jamás, mitines de huelga. Fue ocupada en cambio para reclamar ante las autoridades.

En octubre de 1894 tuvo lugar la que creo primera protesta de asalariados en la Plaza, para apoyar el proyecto del concejal Eduardo Pittaluga sobre la jornada de los municipales (reivindicación incorporada ese año por la huelga de albañiles). Una columna de 4.000 o 10.000 trabajadores —según las fuentes— llegó desde la plaza Rodríguez Peña y terminará en un descampado de la calle Entre Ríos, en un mitin con un raudal de 24 oradores.[59] Oradores que fueron también numerosos un año después (se anuncian oficiales sastres, herreros, mecánicos y anexos, panaderos, talabarteros, albañiles, yeseros y pintores, en ese orden, después, quien quisiera),[60] cuando tenemos a socialistas y anarquistas frente a la municipalidad para protestar contra una modificación del horario de albañiles de la comuna. Más de veinte sociedades habían invitado a obreros de La Boca, Barracas al Sur, Belgrano —también de La Plata y Rosario—, mediante avisos a los diarios y carteles en almacenes y cafés. En las habituales filas de a ocho, con estandartes, bandas musicales y bajo la atenta mirada del escuadrón, las sociedades de resistencia ganaron la plaza Rodríguez Peña para marchar por Callao hasta la Avenida de Mayo y concentrarse en la Plaza; eran unos 5.000, según *La Nación*, que generalmente no los exagera, ubicados algunos en los balcones alquilados

[58] Aníbal Viguera, *op. cit.*, p. 58.
[59] Víctor García Acosta, *op. cit.*, p. 50.
[60] *La Prensa*, 12/10/1895, 20/10/1895, 21/10/1895.

a la casa La Internacional, con vista a la Casa de Gobierno y la tribuna de oradores. (El anarquismo "insultó a mansalva al gobierno, al clero, a la prensa de la capital, a la policía y a todo lo que tiene alguna representación" y, agrega verosímilmente el cronista, "no dejó hablar a los socialistas".)[61]

La Plaza, estrenada en 1891 para un 1º de Mayo y en 1894 para reclamar ante la municipalidad, recibe seis años más tarde la primera protesta popular ante el Presidente.

Persistían los efectos devastadores de la crisis económica de 1890. En 1891, 3.800 desocupados pernoctaban y se alimentaban en el Hotel de Inmigrantes, en las ollas populares municipales se distribuían hasta 8.500 comidas diarias[62] y De la Cárcova exponía en el Salón de 1894 su *Sin pan y sin trabajo*, aplaudido por la crítica. La recesión de 1897 aumentó el número de desocupados: un mitin en el teatro Doria contabilizaba unos 40.000 —4.000 en la Capital—,[63] estimados en 20.000 a 40.000 entre 1899 y 1900,[64] amén del 5% con problemas para conseguir empleo. Cifras irrisorias hoy, eran escalofriantes en un país con mano de obra tradicionalmente escasa, y contribuyeron, a principios del siglo XX, a constituir a la miseria en problema social público.

Los chicos piden pan, la compañera no tiene para comprarse una pañoleta que la preserve del frío, el casero exige el pago de la locación, el almacenero dice que no va a fiar más […] y toda la familia se siente agobiada por el hálito de la miseria que sopla en el zaquizamí porque el jefe no tiene trabajo […] ¡La miseria![65]

---

[61] *La Nación*, 19/10/1895.

[62] Respuesta del presidente Victorino de la Plaza, *Memorias del Ministerio del Interior*, 1891, p. 225.

[63] *La Prensa*, 12/8/1897. La única fuente sobre una manifestación ulterior son los recuerdos de Adolfo Dickman.

[64] James Scobie, *op. cit.*, p. 285.

[65] *La Nación*, 22/7/1902.

La falta de trabajo, entonces como hoy, escapa al ámbito fabril, y se entiende la decisión de reclamar en 1901 ante el Presidente. Unos 15.000 desocupados recorrieron la Avenida de
Mayo, desde la plaza Lorea hasta la de Mayo, para pedir la reglamentación del trabajo infantil que, mal pagado, competía
con el de sus padres. "Id, pues, tranquilos que el gobierno, dentro de sus atribuciones, hará todo lo que pueda en el sentido
de vuestro pedido, que cree justo y necesario",[66] habría respondido Roca a la comisión socialista presidida por el doctor Julio
Arraga. El Presidente se asomó al balcón de la Casa de Gobierno para contemplar la concentración, esperando quizá recibir
los mismos aplausos brindados por la Unión Industrial dos años
atrás; en todo caso no fue para nada así: se desencadenó una
ensordecedora tempestad de silbidos y, "como se comprende,
tan inarmónica demostración no fue muy del agrado del general y al propio tiempo se comprende cuanto tenía de violenta
la situación de los delegados junto al primer magistrado".[67]

Como lo "justo y necesario" resultó poco y nada, socialistas
y anarquistas retornaron ante la Casa de Gobierno en el otoño
de 1902 y, en agosto, los albañiles citarán en la Plaza uno de los
nada menos que siete mitines, engrosados por los panaderos
huelguistas. Con números mucho más modestos también en
1901 los Círculos de Obreros Católicos del padre redentorista
Federico Grote requerían el apoyo presidencial para la legislación del descanso dominical y del trabajo de mujeres y niños;
no había razón para que la policía interviniera, y no lo hizo. De
eso se encargaron, a trompis y bastonazos, afiliados socialistas,
dando lugar a "deplorables escenas" para *El Tiempo*, pero feste-
jadas por *El Diario* que, por liberal, quiere "ver a todos los hombres moviéndose con iguales recursos y medios de acción y de

---

[66] En Dardo Cúneo, *Juan B. Justo y las luchas sociales en la Argentina*, Buenos Aires, Alpe, p. 253; Víctor García Acosta, *op. cit.*, p. 86.
[67] *Caras y Caretas*, n° 150, 17/8/1901.

defensa, y no como un hato de lobos y corderos, donde los unos muerden y los otros balan con dulce resignación".[68]

Las protestas populares en la Plaza fueron calmas y los mitines no apedrearon nada. Durante más de quince años el escuadrón sólo intervendrá en los frecuentes finales desordenados y nunca cuando los socialistas elevaban disciplinadamente sus reclamos. No había interferido durante la protesta de trabajadores municipales de octubre de 1895 pero arrestó a unos veinte anarquistas cuando, al disolverse el acto, "daban gritos subversivos", según *La Nación* y, según el socialista Patroni, perturbaban "el orden con gritos de viva la anarquía y no son más que enemigos de los trabajadores". Algo similar les sucedió, en marzo de 1902, a los lustradores de botas que, "con ecos revolucionarios en la voz", tuvieron tiempo para recorrer la Avenida de Mayo hasta la Plaza, ida y vuelta, por medio día de descanso dominical, hasta que "elementos exaltados que siempre abundan atropellaron los negocios de algunos patrones" y la comisaría 14 se encargó de "marchitar injustamente el entusiasmo, reduciendo á todos á prisión".[69] En la protesta socialista de 1901, "la representación prometió que la manifestación se disolvería en Paseo de Julio, encargándose la policía de cumplir la promesa", nos dice también *Caras y Caretas*, e intervino asimismo, no siempre afablemente, en los corrientes encontronazos entre anarquistas y socialistas. Entre las tantas arremetidas de los anarquistas en mitines socialistas tenemos una en la Plaza, en 1898. "Tiramos abajo" a un anarquista trepado a la mesa que debía servir de tribuna, nos dice Jacinto Oddone y, prosigue el relato, "comenzó la lucha por la posesión de la mesa":

[68] *El Tiempo*, 30/9/1901; *El Diario*, 30/9/1901; Néstor Auzá, *Aciertos y fracasos sociales del catolicismo argentino*, Buenos Aires, Docencia, 1988, t. I, pp. 315-316.

[69] *Caras y Caretas*, n° 181, marzo 1902.

En cierto momento estuvimos a punto de perderla lo que pudimos evitar tirándola a la fuente, afortunadamente con poco centímetros de agua en aquel momento. Detrás de la mesa fuimos nosotros. Y siguió una lucha a puñetazos que duró largo rato; nosotros desde adentro de la fuente defendiendo la mesa; los anarquistas desde afuera queriéndonosla quitar.

La policía protegerá también los desfiles socialistas de agresiones anarquistas —después de los "comunistas internacionalistas"—, inquietud compartida por la Liga Patriótica, que en 1919 envió delegados para que no fueran molestados "por ningún elemento extraño"; Carlés verificó el cumplimiento de sus órdenes y, satisfecho, felicitó a las comisiones de parroquias.[70]

El anarquismo rechazaba de plano toda petición a las autoridades, razón por la cual no protagonizó ninguna de esas tranquilas manifestaciones hasta la Plaza. Le correspondió por consiguiente al Partido Socialista, y a sus gremios, mantener la tradición del orden en las protestas. Eso no significa que la calma reinara en Buenos Aires durante la primera década del siglo; al contrario, esos años fueron los más convulsionados de la historia obrera argentina.

La fábrica

Dos razones me llevan a repasar sabidas páginas de ese período heroico del movimiento obrero: la primera, identificar motivos del contraste entre las calmas protestas populares en la Plaza y la violencia presente en otras modalidades de presencia pública obrera; la segunda, sugerir que la elección de las huelgas como modalidad exclusiva de lucha fue una de las ra-

[70] *La Nación*, 9/5/1919.

zones de la tardía salida de los trabajadores al espacio urbano y *a fortiori*, a la Plaza. La agitación en la fábrica se cruzó, cronológicamente, con la agitación en la ciudad, un fenómeno que remite tanto a la preeminencia del anarquismo en el incipiente movimiento obrero como al tipo predominante de relación entre trabajadores y patrones.

Basta echar una mirada a las *Memorias* de la Policía de fines del siglo XIX para confirmar que el activismo obrero le preocupaba menos que sus conflictos de jurisdicción con la municipalidad y con el Poder Judicial, o las amenazas del "estado peligroso" y la "mala vida" sobre la salud social (mendicidad, juegos de azar, adivinación, prostitución). Que también inquietan al municipio, menos perceptiblemente en sus parcas ordenanzas que en la prolífica *Revista Municipal*, promotora de la expulsión "de los turcos" de la calle Reconquista y de la construcción de un barrio prostíbulo de 150.000 metros cuadrados —entre Canning, el río y el ferrocarril—, cuatro quintos con parques y jardines, con un teatro grecorromano y 42 pabellones de 5 pisos de 12 departamentos con vista al verde ("con esto", concluye la revista, "serán simples inquilinos las mujeres y libres del caften y de la gerente").[71]

No habían faltado quienes tacharon a la huelga de los tipógrafos —la primera— de "recurso vicioso", de "irrupción de derechos exagerados, contemporizar con los cuales hubiera sido invertir las reglas del trabajo",[72] o los que adivinaban en cada una el preludio a luchas sociales sangrientas, pero prevalecía la tranquilizadora distinción entre la terrorífica imagen europea y la realidad argentina, ya que "bien se comprende que entre nosotros el obrero no sufre del capital opresión alguna de

[71] *Revista Municipal*, 1918, p. 645.
[72] *El Nacional*, 2 y 14/9/1878.

la que emanciparse quiera"[73] (las huelgas, según Carlos Pellegrini, "sólo pueden no existir allí donde no exista una gran población industrial, un gran movimiento de capital y trabajo").[74] Por lo demás, como tan justamente anota Natalio Botana, el problema político y no la agitación social fue el núcleo de las preocupaciones del intelectual y de las ocupaciones concretas de los hombres públicos del Centenario.[75]

Son "un mal necesario y se curan por su propia virtud", escribe *La Nación*,[76] sin dejar de constatar que "será dudoso que hay cólera pero lo que es huelgas no cabe duda. Casi puede decirse que estamos a huelga por día".[77] Razón no le faltaba. Nada más que en enero de 1895 las había de panaderos, repartidores de pan, marineros de cabotaje, foguistas, carpinteros de barcos, herreros y ajustadores, mayorales y cocheros de tranvías, lavanderas y obreras costureras.[78] Entraban sin embargo en lo aceptable, y aceptado; ya no eran esa "gran marea social" que el diario de Mitre descubría retrospectivamente —"no hay comparación con cuatro años atrás"—[79] y el jefe de policía, pese a solicitar la prohibición de las publicaciones anarquistas, informa, satisfecho, que "la actitud de los huelguistas no se ha manifestado de un modo hostil ni ha dado que temer por el orden público. De consiguiente, no hubo necesidad de tomar medidas excepcionales".[80] Tan poco lo desvelaban que en enero de 1900 eximió a las reuniones gremiales en lugares cerrados

[73] *La Prensa*, 2/5/1891.

[74] En Sebastián Marotta, *El movimiento sindical argentino. Su génesis y desarrollo*, Buenos Aires, Lacio, 1960, t. I, p. 94.

[75] "La reforma política de 1912", Marcos Giménez Zapiola (comp.), *op. cit.*, p. 235.

[76] *La Nación*, 13/1/1895.

[77] *La Nación*, 12/1/1895.

[78] Francis Korn, *op. cit.*, pp. 59-66.

[79] *La Nación*, 1/5/1897.

[80] Memoria del Jefe de Policía de Buenos Aires, *Memoria del Ministerio del Interior*, 1895, vol. II, pp. 319-321.

de la obligación de permisos de la Jefatura: era suficiente que la comisaría de la sección estuviera al tanto.[81]

Hasta que ese corte mayor que fue la Semana Trágica ponga punto final a tanta indulgencia, muchos de los que hacían la opinión pública vieron en las huelgas instrumentos legítimos de resolución de los conflictos entre capital y trabajo. Opinión compartida por la naciente clase trabajadora, que se ciñó a la lucha en la empresa para mejorar horarios o salarios, reservando para otros fines a las huelgas generales. Cabales anarquistas en su mayoría, no fueron los únicos que trazaban una frontera entre la sociedad civil y la sociedad política. Aunque existiera en el borde de las fábricas una zona intermedia, regularmente atravesada por las listas negras patronales y la exigencia obrera de emplear a miembros de las sociedades de resistencia, ambas partes distinguían esmeradamente la esfera del mercado de la esfera estatal, como lo puso de manifiesto la magnitud del rechazo al Código de Trabajo. Tampoco quiso el gobierno inmiscuirse en la relación contractual entre propietarios y trabajadores hasta principios del siglo XX. La periódica intervención de funcionarios policiales, encargados históricos de las cuestiones obreras, se limitó a mediar entre partes, sin comprometer a las autoridades. En 1895 el doctor Beazley logró, a título individual, un acuerdo en la huelga de panaderos y, en 1901, en la de depósitos de Barracas; cuando una comisión obrera solicita la intervención de la Municipalidad, se observa que "los poderes públicos carecen de autoridad para imponer horarios a industriales que nada tienen que ver con ellos",[82] lo que hace saber el intendente Bunge a los patrones, ofreciéndose, él también, a actuar como "simple intermediario". Podían mediar otros, y exitosamente, como Benito Villanueva, presidente del

[81] Orden del Día, 19/1/1900, *Ordenanzas Generales de la Policía de Buenos Aires*, 1880-1907, Capital Federal, 1908, p. 575.

[82] *La Nación*, 5/1/1895.

Senado, durante la huelga general de 1909, "sorprendiendo
tanto a los obreros como a las clases conservadoras": "el señor
Villanueva, que ha venido a ser 'el hombre del día', ha recibido numerosas felicitaciones y en su honor se proyecta, por el
comercio y la industria, una manifestación de aplauso".[83] El 20
de octubre de 1904 un decreto del presidente Quintana designaba, "a falta de una ley" (estaba pendiente el proyecto de ley
nacional del trabajo), al jefe de policía como mediador amis-
toso en conflictos sobre descanso dominical y jornada de trabajo. En caso de no ser aceptado debía proponer alguna otra
forma de resolución o nombrar un tribunal arbitral,[84] papel
asumido en enero de 1912 por el Departamento Nacional del
Trabajo, cuya participación creció a partir de 1935, hasta cubrir
en 1942, al 90% de los huelguistas.[85] La supremacía, desde mediados de la década de 1910, de las corrientes sindicalistas, tan
distantes del parlamentarismo socialista como de las huelgas
generales anarquistas, no eliminará el lugar de la fábrica como
centro de la acción obrera. Reformistas y pragmáticos, serán fa-
vorables a la negociación con el Presidente o altos funcionarios, y el arbitraje fue también el estilo adoptado por Yrigoyen
en algunas de las huelgas que le tocaron.

La ciudad de Buenos Aires de fines del XIX y principios del
XX no era la Patagonia de 1921. Los patrones y el gobierno re-
currían ciertamente a máusers y caballos durante los conflictos, pero no para obligar a trabajar a los renuentes —o castigar-
los— sino para permitir la entrada de rompehuelgas, que ellos
mismos solían enviar. Fieles a los preceptos liberales, buena par-

[83] *La Razón*, 7/5/1909.
[84] *Memoria del Ministerio del Interior*, 12/10/1904-30/4/1905, p. 25.
[85] Hugo del Campo, *Sindicalismo y peronismo. Los comienzos de un vínculo perdurable*, Buenos Aires, Siglo XXI, 2005, p. 77.

te de los hombres públicos, autoridades y empresarios admitían la huelga como ejercicio de la libertad de trabajar pero rechazaban la transgresión de los límites del mercado, esto es la coacción ejercida por piquetes de huelga que actuaban *sobre* la empresa desde *fuera* de ella. Al violar, en los hechos, los derechos conferidos a los trabajadores en la sociedad civil, la policía hizo uso de su tanto más potente capacidad de coacción: dejada a sus ambiguos criterios, en nombre de un orden público estatal toscamente regulado, allanó locales, impidió la distribución de la prensa socialista o anarquista, apresó o disparó sobre trabajadores que incitaban a la huelga.[86] La represión de mitines tiene su antecedente más conocido en la disolución, a balazos, del de los obreros de los talleres del Ferrocarril Sur en plaza Herrera en 1888; a estar con Sebastán Marotta también en ese año se impedía sin más trámite el de los Obreros Panaderos de Barracas al Sur, detenidos en masa cuando intentaban cruzar el Riachuelo para reunirse en Barracas al Norte y, dos años después, el de los desventurados 300 obreros cigarreros de La Proveedora que, carentes de local, intentaron sucesivamente reunirse en plaza Montserrat, en Constitución y cerca del cementerio del Sur.

En contraste con las protestas en la Plaza, los mitines huelguistas supieron ser violentos, aunque no se había inventado todavía la figura jurídica de una huelga ilegal, noción impensable en un mundo de ideas dominado por un liberalismo que separaba muy hegelianamente sociedad civil y sociedad política.

---

[86] Fue bastante excepcional su rechazo al pedido patronal de intervención durante la huelga de trabajadores gasistas de 1889. Sebastián Marotta, *op. cit.*, t. I, p. 62.

Todo sucede como si fábrica y espacio público fueran arenas excluyentes.

En la asamblea de panaderos en el Prado Español, y antes de terminar en la comisaría 3ª, José Casanova aconsejaba asaltar las panaderías y "romper la cabeza a los panaderos al grito de ¡Viva la anarquía!". Algunos dueños de panaderías recibieron garrotazos, fueron detenidos seis trabajadores,[87] pero no hay rastros de una manifestación de huelguistas en los planes de lucha del señor Casanova. No la hubo, en todo caso, *ni entonces ni nunca*. Las manifestaciones populares tuvieron el exclusivo motivo de peticionar ante el Ejecutivo (responsable de la gestión de la cosa pública), el Congreso (por legislación laboral) o la Municipalidad (autoridad que legislaba sobre su funcionamiento como empleador). Inversamente, no se organizó ninguna para reclamar contra la patronal en una huelga, y el socialismo no concibió siquiera en 1901 la idea de exigir al general Roca mejoras salariales pese al brutal descenso de los ingresos.[88]

Durante un extendido lapso los trabajadores declararon huelgas sin pensar en demostraciones públicas; y puesto que se abstuvieron de servirse del ámbito urbano en sus conflictos, mal podían éstos transcribirse en la Plaza, hasta que muchos años después la intervención del Estado invada la esfera del mercado.

La ciudad

Aunque los conflictos ferroviarios inquietaran a la Unión Industrial y los de los peones de aduana o de los trabajadores en las obras del Riachuelo perturbaran las exportaciones, su

---

[87] *La Nación*, 8/1/1895.

[88] Entre 1885 y 1891 el jornal de un obrero calificado había disminuido a la mitad. De 1,95 pesos oro en 1885 a 0,81 en 1891. José Panettieri, *Los trabajadores*, Jorge Álvarez, Buenos Aires, 1968, p. 59.

eco no rebasaba demasiado la esfera económica. Los 22.000 huelguistas de 1895, 24.000 en 1896, sumaban cifras desconocidas pero insuficientes para hacer perceptibles a los trabajadores como entidad colectiva en el ámbito urbano.

La sorpresa ante el cortejo de trabajadores municipales en 1894 en la lírica evocación retrospectiva de Dardo Cúneo es índice quizá de una presencia desconocida.

Es para la ciudad un espectáculo nuevo. [...] El asombro porteño de fin de siglo se dice: —Son los socialistas. —Y pregunta: —¿De qué país es esa bandera? —Es la bandera de los obreros. —¿Y esas canciones? —Son sus himnos.[89]

Lo mismo que "la espectativa y el asombro de las gentes" que recuerda Adolfo Dickman[90] a propósito del primer desfile socialista del 1º de Mayo, en 1897. También *La Nación* nos habla de sorpresa en el primer desfile anarquista.

La curiosidad burguesa miraba no sin asombro desde las puertas de los negocios, y desde las ventanas y balcones, esta procesión curiosa de obreros en que, a pesar de las banderas rojas, de las corbatas encarnadas, de las escarapelas carmesí y negras, abundaban las fisonomías risueñas de trabajadores, bronceados por el sol.[91]

Asombro, pero no el unánime espanto supuesto a veces ante los vocingleros ácratas; como las huelgas, muchos los recibieron con indulgencia. Para la popular *Caras y Caretas* "no ha ocurrido nada de particular" en 1901, y describe los desfiles, displicente y en solfa:

---

[89] Dardo Cúneo, *op. cit.*, pp. 101-102.
[90] *La Vanguardia*, 1/5/1933.
[91] *La Nación*, 2/5/1901.

[...] un buen número de creyentes en las doctrinas de Max [sic] y de otra respetable cantidad de espectadores embobados que miraban a los socialistas con recelo intentando descubrir el sitio donde llevaban guardadas las bombas de dinamita [...] casi en nada se diferenció de la organizada por los anarquistas. Entonaron himnos y canciones y llevaron banderas rojas —y también blancas, azules y verdes: toda la escuela impresionista de la pintura moderna— y oyeron con atención a sus oradores.[92]

Las "manifestaciones con idénticos propósitos [que] anuncian los sectarios de la doctrina de Kropotkin" tampoco ofuscan a *La Prensa,* y *La Nación* anota, no sin ironía, que "la intensa conmoción que produce el canto coral contrastaba a veces con los versos, no siempre moderados. Una estrofa terminaba con el estribillo: ¡Al terco [sic] burgués, atrás, atrás!"

Por supuesto, y como tantos, *La Tribuna* opone el socialismo de Karl Marx y Henry George, "un concepto más o menos bien entendido por el público", a su "parásito", la anarquía: "allá fueron gritos subversivos primero y allá fueron agresiones a la policía que tuvo que reprimir".[93] A *La Voz de la Iglesia,* insensible a tales distinciones, la sublevan en cambio los "¡Muera el clero! ¡Abajo frailes!" socialistas, asegura que "si la comparsa socialista no pone en juego la habilidad de sus garras es simplemente por respeto al sable y la carabina" y no pasará por alto, con razón, que los "órganos de prensa rinden tributo con columnas enteras, asociándose así, con una indirecta e implícita adhesión".[94]

---

[92] *Caras y Caretas,* 8/5/1901.
[93] *La Tribuna,* 2/5/1901.
[94] *La Voz de la Iglesia,* 2/5/1901.

Los mitines anarquistas y socialistas en la Plaza revelaban la inexistencia de barreras rígidas en la Buenos Aires del filo del siglo. Pero por céntricos que fueran eran infinitamente menos frecuentes y concurridos que las asambleas en locales cerrados o los actos en plazas periféricas, y no alcanzaban a conferir a los trabajadores una significativa existencia urbana. Si esto fue aproximadamente así hasta el 900, en 1902, la primera huelga general exitosa propulsó a los trabajadores, de un golpe, al corazón de la ciudad, y vino a desquiciar el relativo consenso sobre huelgas.

1902 (Digresión)

"Jamás en la República Argentina se produjo un movimiento obrero de defensa y de protesta de las proporciones y la trascendencia del actual."[95] La alarma ante el conflicto de los estibadores del puerto, extendida al Mercado de Granos, no podía estar más justificada: el conflicto paralizaba el nervio de la economía. Poco después se plegaban panaderos y yeseros, obreros pintores, cortadores de calzado, zapateros, hojalateros, gasistas, los obreros de fábricas de instrumentos de música, de enlozados y de vehículos, y los cocheros, particulares y de plaza (que aprovechan para exigir la eliminación de la "obligación denigrante" de afeitarse el bigote, que "envilecía a todo el gremio al mismo tiempo que los privaba del más hermoso de los adornos dados por la naturaleza del hombre");[96] se adhiere la estratégica Federación de rodados y por disposición de los carreros había que apurarse para comprar leche, pan o pasto antes de las doce.

[95] *La Prensa*, 21/11/1902.
[96] *La Prensa*, 24/11/1902. En 1903 logran conducir, como los parisinos y florentinos, con bigotes y sin sombrero de copa.

Se paralizaba, ahora la ciudad de Buenos Aires, el nervio de la sociedad. Por vez primera los trabajadores trastornaban profundamente la vida cotidiana.

La ciudad bulliciosa que concurría en sus calles centrales por carros y carruajes, con ese movimiento en que se refleja la actividad de los negocios, ha cobrado un aspecto silencioso, de pueblo mediterráneo [...] la población estaba intranquila con las perturbadoras protestas de los gremios trabajadores.[97]

Intranquilidad que alcanzó a grupos cuya vida privada no había sido mayormente alterada hasta entonces: ninguna huelga había entorpecido el transcurso de banquetes o de funciones del Colón, de bailes de debutantes o de los corsos. Esta vez, en cambio, el clásico desfile por la avenida de las Palmeras tenía un aspecto "original y caprichoso con la ausencia total de carruajes particulares. La huelga había atemorizado a nuestras familias y el temor de cualquier atropello las había sustraído de Palermo". El corso de las Flores fue "bastante monótono y descolorido" por "la ausencia de los lujosos *attelages* que caracterizan nuestro progreso", nos dice *El País*, y *La Nación* concluye que "la huelga deshizo el corso de las Flores" pero, agrega, "tranquilícense, pues, las niñas, los cocheros no son tan fieros como los pintan".[98] No todos estaban convencidos de la bondad de los cocheros y el general Dellepiane, jefe de Policía, informará que "hubo necesidad de declarar subsistente la prohibición en 1878 por el gobierno de Buenos Aires respecto de las reuniones en la vía pública después de la puesta del sol".[99] Tampoco eran solamente las niñas las que debían tranquilizarse ya

[97] *Caras y Caretas*, 29/11/1902.
[98] "Crónica social", *La Nación*, 23/11/1902.
[99] Informe del Jefe de Policía, 7/5/1903, *Memoria del Ministerio del Interior*, 1901-1904.

que "los efectos de la huelga se hicieron sentir en las fiestas sociales, que no tuvieron, en las últimas 24 horas, la animación de otras veces".

> Notábase en los rostros de los concurrentes una acentuada preocupación motivada por los acontecimientos obreros que se han producido en estos últimos días. Las orquestas ejecutaban los más modernos repertorios de danza y sin embargo la mayoría de los concurrentes prefería comentar los sucesos en lugar de bailar.[100]

Los socialistas habían encabezado el año anterior la primera gran protesta en la Plaza; les tocaba ahora a los anarquistas materializar públicamente el conflicto obrero. Lo hizo tangible la ciudad inmovilizada por la huelga al tiempo que la ocupación de las calles por la policía le otorgaba una paradójica visibilidad.

Si predominaba hasta entonces la distinción entre huelgas pacíficas y violentas, justificadas e injustificadas, según cánones dejados al gusto de cada cual, la huelga general fue juzgada, no sin razón, como un asalto a la autoridad patronal. Lo que más irrita al señor Lavarello, dueño de un depósito en el puerto, y no solamente a él, es su principio mismo. Porque, ejemplifica,

> [...] si yo despido un peón por cualquier causa que sea, porque no lo necesito, porque no es competente, etcétera, y la confederación resuelve que no ha habido causa se me van todos los peones y al mismo tiempo se les van también a los demás, a los cargadores, a los barraqueros, en fin, se hace la huelga general, debiendo entrar todos los peones, sea carreros, zapateros, relojeros, trabajadores o peones de fábrica.[101]

[100] "Sociales", *La Prensa*, 24/11/1902.
[101] *La Tribuna*, 19/11/1902.

Ante la solidaridad entre gremios, situada por entero fuera del mercado, no puede menos que preguntarse: "¿Se puede pedir nada más fuera de razón?". Lo indigna, al fin de cuentas, la misma "solidaridad peligrosa" que tanto alarma a *La Voz de la Iglesia*, "una violencia colectiva de siniestra trascendencia en que no se refleja otro porvenir que el caos social", en una palabra, escribe, la "ola de socialismo",[102] sin parar mientes en que ese socialismo separaba la "motivada y oportuna" huelga de barraqueros, estibadores y carreros, de la huelga general, "obra descabellada y absurda [...] actitud quijotesca que profesa el culto del martirio estéril".[103]

El conflicto dejó pendiente la interpretación de la súbita emergencia pública de las "clases peligrosas" o, dicho de otro modo, de la tan mentada por entonces "cuestión social". Que consistió, como es sabido, en la distinción entre argentinos y extranjeros, y —no muy distinta de la utilizada por ellos mismos— entre socialistas y anarquistas. Con la criminalización del anarquismo en los términos del biologismo de la época,[104] el gobierno pensó encontrar la solución expulsando sujetos irremisibles con la Ley de Residencia. La explosión de una bomba en el Teatro Colón vendrá a justificar en 1910 una respuesta radical, la Ley de Defensa social, que acabó prácticamente con la actividad pública del anarquismo,[105] ya por entonces con me-

---

[102] Editorial, *La Voz de la Iglesia*, 6/11/1902.

[103] Declaración del Comité Ejecutivo del Partido Socialista Argentino, citada por Jacinto Oddone, *op. cit.*, pp. 115-116.

[104] Eduardo A. Zimermann, *Los liberales reformistas. La cuestión social en la Argentina. 1890-1916*, Buenos Aires, Sudamericana/Universidad de San Andrés, 1995, pp. 136-137.

[105] En 1910 cayó abruptamente la frecuencia de sus conferencias: 155 en 1908, 146 en 1909 y 44 en 1910, mientras que las socialistas pasaron de 146 en 1908 y 155 en 1909 a 61 en 1910, para ascender a 109 en 1911. División de Orden Público, *Memoria del Ministerio del Interior*, 1910.

nor arraigo entre los trabajadores. En 1912 el Ministerio del Interior los dará por eliminados como "entidad colectiva", aunque, y no se equivoca, teme atentados aislados: se sucederán, mortíferos, durante la década de 1920.

La huelga de 1902 mellaba la extendida convicción acerca de la excepcionalidad de la cuestión obrera en la Argentina, demostrando cuán injustificada era la confianza que había permitido opinar que "por poco que se alejen de Buenos Aires los anarquistas casi se ven obligados a hacer estallar sus bombas en medio de la pampa"[106] o, como *La Tribuna,* que "podemos considerarnos libres de preocupaciones de ese problema que los estados europeos consideran pavorosamente". La relativa benignidad con la que habían sido recibidas las por otra parte escasas demostraciones urbanas populares disminuyó drásticamente tras la huelga y el nombramiento como jefe de policía del brioso coronel Ramón Falcón. Los estentóreos *slogans* de los desfiles anarquistas fueron escuchados como lo que pretendían ser: anuncios de la subversión del orden existente, y la represión se abatió enérgicamente sobre sus participantes, armados a menudo con los famosos estiletes, con el "revólver, un puñal, dos trinchetas de zapatero bien afiladas y una cachiporra con incrustaciones de bronce"[107] secuestrados a un huelguista o con el revólver y su carga completa de balas rifado en un acto cultural libertario junto con la *Historia de la Revolución Francesa* de Michelet.[108] Las cifras porteñas son comparables, ahora sí, con las que medían desde hacía tiempo la represión en Europa: un obrero y un policía muertos, y quince manifestantes heridos en 1904 —tras la intervención de agentes montados en una gresca entre pasajeros de un tranvía y el cortejo que lo frenaba—, dos muertos y una veintena de heridos en

[106] *La Nación,* 21/8/1894.
[107] *La Razón,* 5/5/1909.
[108] *La Protesta,* 25/8/1904, en Juan Suriano, *Anarquistas. Cultura y política libertaria en Buenos Aires,* Buenos Aires, Manantial, 2001, p. 452.

1905 —cuando a pesar de la prohibición se agitó un pañuelo rojo en el mitin de anarquistas y socialistas en plaza Lavalle—, ocho muertos —todos de balazos salvo uno al que se le partió totalmente el cráneo de un hachazo— y más de cien heridos en 1909, como saldo de la carga del escuadrón al mando del coronel Ramón Falcón sobre la concentración de la FORA en plaza Lorea (algo desconocido, se escribe enfáticamente, "desde aquel famoso 1º de Mayo de 1902 en el que la sangre corrió por las calles de Buenos Aires").[109] Este episodio inauguró la "semana roja", y rematará con la fijación de los límites urbanos a la expresión obrera contestataria.

El control del espacio público

La represión de plaza Lorea desencadenó la huelga general de todas las agrupaciones obreras y, por primera vez, del socialismo como partido. A partir del 3 de mayo, y durante ocho días, quedaron suspendidos los espectáculos, las calles estuvieron desiertas y cubiertas de basura, no hubo carne o era vieja, los panaderos casi no trabajaban. Como en 1902, "el silencio callejero tan absoluto asemejaba Buenos Aires a una ciudad completamente abandonada; la gran colmena humana había casi enmudecido, sobre todo en las horas de la noche: tenía un silencio veneciano porque faltaba el ruido vital del rodar de vehículos".[110]

Se entiende entonces cuánto tuvo de desafío la convocatoria por el comité de huelga, sin pedir autorización, a un mitin el mismo día 3, en la Plaza de Mayo, que habría conminado al jefe de policía a hacerse presente "cuando el comité lo decidiera".[111] Ramón Falcón lo prohíbe porque no permitía "ninguna reunión de gente en la Avenida ni en la Plaza de Mayo en razón

[109] *La Razón*, 1/5/1909.
[110] *El Diario*, 4 y 5/5/1909.
[111] *La Razón*, 5/5/1909.

de que el comercio exige la mayor tranquilidad y orden para el desarrollo de su actividad normal", e igual destino corrieron un acto en la plaza Vicente López (por no haber solicitado el permiso con 24 horas de anticipación) y el de los socialistas y el Comité de Rodados el día 5, en la Plaza de Mayo ("en razón del paraje y la hora elegida"). Deseoso de respetar la libertad de reunión, sin embargo, el coronel Falcón les indica que "debe celebrarse en la plaza Constitución donde no existen los inconvenientes apuntados".[112] Traslada también la marcha prevista por Florida con un pliego que exigía su propia renuncia: "para no defraudar los propósitos de esa asociación", le responde a Mario Bravo, "la reunión y recolección de firmas a que usted se refiere puede realizarse en el parque de los Patricios o en la plaza Constitución donde a la vez deben reunirse en la tarde los anarquistas".[113] Custodiados por bomberos con máusers, entre 1.500 y 3.000 socialistas, sindicalistas y anarquistas se reunieron el 9 de mayo en Constitución alrededor de la "gruta de los gatos", una de las tan caras al intendente Alvear.

Para el Presidente, la huelga de 1909 no era "sino un simple accidente de la vida obrera" y declarar el estado de sitio "realzaría su importancia y trascendencia". Sin estado de sitio, entonces, mientras las tiendas aledañas cerraban prudentemente sus puertas, una compañía de tropas ingresó en la Plaza de Mayo, ocupada por no menos de 500 personas ignorantes del desplazamiento del mitin, y "descargó sus sables casi con ensañamiento sin mirar a donde caen ni como pegan", escribe indignado el cronista de *La Razón*.

El 5 de mayo de 1909 la policía impedía por primera vez una demostración popular en la Plaza.

[112] *La Prensa*, 5/5/1909.
[113] *La Razón*, 6 y 7/5/1909.

Hasta el nombramiento del coronel Ramón Falcón la represión a los trabajadores en el centro urbano porteño había sido excepcional, pero a partir de entonces la policía se perfiló como el adversario de las demostraciones populares, tan concreto como lo habían sido el Palacio Arzobispal y la casa del general Roca. No lo ignoraba el gobierno, que destacaba soldados con bayoneta calada para hacer circular los tranvías durante la huelga de 1909 porque (opina *La Razón* en mayo) "gozan de simpatía, al revés de lo que sucede con los agentes de policía. Además imponen más respeto"; también lo sabía el jefe del escuadrón en 1925, cuando ordenaba la retirada de los policías porque "parecían el motivo del enardecimiento de los manifestantes". Aunque los petitorios tracen el confín entre el orden y el desorden, hay demostraciones sosegadas con desenlaces virulentos: choques con la policía cuando ésta decida que ha llegado el momento de desconcentrarse.

A partir del 14 de noviembre el Coronel no estaba más entre sus compatriotas, lo que le impidió constatar la represión inusitadamente dura que siguió a su asesinato. Tampoco pudo hacerse cargo de la huelga general revolucionaria contra el mal trato a los presos, decidida por 70.000 anarquistas —según *La Protesta*— en el mitin más concurrido hasta entonces, ni de la más célebre del Centenario.

¿Qué nos dice la exigencia de autorizaciones? Ante todo que la vida pública de los trabajadores estuvo, como otras, bajo control policial. Fueron concedidas poco equitativamente: rara vez negadas a los socialistas, menos suerte tuvieron los anarquistas, y menos aún las asambleas huelguistas en barrios populares, reprimidas por intentar reunirse a pesar de todo.
Que las protestas y mitines organizados de los que se tienen noticias provinieron rara vez de exasperaciones puntuales y

que los desfiles del 1º de Mayo no irrumpían, intratables, en la ciudad. Todos, incluso el tan desgraciado de 1904, la pidieron y obtuvieron. Nos dice también que los anarquistas, pese a su obstinada negativa a tratar con las autoridades, se avenían a solicitar permiso a la policía para sus desfiles de Mayo, reuniones o mitines. Entre ellos el de plaza Lavalle en 1918 contra la extradición de Radowitsky —asesino de Ramón Falcón—; denegado primero, fue otorgado luego ("no sabemos por qué motivo", escribe *La Prensa*). En el acto, con banderas negras y estribillos antigubernamentales, los oradores se sucedieron en bastante orden, evaporado cuando más de mil manifestantes —ahora sin permiso— rumbearon hacia la delegación chilena, en Esmeralda al 800; hubo tiros a la altura del subte Sáenz Peña y el automóvil en que viajaba el jefe de policía quedó envuelto por los manifestantes. Saldo: heridos graves, muchos detenidos y un caballo muerto de un tiro.[114]

Conviene abandonar también la idea de una represión enteramente centralizada —porque ignoraba que había sido permitida, la seccional impidió la reunión de 4.000 albañiles huelguistas en 1894—:[115] la disolución de los mitines —aun los autorizados— quedaba a criterio de la comisaría correspondiente como se sigue del relato de Laurentino Mejías sobre el acto de mayo de 1909 en Constitución, que me permito citar extensamente.

Podían llevar bandera roja, que hasta entonces no había dado motivo sino de extrañeza. La consabida banda de música burda que ameniza esta clase de actos, no entraba en el programa. Tocóme ese servicio, por ganga de estar radicada la asociación en el distrito a mi cargo, con instrucciones de que no falseasen el itinerario, pudiendo vocear, para abrir válvula —es

---

[114] *La Prensa*, 30/11/1918; *Historia de la Policía Federal, op. cit.*, VII.
[115] *La Nación*, 10/8/1894.

una de las formas en que entendían sus libertades— orar en la plaza durante el tiempo que estimasen, y agotado el vocabulario rojizo, disolverse o disolverles... Era día domingo por la tarde. [...] Formaron en filas, no obstante gruñidos rechazando al "compañero" transformado en autoridad para la colocación. Evitábamos inmiscuir los agentes, estableciéndolos espaciados al flanco [...] A retaguardia, iría un pelotón de diez vigilantes montados, con revólver [...] La columna calculándose en medio millar, se puso en movimiento entre gritos subversivos. Yo, y el auxiliar Francisco Sainz, a caballo, abríamos la marcha dando tranquilidad a los vecindarios, que alarmándose, cerraban puertas y balcones al divisar las enseñas rojas y sentir las voces que envolvían frases intranquilizadoras. [...] En la plaza, uno después de otro, los oradores, de pie, sobre algún peñasco de la gruta, accionaban virilmente. No hubo de que alarmarse, era entre ellos. [...] Notando invadían las sombras de la tarde, haberse agotado el tema, por enfriamiento de entusiasmos, y que los manifestantes más exaltados trataban de reorganizarse enarbolando las banderas rojas, lo que dábame intervención, hice la seña convenida al sargento, porque aún no se usaban los tres toques de corneta para "cargar". Cruz, mandó "montar y al galope", internándose en la plaza. Yo, cerré los ojos disimuladamente; él cumpliría mis instrucciones...[116]

"A poco vi los manifestantes a la desbandada perderse por las bocacalles arrojando las últimas piedras", concluye. Algunas de esas piedras estropearon un tranvía por Lima y Garay y —eso no lo menciona el comisario— de los tres disparos del soldado encargado de la vigilancia, uno mató a un manifestante y otro hirió a J. Pallacini, español, de veinte años, que iba a tomar el tren en Constitución.

---

[116] *Revista de Policía*, n° 559, 1/10/1921, p. 64.

La geografía de las protestas

Librado a su estimación de la "tranquilidad y el orden", el coronel Falcón prefería Constitución y Parque Patricios; había dicho no en la Plaza de Mayo, no en la calle Florida, no en la plaza Vicente López; del resto, podía elegirse, cuanto menos céntricas mejor. Pero si las instrucciones del coronel Falcón fijaban el área de *exclusión* de las clases peligrosas en momentos difíciles, establecían simultáneamente *un perímetro legítimo.*

Para delimitarlo bastaba un sencillo criterio, "evitar los inconvenientes y perjuicios que originaría al público en general una reunión de esa forma allí, lesionando intereses comerciales y conservadores que también se deben respetar", que distinguía bastante bien el centro y los barrios periféricos. Barrios crecidos al calor de la inmigración, cerca del puerto, de las manufacturas, de depósitos y mataderos, que trazaron un mapa social sobre la cuadrícula urbana. También los había entre Flores y Belgrano, donde las "20, 30, 40 y más manzanas enteras de terreno edificado" alojaban a "la gente laboriosa que se emplea en las fábricas de distinto género que surten a Buenos Aires [...] Y con ellos los hortelanos, los horneros, los carreros y todos los trabajadores que teniendo familia no pueden costearse una cómoda y barata habitación en el centro".[117] Un doble movimiento aumentaba las distancias sociales: las familias adineradas se mudaban al norte y las industrias hacían el camino inverso, del centro hacia el sur y sudoeste.

La diferenciación social urbana no era quizá demasiado significativa, y no llegaba por supuesto a la segregación de las ciudades de vieja tradición industrial, pero dejaba atrás la relativa homogeneidad de la "ciudad criolla". En el norte estaban sobre todo los ricos y en el sur sobre todo los pobres. Sin necesidad

[117] *La Prensa*, 27/7/1897.

de ningún refinamiento estadístico, se escribía con naturalidad sobre "los barrios obreros de La Boca, Barracas, el Riachuelo y de la plaza del Once" y los "cafés adonde concurren habitualmente los obreros",[118] y *La Razón* podía mofarse de la violencia policial en la calle Cerrito porque "esas actitudes amenazantes en el centro de la ciudad resultan tartarinescas tanto más desde que ellas no se practican ni en La Boca ni en Barracas ni en el parque de los Patricios".[119] No lo ignoraba la Municipalidad, que consigue tranvías con tarifas preferenciales en las puertas de los talleres, para "favorecer intereses humildes y de mucha consideración que se refieren a la clase obrera [...] considerando que los citados obreros residen generalmente en pueblos cercanos o limítrofes con la ciudad".[120] Las diferencias entre parroquias del norte y del sur en proporción de analfabetos, calidad de viviendas y acceso a servicios sanitarios que arroja el censo de 1904 no alcanzan a dibujar guetos ni mucho menos, pero no era lo mismo vivir en Brandsen que en Florida.

¿Qué sucede si se superpone este mapa, borroso pero mapa al fin, al de la presencia pública obrera? Previsiblemente, se superponen. Los mitines obreros se hacían en plaza Once, en La Boca, en Parque Patricios, y los desfiles del 1º de Mayo elegían frecuentemente plaza Constitución. Pero esta respuesta es por demás aproximada porque este segundo mapa también es borroso, como lo era el de los siete mitines de marzo de 1902: el principal en la Plaza de Mayo, la mayoría en barrios populares (Once, La Boca, la plaza Herrera de Barracas, los curtidores y pintores en Los Corrales), y otro más en la plaza Rodríguez Peña, suspendido por falta de asistentes.

[118] *La Prensa*, 21/11/1902.
[119] *La Razón*, 5/5/1909.
[120] *Memoria de la Municipalidad*, 1911, p. XXI.

Una crónica de la presencia obrera en la Plaza de Mayo debería poner un primer punto final con la represión de 1909, o bien en 1902, con el que creo último mitin anarquista (pese al doctor Carlés, que todavía en 1920 imaginaba a "la prensa alardeadora del anarquismo enseñoreándose en la Plaza de Mayo, ofendiendo sus símbolos sagrados e incitando a la destrucción social"). Esto devolvería sin embargo la imagen por demás estrecha, y quizás engañosa, de una expulsión de los trabajadores fuera del centro urbano. ¿En qué sentido puede afirmarse que, voluntariamente o no, se replegaron al sur, como deseaba el coronel Falcón? Interrogante que se duplica: ¿Hasta qué punto el cierre de la Plaza repercutió en —o estuvo asociado a— un cambio de la topografía popular protestataria? ¿En qué medida Plaza y centro corrieron la misma suerte?

Para responder al primero conviene reconstruir breve y aproximadamente la ubicación de las primeras expresiones públicas obreras de fines del siglo XIX (tema que mereció menos atención por parte de los estudiosos que las series de huelgas y las peripecias de las organizaciones gremiales). Las vemos ampliar el espacio protestatario tradicional hacia el sur, con plaza Constitución —en vías de ser la más concurrida— y Parque de los Patricios, donde los anarquistas conmemoraban en 1907 el 1º de Mayo como protesta por la condena de Sacco y Vanzetti (los escritores de la editorial Claridad, mientras tanto, declaraban una "huelga del pensamiento"). Al oeste, plaza Once recibía en 1901 mitines de ambos credos obreros y el primer desfile del anarquismo; éste incluirá a la plaza Mazzini (Roma), en el Bajo, mientras el socialista reemplazaba a la plaza Rodríguez Peña —inaugurada junto a Constitución— por la de Colón, que será asiduamente frecuentada por los trabajadores.

Falta mencionar una, la del Congreso, que desdobló en 1906 el espacio material de las protestas ante el Ejecutivo y ante el Parlamento, unificado en la Plaza desde 1864. Protegido de temidos ataques de huelguistas por una línea militar a lo largo de la avenida de Mayo, el presidente José Figueroa Alcorta inauguró las sesiones el 12 de mayo de 1906 pero habrá que esperar un lustro para ver llegar manifestaciones, con tan variados motivos y protagonistas y tan frecuentes que sería difícil inventariarlas. Entre las primeras, la que viene en 1914 desde el Frontón por la derogación del estampillado sobre alcoholes; después, algunas serán nutridas (la Marcha Agraria de agosto de 1921) y otras minúsculas (los empleados públicos contra la tasa militar en 1924); las habrá con reclamos generales (el repudio estudiantil a la designación de José Figueroa Alcorta en la Suprema Corte o las columnas solidarias con la juventud cordobesa, obligadas a concentrarse en Cevallos y Rivadavia "porque los clericales, con maligna intención, habían solicitado la escalinata del monumento a los Dos Congresos").[121] Preferida por los socialistas, allí estuvieron para apoyar sus incontables proyectos legislativos, durante su campaña contra el alza del costo de la vida[122] y, en 1920, para resistir al aumento de los boletos por la Anglo Argentina ("la dictadura tranviaria").

La separación de las sedes de los dos poderes disolvió la confusión entre los destinatarios de las protestas, porque aunque se dirigieran al Congreso, el interlocutor real era a menudo el Ejecutivo, como lo mostró la medalla de oro entregada por la Unión Industrial al Presidente para agradecerle la votación parlamentaria del proyecto de jubilación. *La Vanguardia* no lo pasa por alto: "el verdadero petitorio se presentó al Presidente de la República porque puede decirse que la manifestación se dirigió casi exclusivamente a la Casa Rosada. Al congreso llegó con escaso número de asistentes y de compromiso".[123] A partir de entonces se peticionará en sus respectivas plazas, y la Avenida de Mayo, espina dorsal de Buenos Aires, se impondrá como ruta hacia la plaza Congreso, la de Mayo o entre ambas.

[121] *La Vanguardia*, 28/7/1918.
[122] Más de 30.000 personas el 24 de junio de 1917 y, siempre según las cifras de *La Vanguardia*, cerca de 25.000 una semana más tarde.
[123] *La Vanguardia*, 27/7/1922.

Esta reconstrucción revela que la topografía de la presencia obrera pública no experimentó transformaciones sustanciales después del Centenario por una simple y sencilla razón: los barrios populares habían sido siempre los preferidos.

Volvamos ahora a la segunda pregunta, que permite matizar lo dicho. ¿Puede inferirse del fin (o casi) de la presencia obrera en la Plaza de Mayo una emigración, o una expulsión, del centro de la ciudad? Cualquier intento de respuesta debe discriminar por lo menos tres cosas: mitines, desfiles del 1° de Mayo y manifestaciones con petitorios.

No es necesario esperar el Centenario ni la Ley de Defensa Social para ver radiados del corazón de la ciudad a los mitines obreros de protesta: de eso se ocuparon las prescripciones del coronel Falcón puestas en práctica en una coyuntura particularmente dura, la huelga general de 1909. Poco después desaparecerán de la Plaza de Mayo todas las protestas sin petitorios, cualesquiera que sean sus protagonistas, trabajadores, empresarios, estudiantes o políticos.[124] No sucede lo mismo sin embargo en el centro urbano, pues sólo excepcionalmente se prohibirán mitines y manifestaciones en la plaza Congreso.[125]

Aplicada a los mitines de huelga la idea de un desplazamiento sería, en cambio, la consecuencia de una ilusión óptica puesto que jamás habían elegido a la Plaza de Mayo ni a ninguna otra en el centro de Buenos Aires. Dirigidos a los trabajadores mismos para reforzar los ánimos, se citaban —como en cualquier país del mundo— cerca de los lugares de trabajo, en barrios populares, la Ribera, Los Corrales o Barracas, en la plaza Herrera, en la de Once o en Constitución. Sin olvidar al célebre Prado Español —en lo que es hoy Junín y Quintana— que los al-

---

[124] En 1915 los estudiantes secundarios tuvieron que transformar la suya en un pliego ante el ministro y trasladar el acto a la plaza Congreso.

[125] Le sucedió a la manifestación socialista durante la huelga general contra la ley de jubilaciones, que optó por ir de plaza Once a plaza Lavalle. *La Vanguardia*, 23/9/1925.

bergó durante los noventa, aparentemente bien visto por la policía si nos guiamos por el destino de los panaderos: rechazada la autorización en "un corralón de la calle Salta por creerlo, según nos han dicho, inadecuado para el acto", mudados al Prado Español "se les permitió reunirse sin ser molestados por autoridad alguna".[126] Cuando se eclipse el anarquismo, reprimido, escindido y con menor influencia en el movimiento obrero —sus herederos, durante la década de 1920, se dedicarán a poner bombas más que a organizar reuniones públicas—, las corrientes sindicalistas, predominantes, no modificarán las pautas de localización de las asambleas de huelga.

A los desfiles de Mayo, belicosos o no, es arduo atribuirles una localización precisa en términos de centro y periferia. Las columnas parciales se formaban en los barrios obreros pero los cortejos principales recorrían —o cruzaban— Rivadavia y Avenida de Mayo. Y si el anarquismo transitó predominantemente el sur, había fijado como punto permanente de concentración la plaza Lorea, no mucho menos céntrica que la de Mayo, dotada de un tenor simbólico apenas inferior y con un nada despreciable linaje protestatario.

En cuanto a las protestas con memoriales, es cierto que desertan la Plaza después del Centenario (aunque el socialismo llegue numerosamente en 1915 contra el alza del costo de la vida y, en los veinte, los chacareros o los empleados por la jubilación). Eso no significa que desaparezcan del centro. Por el contrario, el socialismo, gran usuario de las calles, lo atraviesa asiduamente para acudir ante el Congreso con demostraciones que combinan reivindicaciones y busca de votantes. Un Congreso que, precisamente, inaugura sus sesiones poco después del Centenario.

La represión que siguió a la Ley de Defensa Social devastó las organizaciones obreras pero no hay razones para concluir

---

[126] *La Nación*, 11/1/1895.

que haya producido una significativa emigración de la protesta hacia el sur o hacia los barrios populares.

¿*Quid* entonces del perímetro de la presencia pública popular?

La frontera trazada por la Avenida de Mayo —suponiendo que lo fuera socialmente— es insuficiente. Transitada por todos, era una divisoria porosa. Porque si después de la Ley de Residencia no se ven banderas negras en la Plaza, son autorizadas, negras y rojas, de Rivadavia al norte. En el Día de los Trabajadores de 1906 el Partido Socialista enarbolaba la suya en la Plaza de Mayo y al año siguiente en sus tribunas, inmejorablemente ubicadas sobre Florida; la habitual "fiesta lírica y literaria" del 30 de abril tuvo lugar, en 1907, en el Teatro Colón (se escuchó, después de la *Internacional,* partes de *Mefistófeles;* de la sinfonía *Guillermo Tell;* de *Tannhäuser; Iris;* el *Himno al Sol* de Mascagni, obras de Puccini, Ravel y *czardas* de Monti con la primera bailarina clásica Ekaterina Arantha).[127] En la patriótica plaza San Martín, donde ondeaba religiosamente la bandera argentina, las hubo negras y rojas durante la huelga de inquilinos de 1907, en el mitin de la FORA de 1908, y en 1909 blandía la roja la columna que vino por Florida para escuchar a Penelón y Codovilla (como en 1932, cuando el partido de don Vittorio la elige para su acto central). La protesta anarquista de 1910 contra la Ley de Residencia, en plaza Lavalle, agitaba ese "pendón de muerte y exterminio" que tanto irritaba al diputado Rodríguez Jurado, particularmente exasperado porque "esa turba" iba por las calles de la capital "sin una observación, sin una protesta [...] endiosando al asesino de Falcón y despachándose a su gusto en la capital de la República sin la menor observación de parte de la policía".[128] Para satisfacción del diputado la Ley de Defensa Social las volvió escasas, pero sería sólo un paréntesis.

[127] *La Prensa,* 1/5/1907.
[128] *Cámara de Diputados,* 13/5/1910, reunión n° 7.

Con el 1° de Mayo socialista de 1916 retornaron las rojas al centro elegante, por Santa Fe hasta plaza San Martín, donde protestarán conjuntamente en agosto de 1919 el Partido Socialista y la FORA. Si habían raleado los símbolos anarquistas, se ven banderas negras en 1918, frente al Congreso y en plaza Lavalle, y rojas en los actos, las protestas ante el palacio legislativo y los cada vez más nutridos desfiles del Partido Socialista. Belisario Roldán había denostado los que "serán siempre trapos intrusos en el seno del país que turban la augusta majestad de su marcha":[129] la progresión del Partido Comunista durante la década de 1930 le dará la razón, motivo por el cual serán prohibidas en 1935, 1938 o 1942. En 1924 el regimiento 3 de infantería se había negado, no muy sorprendentemente al fin de cuentas, a rendir honores en el sepelio del diputado socialista Eugenio Albany porque el féretro estaba cubierto por la nefasta "bandera con la que los toreros engañan a la res", como decía Estanislao Zeballos,[130] pero que el incidente haya podido producirse dice bastante sobre la ambigua legitimidad del "trapo rojo".

Cuesta por último circunscribir el territorio de la presencia pública obrera porque lo compartían: la plaza Roma con los italianos —donde recordaban el XX de Septiembre desde 1870— y Once con los manifestantes a favor del divorcio de 1906 o con estudiantes. Congreso, y su contigua de Lorea, con casi todo grupo protestario. La plaza Colón, sobre todo, "detrás de la Casa Rosada", como se complacía en destacar *La Vanguardia* (*La Prensa* destacaba, tras un mitin popular, que "cuando se habla en la explanada que da al recinto donde se encuentran los senadores, el eco es muy claro y repite las palabras que se pro-

---

[129] *Diario de Sesiones*, Cámara de Diputados, julio de 1904.
[130] *La Prensa*, 29/5/20.

nuncian"). Tan frecuentada por anarquistas, sindicalistas y socialistas, recibía a un Joaquín de Anchorena, a los miembros de la UIA y de la Bolsa de Comercio, a procesiones cívicas y demostraciones patrióticas de la Juventud.

De esto no habría que deducir la inexistencia de toda cartografía específica de los trabajadores. Hay otra manera de mapa, dibujado, por una parte, por los lugares que ocuparon de manera exclusiva —esquinas y plazas de barrios populares, Constitución o Parque Patricios—, donde no desfilan tropas ni concurren empresarios o comerciantes. Por la otra, por los que nunca los tentaron. El contraste entre las únicas conmemoraciones cíclicas protestatarias incorporadas en la década de 1890, los aniversarios de la revolución del Parque y del 1º de Mayo, es elocuente. La primera, con las tumbas en la Recoleta como destino invariable, transitaba muy razonablemente por Callao o la avenida Alvear. La segunda no recorrió jamás ni una ni otra y no se les ocurrió a anarquistas, socialistas o sindicalistas citar en la Recoleta, salvo en los viejos tiempos, cuando estaba todavía el Prado Español.

Más acá de esos lindes, la protesta obrera se desplegó en el centro de Buenos Aires. Por escasa que haya sido la segregación de sus viviendas, fue mayor que la de sus demostraciones públicas.

3

1884: De la Plaza de la Victoria
a la Plaza de Mayo

Con sus escasos bancos, y pese a los canteros, la Plaza de los ochenta era un lugar de tránsito más que de reunión; "su acceso" observa *La Nación* en el verano de 1886, "está vedado durante el día so pena de una insolación; no hay en su desamparado recinto, más sombra que la de la Pirámide y la de la estatua de Belgrano".[1] Tampoco era, nos dice *La Prensa*, "el centro social sino el centro comercial de Buenos Aires. La población se ha ido radicando hacia el oeste, sur y norte de la ciudad";[2] el Teatro Colón es "uno de los más distantes de los barrios residenciales", y su ubicación "sobre el puerto, cerca de la Aduana y frente a las oficinas del gobierno nacional" le parecía más apropiada para una Bolsa de Comercio (y efectivamente se construirá a su lado, poco después, su nuevo edificio).

Para "centro social" estaba el Parque 3 de Febrero, donde se cruzaban "hasta mil coches, o más, demostrando la riqueza y el lujo de trenes y caballos con que Buenos Aires llama la atención de los extranjeros",[3] y las calles al norte de la Plaza, donde residía buena parte de la gente elegante. En Perú estaban las sedes del Club del Plata y la del Progreso, en Victoria (hoy Hipólito Yrigoyen) las buenas tiendas, y la calle Florida, con el Jockey Club, el Club Naval, Gimnasia y Esgrima, se imponía pa-

---

[1] *La Nación*, 11/12/1886.
[2] *La Prensa*, 29/8/1882.
[3] *Censo Municipal*, 1887, p. 52, en Sonia Berjman, "Las plazas porteñas. Usos y costumbres", *Todo es Historia*, n° 391.

ra paseos. Se extinguían en el entorno de la Plaza las pulperías, fondas y tiendas populares, y sus clientes se mudaban a barrios nutridos por las que serán pronto cantidades siderales de inmigrantes. Puedo imaginar que si se cruzaban durante el día gorras, chambergos y galeras, los viandantes eran más selectos terminada la jornada de trabajo.

Estos cambios en los usos cotidianos están tan atados a los significados de la Plaza como los de sus moradores "no efímeros" para decirlo con términos de moda: el Cabildo y la Recova. El primero perdía mucho de su fisonomía tradicional con las reformas de su frente, sin lograr una aprobación unánime: la nueva torre, "coronada por un cimborrio de vidrios pintados con armadura de hierros" parecía "demasiado alta para el edificio, ó éste demasiado bajo para aquella" y habría que decorar "con arabescos ó florones" su fachada, que "peca de desnuda",[4] sugerencia afortunadamente desoída. Los reproches a la Recova Vieja, símbolo del pasado colonial, una "especie de muralla china que se ha opuesto al pensamiento",[5] eran incomparablemente más duros, compartidos por el poderoso y dinámico intendente de Buenos Aires, don Torcuato de Alvear. La idea de demolerla, que venía de lejos, se integraba ahora en un ambicioso programa de modernización urbana y contaba con el decidido apoyo del presidente Roca. Pero la construcción era propiedad de la heredera de don Tomás de Anchorena, a quien Rosas la había vendido para hacer frente a las dificultades provocadas por el bloqueo anglo-francés. Fue necesario un largo proceso de expropiación para transar en 7.500.000 pesos, para lo cual la municipalidad obtuvo 1.500.000 del gobierno nacional y 6.000.000 de la hipoteca del Teatro Colón y del Mercado del Plata. La Recova fue demolida en nueve días, justo a tiempo para la parada militar del 25 de Mayo de 1884.

[4] *La Nación*, 24/5/1881.
[5] *La Nación*, 29/7/1882.

En rigor, ya había sido condenada por la federalización de Buenos Aires. La creación de la Plaza de Mayo venía a satisfacer, aducía el intendente en su proyecto, la "justa exijencia de que la Capital de la República sea dotada de una plaza digna de su importancia". Con la nueva Plaza y la avenida de Mayo, la operación urbanística más importante en la historia del centro cívico, se abrirá el primer espacio público monumental de Buenos Aires.[6]

Si la eliminación de la Recova gozaba de un amplio consenso —no compartido por los sastres, panaderos y los treinta y dos zapateros que se aferraban a sus negocios— no pasaba lo mismo con el proyecto de instalar "escobas de Sarmiento", las palmeras que don Faustino había colocado en Palermo. Enviadas desde Río de Janeiro por Eduardo Madero, no condecían con el estatus ambicionado para la Capital pues amenazaban convertirla en una aldea de Jamaica o en "un ingenio o potrero paraguayo o brasileño. Para que sea más ridícula la obra, faltaba que pusiese algunos negros vestidos de brin, con sombreros grandes de paja".[7] "Es delito abominable poner palmas en los lugares públicos", responde Sarmiento desde *La Tribuna* y *El Nacional*, "la historia no olvidará jamás el escándalo, la humillación impuesta a un pueblo viril: colocando en Palermo Escobas de Sarmiento. La gente liberal indignada, no asistió durante dos años al 'Parque 3 de Febrero' que fue concebido en pecado".

Ahora, ¡abajo las palmas de la gran plaza! […] Hasta los principios republicanos están en ello comprometidos. El Imperio del Brasil ostenta la Avenida de Palmas Reales y en otras grandes ciudades se han cubierto las plazas públicas de aquella so-

---

[6] Adrián Gorelik, *La grilla y el parque. Espacio público y cultura urbana en Buenos Aires, 1887-1936*, Bernal, Universidad Nacional de Quilmes, 1998, p. 105.
[7] James Scobie, *op. cit.*, p. 110.

berbia col. Por ahí principian las tiranías. Dejen plantar la plaza con palmas y […] pedirán a gritos la corona imperial. […] ¡Opongámosle la Pampa!

Los acalorados debates ocuparon tantas sesiones que *El Espectador* creyó necesario recordar que la Municipalidad haría mejor en "adoquinar las calles, levantar asilos y hospitales y acabar de poner á la ciudad en las mejores condiciones higiénicas".[8] (Las palmeras, en todo caso, siguieron allí hasta 1928.)

Quedaba la Pirámide, descentrada en la nueva Plaza.

También sobre ella, pintada y repintada, habían convergido muy tempranos reproches: en 1826 el ministro de Gobierno, sin desconocer su "imperfección y pequeñez", la defendía por estimar, muy juiciosamente, que era "sumamente perjudicial y ruinoso en todo Estado que un gobierno se acostumbre a deshacer todo lo que otros anteriores hayan hecho". Será reformada por los gobernantes del Estado de Buenos Aires en 1857. Prilidiano Pueyrredón la dejó de 18 metros y medio de altura, rodeada por cuatro estatuas (la Industria, el Comercio, las Ciencias y las Artes) y, para orgullo de los porteños, la coronó con otra de la Libertad: se la aplaude porque "no en todos los países civilizados vendría hoy al pensamiento de nadie elevar una estatua a la libertad",[9] y se lee en *La Tribuna* que "en Francia se prohíbe la entrada a un periódico que trae la figura de la libertad con un gorro frigio. En Buenos Aires se levanta una estatua a la libertad que ostenta el gorro frigio".

Victor Hugo al contemplarla hubiera exclamado en su vigoroso estilo: *Liberté, pur flambeau de la gloire orageuse, non, je ne t'ai point dit adieu.*

---

[8] En *Buenos Aires nos cuenta, op. cit.*

[9] *El Nacional,* 23/5/1856.

Era en todo caso muy parecida a una Marianne y con ella ingresaba en la Plaza de la Victoria la República, abandonado ya su molde revolucionario; para Sarmiento —como para otros— no era la "turbulenta y guerrera" de Francia (ni tampoco, por supuesto, la "humilde" de Suiza o la "lugareña y oscura" de Andorra) sino la del Norte, "la República triunfante por la República".[10] Se reemplazan las estatuas por emblemas del progreso decimonónico (la Navegación, la Industria, la Astronomía y la Geografía) y, porque "por su completo abandono era ya una vergüenza para los porteños", la Municipalidad la pintará al óleo, imitando el mármol para el obelisco y el bronce para las estatuas.

Estas mejoras parecían ahora del todo insuficientes. Alvear proyectó reemplazar la pirámide por una columna de bronce —reproducción bastante fiel de la que recordaba a las 3 Gloriosas en la plaza de la Bastilla—, a ubicar en el centro geográfico de la nueva Plaza. Los debates fueron encendidos y, como pocas veces en la historia argentina, se enfrentaron atribuciones de significado a signos patrióticos que tocaban la sustancia misma de la Plaza. Las opiniones de los diarios y de los miembros de la comisión asesora[11] contraponían esencialmente dos regímenes simbólicos, el uno asentado sobre el progreso y la Nación querida por el proyecto modernizador, el otro sobre la reinvención de la cuna de la Patria. Ambos giraron sobre la equivalencia entre lo viejo y lo pobre y modesto, declinada en claves diversas. Allí se partían las aguas. Entroncando con el mismo repudio a la tradición hispano-criolla que fundamentaba la demolición de la Recova, "la pilastra informe que no alcanzó á ser pirámide ni se conservó obelisco" que indigna a Sarmiento —cubierta en las conmemoraciones con telas pin-

[10] *El Nacional*, 4/7/1857.
[11] Nombrada por el Concejo Deliberante, la componían Vicente F. López, Manuel Ricardo Trelles, José M. Estrada, Miguel Esteves Seguí, Ánjel J. Carranza, Andrés Lamas y los ex presidentes Mitre, Sarmiento y Avellaneda.

tadas "para ocultar su diformidad"—[12] parecía indigna de la
nueva era en la que se embarcaba la Argentina. Era insuficiente, dirá Manuel Trelles, porque "el pueblo argentino necesita
templo más espacioso y más espléndido altar" para rendir culto a su libertad. En la vereda opuesta, Andrés Lamas arguye
que se la desdeña "porque es pobre, porque es fea, porque es
una construcción de mampostería y porque basta que sea pobre para que sea indigna de conservar el recuerdo de un grande acto", para Esteves Seguí es el "recuerdo y testimonio histórico de la pobreza y virtudes de nuestros padres" y José M.
Estrada argumenta que "su propia modestia realza el mérito
de los actores en el acontecimiento que simboliza" y que "las
naciones en que resalta más el espíritu público y nacional, que
representa la antigüedad de las cosas [...] las miran con respeto profundo".[13]

En rigor, el proyecto no enfrentaba antiguos y modernos
sino dos maneras de conmemorar: la que perseguía la conservación de la materialidad como garantía de la perfección de
su significado y la que forjaba signos de la nueva imagen de la
Nación. Operación esta última que condujo a cuestionar la legitimidad misma de la Pirámide como representación de Mayo. El argumento: no era la erigida en 1811 y ni siquiera la que
había llegado a Caseros, sino la heredada de las reformas de
1857 que la habían "falsificado". Ahora bien, aquellas reformas no habían estado guiadas por un espíritu muy distinto del
que animaba a los modernizadores de 1883; también la elite
de la Secesión se había propuesto adecuar la Plaza a su proyecto civilizador, sin suscitar resistencias que invocaran la calidad
inaugural de la Pirámide. La animosidad contra el Estado de
Buenos Aires y, quizá, la contundencia de la propuesta de Al-

---

[12] *Revista Nacional*, t. XIII, n° 57, Buenos Aires, 1891.
[13] "Los planes de la Municipalidad y el Monumento de Mayo", *La Nueva
Revista de Buenos Aires*, año IV, t. X, 1984.

vear convertían ahora la innovación en malversación. Las reformas de 1857 habían sido, para Sarmiento, profanaciones que obligaron a "adorar un ídolo sin significado", con un "feísimo revestido que no pertenece a la historia ni a la nación", Mitre dictaminaba que la estatua de la Libertad y las que la rodeaban, eran "un mero adorno postizo", "estraños adornos" a ojos de Avellaneda, mientras un Andrés Lamas, aunque vota por mantenerla "en el centro de la antigua plaza histórica", opina que es necesario restituirle "su forma auténtica y su primitiva sencillez". Dicho de otro modo, se rehusaba a la Pirámide realmente existente el aura indispensable para representar los orígenes. Pero para los que, paradójicos defensores de la tradición, se pronunciaban por derruirla, era problemático —y nadie lo propuso— renunciar enteramente a "ese montón de cal y ladrillos" que, escribía Mitre, "sin superstición, puede considerarse como un altar pátrio". Proponían utilizar materiales del antiguo pedestal como cimientos de la nueva columna o guardar la piedra fundamental y el basamento "para perpetuar su recuerdo". Se buscaba conservar un resto del símbolo originario, parcela material significante que, fundiéndose con el nuevo monumento, impidiera quebrar la filiación simbólica.

Más allá de estas sutilezas había tal vez otra cuestión. La comisión estaba compuesta por no pocos protagonistas de la reciente y conflictiva federalización de la ciudad de Buenos Aires, que convertía a la que había sido Plaza porteña en Capital de la República, transición contundente en los hechos, despaciosa —y nunca acabada— en los espíritus. El 25 de Mayo no salía indemne: debía ceder su calidad de gesta del pueblo porteño. Porque cuesta atribuir a una negligencia el reemplazo del obelisco "con jeroglíficos relativos de la celebridad" del 25 de Mayo por un "Monumento a la Independencia Nacional" que —exagera retrospectivamente el artículo 1° del proyecto— "conmemore los sucesos que elevaron a la República Argentina al rango de Nación soberana".

Sea como fuere, el proyecto quedó en la nada —de los consultados tres votaron por mantenerla tal cual, uno por abatirla, otro por modificarla— para satisfacción de un concejo municipal sistemáticamente opuesto al Lord Mayor, que declara tajantemente:

> los monumentos históricos no deben derruirse aun cuando con su conservación haya de quebrarse la simetría de líneas de un paseo, pues de lo contrario se haría, en cierto modo, depender de la Oficina Municipal de Obras Públicas todas las glorias, todos los recuerdos que para el pueblo argentino conmemora esa pirámide.[14]

El Cabildo atravesó airosamente la creación de la Plaza pero no tanto la apertura de la Avenida de Mayo, que le rebanó tres arcadas, amén de demolerle la torre y enviar su reloj y campana a San Ignacio. (La apertura de la Diagonal Sur le hará perder otros tres y será salvado de la piqueta por la resistencia de los porteños hasta que en 1940 las obras de restauración le devuelvan, bastante perjudicado, su antiguo perfil.)

El fiasco de don Torcuato con la Pirámide fue excepcional. En 1886 desplazó la estatua de Belgrano (al frente a la Casa de Gobierno, de mirar hacia el Cabildo, quedó orientada hacia la Legislatura) y sobre los restos del antiguo Fuerte construyó un edificio al lado de la Casa de Correos. El entusiasmo suscitado en 1894 por la inauguración del arco que los unía y por la apertura de la Avenida de Mayo se tradujo en febriles proyectos, muchos destinados al fracaso: *La Nación* y *La Tribuna*, con argumentos parecidos a los de 1817, sugieren unificar las dos efemérides, se piensa trasladar la estatua de Belgrano a la plaza Montserrat —que pasaría a denominarse Moreno— y se dice que el Presidente desea hacer desfilar en mayo de 1895 un ba-

---

[14] *El Diario*, 9/4/1884.

tallón de cada provincia. Fechas y estatua siguieron sin embargo como estaban, la idea presidencial será recién puesta en práctica por el general Farrell, y tampoco tendrá suerte el proyecto de Lisandro Olmos y Jorge Scarpa: techar la Plaza y utilizar la totalidad de su superficie, a siete metros de profundidad, iluminada por 2.500 metros cuadrados de vidrios, para una gran planta con billares, confiterías y cervecerías, salones de lectura, de gimnasia y esgrima y de baños, amén de un teatro, oficinas de correos y "un salón para nuestros industriales". Se debatía nuevamente, sin llegar a nada, el futuro de la Pirámide hasta que, en el Centenario, el proyecto del Monumento a la Revolución de Mayo promete hacerla desaparecer de la superficie, conservada en una cripta. La ausencia de las prometidas contribuciones de las provincias bloqueó la iniciativa, y la Pirámide tuvo que contentarse con ser trasladada, sobre un llamativo andamiaje de madera montado sobre rieles, al centro de la Plaza.

> Me mudo al norte.
> Voy a tener que abandonar estos barrios [...] esto está cada vez más imposible. [...] Y del río, ¿qué me dicen? [...] ¡Siempre era un recurso! [...] Lo tenía uno "ahicito no más" y siempre se hallaba entre la resaca un sábalo asonsao, una boga con la jeta rota [...] ¿Y áura? [...] ¡Vaya uno a dar con el río! [...] Lo han ido reculando, reculando... hasta el diablo...

Así hacía discurrir Fray Mocho en 1898 a un gaucho pobre en las páginas de *Caras y Caretas*. Cuando hacia fines de siglo se alcen los galpones del puerto finalizará la separación de la Plaza y el río iniciada por el Lord Mayor. Buenos Aires, se ha escrito, se convertía en una ciudad mediterránea.

La fractura de la Plaza

Al derrumbar la Recova, la cirugía del intendente Alvear liquidó los restos de las funciones mercantiles de la Plaza y unificó territorialmente las sedes del poder y de la Patria. Las políticas urbanas las dispersarán veinte años después.

Los tribunales abandonan el Cabildo en 1886 para instalarse en el Palacio Pizzurno, luego en la calle San Martín y, en 1910, inauguran, bien que precaria, su sede definitiva. Desde mayo de 1908 tampoco estaba el Teatro Colón; en 1889 se había llamado a licitación para reemplazar una sala que, escribía Víctor Gálvez, "es sólo el esqueleto de lo que deberá ser, una vez que sea decorada como lo exige el destino para el cual fue construida y la sociedad elegante y rica a la que está destinada".[15] En 1906 se muda el Congreso, incómodo para tantos diputados, obligados a turnarse con los senadores hasta la construcción de dos salas en 1895 y, como destaca apropiadamente Adrián Gorelik, la Avenida de Mayo, con la Casa de Gobierno en un extremo y el parlamento en el otro, se impondrá como el eje cívico de la ciudad. La Plaza ingresaba en el siglo XX con sus añejos monopolios perdidos. Compartía el territorio patriótico —cívico y militar— con la de San Martín y el de los reclamos con la del Congreso. Las grandes demostraciones públicas, civiles o militares, conmemorativas o protestatarias, estarán circunscriptas a estas tres plazas hasta la década de 1930.

El éxodo de esas instituciones produjo una suerte de implosión de los sentidos engendrados por las prácticas precedentes. No se alteraba, sin embargo, la potencia significante de la Plaza como lugar de las Patrias: crónicas, ceremonias y discursos lo indican *ad nauseam*.

---

[15] Víctor Gálvez, *Memorias de un viejo*, Buenos Aires, 1889, t. I, pp. 123 y ss.

¿Qué le quedaba a la Plaza después del Centenario? La Casa Rosada, sede del único poder civil de los tres que la habían compartido, y la Catedral, dotada de una carga patriótica gracias al Mausoleo. El gobierno no dejará de servirse de la Plaza y la Iglesia comenzará a utilizarla para más cosas que las procesiones de Corpus.

4

Rojo y negro

El retorno de la Iglesia

La Iglesia mantuvo un perfil bajo después de su derrota bajo Roca.[1] Cristian Buchrucker y Loris Zanatta resumen la suerte de la institución desde fines del siglo XIX con esa frase canónica, formulación justa a pesar de su maltratado castellano. Justa en el ámbito porteño, donde no resonaban en el templo las oraciones patrióticas rosistas, las autoridades eclesiásticas estaban ausentes de los banquetes oficiales y de las comitivas de la Casa de Gobierno a la Catedral, y habían desaparecido los honores civiles brindados a su liturgia, cuando el gobierno asistía a la ceremonia de Corpus y notificaba a los ministros que "debían disponer concurran los empleados de su división al templo".[2] Los 369 sacerdotes contabilizados por el Censo de 1904 mal podían revertir el abrumador diagnóstico del diario de la Curia.

¡Cuánta diferencia entre la Semana Santa que celebraban nuestros abuelos y la de los tiempos modernos! No hace muchos años el pueblo católico y cristiano demostraba que sabía apreciar como es debido [...] el tráfico se interrumpía entonces en las ciudades [...] por las calles no se oía más que el suave murmullo de las preces.[3]

[1] El mismo Roca que había roto las relaciones con la Santa Sede en 1884 las reanudó durante su segunda presidencia.

[2] *El Nacional*, 28/5/1860.

[3] "Ayer y Hoy", *La Voz de la Iglesia*, 29/3/1904.

No se ignora que la Iglesia saldrá muy exitosamente de su marginalidad y existe cierto consenso sobre las razones que convencieron a fracciones de elites hasta entonces cerradamente liberales. Su ruta estuvo pavimentada por el temor suscitado por el anarquismo y los conflictos sociales de la primera década del siglo ("los bárbaros ya están a las puertas de Roma", se leerá en el manifiesto de la Gran Colecta), y advierten también sus virtudes quienes buscaban un entramado de ideas capaz de enmendar un liberalismo juzgado excesivamente individualista. En tiempos difíciles Dios era un instrumento adecuado para responder tanto a la crisis moral provocada por la Gran Guerra y la Revolución rusa como a los síntomas de desintegración del viejo orden: el trastrocamiento de las jerarquías tradicionales, encarnado por la Reforma universitaria, y el resquebrajamiento cultural introducido en el ámbito público por las multitudes yrigoyenistas, "la chusma más repulsiva y grosera, todos los residuos sociales", después de haber "convivido en un ambiente aislado, como medida previsora de saneamiento social".[4] Espanto análogo al provocado por el anarquismo, sólo tolerable "aislado, como los ejemplares peligrosos de las selvas [...] por cordones de guardias que representen los gruesos barrotes de las jaulas".[5]

Entre los propulsores del tránsito de la religiosidad tradicional y privada a un catolicismo activo es usual anotar, en el espacio intelectual, a la revista *Criterio*, a las corrientes de raíz hispanista, antipositivista o tradicionalista y al antiliberalismo propalado por los *Cursos de Cultura Católica*. Se resalta la clericalización del ejército y el papel de la Acción Católica Argentina, a cuyo dinamismo suele atribuirse la masiva participación en el Congreso Eucarístico de 1934.

También hay consenso sobre la fecha en que ese perfil dejó de ser bajo: en algún momento a partir de 1930. Los víncu-

---

[4] *La Gaceta de Buenos Aires*, 30/6/1917.
[5] *El Pueblo*, 22 y 23/5/1905.

los previos entre ambas instituciones serían poco significativos y la marginalidad de la Iglesia se habría prolongado hasta el 6 de septiembre. Esta periodización, correcta acaso para un análisis en términos de poder político lo es menos para una historia de la Plaza, oscurece los primeros tramos del estrechamiento de lazos entre la jerarquía eclesiástica y el Ejército y deja escapar la más precoz expansión de la presencia católica en la esfera pública. Un estudio de la creciente influencia de la Iglesia no puede ignorar sus conexiones con las elites ni el peso de sus intelectuales, pero para seguir el camino católico hacia la Plaza de Mayo conviene observar la actividad de las asociaciones del temprano catolicismo social, que compensaron las escuálidas estructuras eclesiásticas.

Pro aris et focis

El proyecto de una Patria cristiana fue deudor, ante todo, de monseñor De Andrea. Lo hizo público en su célebre oración del Centenario que, alzándose contra la "prédica malsana de las doctrinas disolventes", ofrecía la "eterna alianza de la iglesia y de la patria" a una Buenos Aires convulsionada por la agitación obrera. La promesa de rehacer sobre nuevas bases la sociedad indivisa denominada Patria marcó el principio del fin del ostracismo de la Iglesia. Iglesia que se contentaba todavía con reivindicar sus méritos pasados, como lo hacían en mayo de 1910 el presbítero Otero para reclamar "un puesto de honor para el clero" y el arzobispo Espinosa, "deseando como es justo, que el clero y la Iglesia argentina tomen participación en los festejos [...] teniendo en cuenta, como es notorio, su participación activa y eficaz en las rudas jornadas de la Independencia". Monseñor De Andrea, en cambio, reclamaba sus derechos en nombre del futuro cuando denunciaba a los que pretendían "relegar a la oscuridad nuestra bandera" y pedía "el voto de no atacar jamás su religión. Economizad en adelante esas precio-

sas energías para aplicarlas allí donde imperiosamente se recla-
man".[6] Un consejo que parecía ponerse en práctica con la incorporación de la ceremonia del Corpus a la conmemoración
oficial en la Plaza y la peregrinación a Luján del ministro del Interior con una delegación de la Comisión del Centenario. Tales
devociones no pasaron inadvertidas. Son "notas extrañas" en las
que "el pensamiento oficial se ha excedido sin necesidad", escribe *El Diario*.

> Por su carácter exclusivamente religioso las peregrinaciones a
> santuarios y otros lugares creados para feligreses de determi-
> nada cofradía [...] no tienen razón de ser en ceremonias con-
> memorativas a cumplirse por personas de todas las creencias.[7]

No se repetirán. Pero si hay que esperar hasta mediados de
la década de los treinta para ver a la cúpula eclesiástica en el
palco oficial, Cristo llegará mucho antes a la Plaza gracias a la
nebulosa de asociaciones y escuelas católicas.

Ahora bien, antes de lanzarse a la sociedad con el "precioso lema" —"Dios y Patria"— dejado por monseñor De Andrea,
la Iglesia tenía una tarea previa: introducir a la Patria en sus instituciones. El padre Grote no lo sospechaba al crear en 1892
los Círculos de Obreros Católicos —eco local de Rerum Novarum—, una de las minorías activas del cristianismo social de
principios de siglo, pero en 1912, ya bajo la dirección espiritual
de monseñor De Andrea, los Círculos advierten la inconvenien-
cia de marginarse de los "deberes para con la patria y sus obligaciones de ciudadanos" y resuelven "celebrar fiestas patrióti-

---

[6] Oración Patriótica de acción de gracias por el éxito de las fiestas del
Centenario, pronunciada en la Catedral de Buenos Aires por monseñor Miguel de Andrea el 2 de junio de 1910. Comisión Nacional del Centenario,
Buenos Aires, Alfa y Omega, 1910. En Tulio Halperin Donghi, *Vida y muerte
de la república verdadera*, Buenos Aires, Ariel Historia, t. IV, pp. 429-430.

[7] *El Diario*, 10/5/1910.

cas los días 24 o 25 de mayo y 9 de julio".[8] No estaban solos. En
las escuelas y colegios católicos —algunos con prestigio suficiente como para que no pocas familias liberales les enviaran a sus
hijos— crecía la frecuencia de las "funciones religioso-patrióti-
cas"; en las aulas de la Conservación de la Fe, de la Congregación Mariana, de los colegios Santa Filomena, Pío IX, Lacordai-
re o en el Colegio del Salvador, donde el 25 de Mayo de 1912
se escucha un coro de 600 niños y una alocución del joven Ati-
lio Dell'Oro Maini.[9]

"Somos una fuerza que no actúa"

> Nuestros hermanos del porvenir nos reprocharán, y con ra-
> zón, nuestra indiferencia y nuestra poltronería. [...] Somos
> una fuerza que no actúa; somos un pensamiento que hoy no
> pesa en la dirección del país sino en proporción mínima. Y es-
> to es un mal, un gran mal.[10]

No creo abusivo interpretar la deprimente constatación de
monseñor Duprat en 1913 como señal de la voluntad de abandonar la modesta actividad parroquial y ocupar un lugar que
se vislumbra, ahora, posible. No por cierto "en la dirección del
país", pero sí en las almas y en el ámbito público. Almas que,
nos dice José Luis Romero, no se habían alineado al unísono
detrás de las iniciativas laicas de la generación del 80. Ese
humus y la militancia de los Círculos de Obreros y la Liga Social hacen menos sorprendente la vastedad del primer Congreso Eucarístico argentino, en 1916, "una ceremonia nunca
vista en las calles de Buenos Aires".[11]

[8] Néstor Auzá, *op. cit.*, t. I, p. 18.
[9] *El Pueblo*, 25/5/1912.
[10] Néstor Auzá, *op. cit.*, t. II, p. 191.
[11] *Caras y Caretas*, 29/7/1916.

Entre marzo de 1916 y agosto de 1917 habrían distribuido
675.000 ejemplares de material de propaganda en 500 asambleas populares (346 al aire libre) y 1.385 conferencias, ante
un público estimado en 395.000 personas.[12] Es cierto, sin embargo, que les cupo a De Andrea, Franceschi y Dionisio Napal
desempeñar el papel capital en la expansión de una Iglesia
con muy débiles estructuras. Este último, fervientemente hostil a todo lo que fuera socialismo o comunismo, fue un mili-
tante sin igual y no sólo en San Isidro: se prodigó en conferencias barriales, para bendecir inauguraciones, en mitines —se
lo verá, por ejemplo, en plaza Once por la jubilación de empleados de tranvías, luz y teléfonos—[13] y, vicario de la Armada
desde 1926, asegurará la protección de Cristo a candidatos a
marineros y a aviones de guerra. Si hacia 1930, nos dice Loris
Zanatta,[14] la Marina era el feudo de Miguel de Andrea y Franceschi, una mirada retrospectiva permite sospechar que el
enérgico doctor Napal fue responsable de la formación de nú-
cleos de catolicismo elitista en la Armada. De afinidades, al menos, que aclaran el papel central de esta fuerza en la coordinación de la represión en la Semana Trágica,[15] así como las
preferencias de Manuel Carlés, quien citará en el Centro Naval, sucesivamente, para organizar la Liga, para poner en guardia a treinta y dos asociaciones de la elite y para preparar su
procesión de 1919.

[12] Néstor Auzá, *op. cit.*, t. I, pp. 100-101.
[13] *Caras y Caretas*, 24/6/1916.
[14] Loris Zanatta, *op. cit.*, p. 208.
[15] Responden quizás a Sandra McGee Deutsch: "As the army had usual-
ly shouldered the major burden of internal defense, it is no clear why the navy
took the initiative in organizing the *vigilantes*", *op. cit.*, p. 76.

Los niños cristianos

La enseñanza fue una forja principalísima de la Patria cristiana, privilegiada desde siempre por la Iglesia, que buscará en 1910 y 1911 recuperar lo que se podía del terreno perdido con la creación de la Universidad Católica[16] y la escuela normal del Divino Maestro. Si a comienzos de siglo un diario católico creía preciso recordar la unión entre "Religión y Patria" cuando se quería "divorciar ambos conceptos",[17] otro, un lustro más tarde, encontraba un motivo de satisfacción en la designación, por primera vez, de un sacerdote para dictar historia argentina en un colegio nacional (el presbítero Otero, el Mariano Moreno).[18] Novedad no enteramente independiente de la presencia como ministro de Educación de Tomás R. Cullen, Caballero Gran Cruz de la Orden Pontificia de San Gregorio Magno —máxima distinción pontificia a un laico—, patrocinador de los *Cursos de Cultura Católica* y de la revista *Criterio.*

Presentes esporádicamente en años anteriores, los escolares cristianos, con flores, himno o ambos, llegan regularmente a la Plaza después del Centenario, y las autoridades, por su parte, les abren las puertas de su liturgia oficial (las escuelas de la Conservación de la Fe juran la bandera junto a las del CNE en 1912, y copiosas delegaciones son invitadas a las ceremonias oficiales en la Plaza, en mayo y julio de 1914 y 1915). Durante la década de 1910 les tocará a los batallones de Don Bosco, precozmente llevados a la Plaza, soportar el frío matutino, sumados en 1918 a las para entonces veinte escuelas de los Círculos Obreros.[19]

[16] Su incorporación será rechazada por el Consejo Superior de la Universidad en 1913, por 13 votos contra 3, y cierra definitivamente sus puertas en 1922.

[17] *La Voz de la Iglesia,* 24/5/1905.

[18] *El Pueblo,* 1 y 2/5/1911.

[19] *La Prensa,* 9/7/1918.

La Semana Trágica inauguró un bienio de asistencia perfecta de huérfanos[20] y escolares cristianos a la Plaza. El 24 de mayo de 1919, en la procesión de la Liga Patriótica pero también en la conmemoración oficial del 25 estuvieron, junto a las escuelas públicas, las de la Misericordia, de la Conservación de la Fe, del Divino Rostro, los institutos la Sagrada Familia, el colegio León XIII, María Auxiliadora y Nuestra Señora de la Misericordia. El 20 junio de 1920 los 9.500 alumnos de los colegios salesianos y de María Auxiliadora cubrieron ocho cuadras.[21]

La creciente presencia de asociaciones cristianas en funciones patrias oficiales nos habla del nacimiento de un entramado público entre la Iglesia y las instituciones gubernamentales que persiste bajo la primera presidencia de Yrigoyen para interrumpirse durante la administración de Alvear (solución de continuidad menos marcada en el ejército, donde la reforma del reglamento castrense en 1923 codificaba y ampliaba la actividad del clero). Pesó —probablemente— la menor agitación social con el retorno de la prosperidad y —seguramente— el conflicto entre Alvear y el Vaticano por la sucesión de monseñor Espinosa.[22] *El Pueblo* encontrará retrospectivamente otros motivos de queja:

> Con una prolijidad que por fuerza hizo pensar en una intención deliberada y sistemática, el ciudadano que ejerció la pre-

[20] De la Asociación Filantrópica Argentina, del asilo coronel Falcón, del asilo coronel Fraga, Madres Argentinas, del Patronato de la Infancia y el colegio Luppi. *La Nación*, 25 y 26/5/1919.

[21] Además de los de Don Bosco, León XIII, del Sagrado Corazón, etcétera, de Santo Domingo hasta la casa de Belgrano. *La Prensa*, 21/6/1920.

[22] De acuerdo con el antiguo derecho de patronato, el Ejecutivo eligió, de la lista presentada por el Senado, a monseñor De Andrea, activo y prestigioso prelado; la sorpresiva respuesta del Vaticano, negándose a confirmarlo sin explicaciones, provocó un conflicto diplomático, incluso la expulsión del nuncio, que se resolverá con un nombre de compromiso, monseñor Bottaro.

sidencia de 1922 a 1928 omitió en todos sus mensajes la invocación de la protección de Dios que no pareció baladí a Juan
B. Alberdi. [...] ¿Alarde de ateísmo? Imposible admitirlo en el
caballero y ciudadano que como católico había jurado por
Dios al ascender. [...] error que contribuye a destacar el mérito del Dr. Yrigoyen.[23]

El paréntesis abierto en 1925 parecía cerrarse en 1927,
cuando los obispos expresaban su contento por la finalmente
lograda unidad del pueblo católico; lo indicarían la asistencia
del ministro de Relaciones Exteriores a la procesión de Semana Santa y al lavado de pies de los doce pobres por el arzobispo. Ya para entonces el Consejo Nacional de Educación invitaba a los Círculos de Obreros Católicos para organizar columnas
escolares, y su presidente asistirá en 1927 al bautismo por monseñor Duprat de la escuela N° 17 del CE 1°.

En enero de 1930, por fin, tendremos a 8.000 alumnos del
Consejo Escolar 5° jurando la bandera en Barracas después de
una arenga patriótica de monseñor Napal.

Los trabajadores cristianos

Los Círculos de Obreros Católicos fueron un segundo vehículo en el camino de la Iglesia hacia la Plaza. Su importancia
cuantitativa fue relativa (23.000 asociados en 1912) y su éxito
entre los trabajadores más que dudoso, pero no cabría desdeñar su contribución a la primera fase de expansión de la visibilidad cristiana. Supieron engrosar marchas a la Catedral[24] con
5.000 hombres y su procesión de 1901 en honor de Cristo Re-

[23] *El Pueblo*, 25/5/1929.
[24] En 1898, después del primer congreso obrero, en honor de monseñor
Espinosa el año siguiente, en 1900 en homenaje al nuncio, o en las sucesivas
celebraciones de Semana Santa.

dentor fue una de las primeras exhibiciones importantes de creyentes en la Avenida de Mayo. Las movilizaciones cambiaron de tono, en 1925, durante el conflicto con Alvear, "en momentos en que la religión y las enseñanzas de Cristo son atacadas y se procura alejarlas del pueblo", como dirá monseñor Fasolino. La procesión de Semana Santa por la Avenida de Mayo ("una manifestación pública de fe", escribe *Caras y Caretas*) estuvo a cargo de los Círculos, que colmaron la Avenida y la Plaza de Mayo, para protestar contra lo que juzgaban una inadmisible intromisión gubernamental en cuestiones eclesiásticas. Compuesta exclusivamente de hombres, "muchos de barrios periféricos",[25] la procesión desfilaba todavía cuando la cabeza había llegado a la Catedral.

Decididos partidarios de la legislación laboral, los Círculos fueron con petitorios a la Plaza. Para pedir apoyo presidencial a la ley de descanso dominical y la reglamentación del trabajo femenino e infantil, en 1901 —un mes después de la primera gran protesta socialista por la desocupación—: la columna, con una gran cruz escoltada por dos banderas argentinas, abarcaba siete cuadras, y también ellos fueron recibidos por el presidente Roca y a ellos también prometió interesarse. Las manifestaciones hacia la Plaza se suceden a lo largo de la década de 1910: entre otras tenemos en octubre de 1913 a la citada por monseñor De Andrea, unos 15.000 manifestantes[26] provistos de carteles —"Queremos casas para obreros", "Guerra al alcoholismo", "Nuestra bandera es la Patria"…— que se dirigirán al Congreso; en 1917 el mismo prelado encabezará otra, con 25.000 a 30.000 participantes —previamente concentrados en Constitución, Independencia, Once, Rodríguez Peña y Congre-

---

[25] *Caras y Caretas*, 17/4/1925.

[26] Reunidos por los COC, la Liga Social Argentina, la Unión Demócrata Cristiana, los Centros de Estudiantes Católicos y los de Ex Alumnos de Don Bosco.`

so— para entregar un petitorio al ministro del Interior. Entre ambas, unos 18.000 o 20.000 habían respondido a la convocatoria del presbítero Napal para marchar luego como "un mar de colores patrios" con pliegos al Congreso: "las primeras filas enfrentaban el Congreso Nacional cuando las últimas salían de la Plaza de Mayo".[27]

Si el público de las asociaciones cristianas —y de la Liga Patriótica— era extremadamente variado, las entidades se empeñaron en mostrar sus huestes populares con el propósito explícito, aunque poco exitoso, de competir con un Partido Socialista, dueño de las demostraciones obreras porteñas. La Liga celebraba el 1º de Mayo, y los Círculos, que hasta 1921 conmemoraban al trabajador cristiano el 15 de mayo —aniversario de Rerum Novarum— decidieron honrar a Jesús obrero el día 1º (el desfile de 1929, de plaza Once a Congreso fue "casi pisando los talones de los socialistas" para reclamar educación religiosa en las escuelas).[28] En las fechas cívicas acuden a la Plaza las alumnas de las escuelas para obreras de la Liga, y en el Día de la Empleada monseñor De Andrea llevará, hasta alcanzar números sustanciales, a la Asociación de Empleadas Católicas: en el palco, frente a la Catedral, Monseñor tenía a su vera a empresarios —el presidente de la Unión Telefónica o el director de Tiendas San Juan— para distribuir los premios a las filiales con mayor número de nuevas adherentes; a fines de la década de 1920 otros palcos permiten a Napal y De Andrea contemplar el desfile, con las banderas de la Internacional Blanca, de la Federación de Empleadas y de los Círculos de Obreros.

[27] *El Pueblo*, 22/5/1916.
[28] *El Pueblo*, 2/5/1929.

Los soldados cristianos

Las autoridades militares y civiles habían ordenado desde antiguo servicios para acontecimientos que parecían merecer el agradecimiento al Divino, aunque no siempre con el entusiasmo de Manuel Belgrano después de la batalla de Salta, que lo impulsó a poner en manos de la Virgen el bastón de mando, a llevar en andas la imagen de Nuestra Señora de las Mercedes —patrona de los presos— y a proclamarla Generala del Ejército: al general Roca le bastará una misa para celebrar el 25 de Mayo y el fin de la Campaña al Desierto. El juramento de los reclutas de la Ley Ricchieri ofreció nuevas ocasiones de contacto entre el Ejército y la Iglesia, que no fueron desechadas en la piadosa Córdoba, donde el 25 de Mayo de 1906, en presencia del ministro de Guerra, monseñor Echagüe oficiaba misa para los regimientos 1° y 3° de infantería. Sin regulación alguna, bendiciones de armas y arengas a soldados se decidían localmente, apadrinadas por curas párrocos. Fueron el reflejo de un catolicismo tradicional hasta 1913, cuando el Ministerio de Guerra incluye una misa de campaña para celebrar el aniversario de la batalla de San Lorenzo. "No puede ser más acertada esta resolución", se felicita *El Pueblo,* "la idea religiosa y el patriotismo están tan íntimamente ligados en ese hecho de armas que sería imposible separarlos".[29]

Los soldados cristianos tampoco estuvieron ausentes de la Plaza, bajo la forma de las columnas de conscriptos que arribaban después de la "misa del soldado", el oficio en la Merced. El arzobispo de Buenos Aires, el vicario general del Ejército y la cofradía de Nuestra Señora de la Merced invitaban, cada enero, a conscriptos y familias para implorar la intercesión de la Santísima Virgen, y dirigirse después al pie de la Pirámide. Monseñor Napal extenderá su prédica al Ejército y se lo anun-

---

[29] *El Pueblo,* 17/5/1913.

ciaba en la misa de 1920, perspectiva que solivianta a *La Vanguardia*, voz solitaria en la denuncia del fascismo europeo y ce-
losa guardiana de la tradición laica argentina. Ante el anuncio
de la homilía de su enemigo jurado, denuncia "la vinculación
del Estado y la Iglesia", y agrega, sin que le tiemble el pulso, que
"una buena parte [de los conscriptos] serán ateos y nuestro partido tendrá entre ellos un 50% de adeptos".

Las misas militares ingresarán progresivamente en Buenos
Aires para culminar con la misa de campaña oficiada por monseñor Isella en Palermo, en 1920. La ceremonia central del juramento de la bandera, en presencia del Poder Ejecutivo, era
sin embargo estrictamente laica; el presidente Yrigoyen dejará
al general Uriburu el mérito de ser el primer jefe de Estado en
una misa para conscriptos. Lo que no le impidió asistir, en mayo de 1930 a la bendición de la bandera del regimiento 1° de
Caballería en la Sociedad Rural con una misa de campaña de
monseñor Copello "en un franco ambiente de religiosidad",[30]
y a la bendición de la bandera de la Armada, ceremonia en la
que, se escribe, los "ritos de la religión católica se unen al culto de la Patria".[31]

Las tribunas de las asociaciones cristianas habían ocupado
el perímetro de la Plaza contiguo a la Catedral pero en octubre de 1928 no fue allí sino al pie de la Pirámide que los arzo-
bispos Bottaro y Copello oficiaron, ante 25.000 niños y otros
tantos o más creyentes, la misa de la Jornada Eucarística. Esos
números, que no esperaron la creación de la Acción Católica,
confirmaban la antigüedad del retorno de los porteños a Cristo o, si seguimos a José Luis Romero, su persistencia. La Acción
Católica Argentina creció a ritmo sostenido a lo largo de los

---

[30] *Crítica*, 24/5/1930.
[31] *Caras y Caretas*, 20/7/1927.

treinta[32] por obra del eficacísimo monseñor Caggiano. No tuvo sin embargo el tiempo suficiente para que pueda adjudicárse-
le enteramente el estruendoso éxito del Congreso Eucarístico
Internacional de 1934, que resulta en cambio incomprensible
sin los afanes previos de minorías activas católicas.

El orden social en la Plaza: 1919 y 1920

Enero de 1919 colocó a la Argentina a alturas europeas en
furia antisemita y en las estadísticas sangrientas de las luchas obreras. Lo dicho hasta aquí me lleva también a mí a ver en esa fecha un punto de inflexión, idea dominante en la historiografía
de las últimas dos décadas, según Tulio Halperin Donghi, que no
parece aprobar pues, en descargo de quienes no lo advirtieron,
nos dice que esa ceguera, "si es que lo era, era muy compartida".
Lo acreditaría una nota de la revista *Nosotros* sobre "una trágica
farsa de la federación de los soviets argentinos, tramada burda-
mente por la policía", y suma, un tanto desenfadadamente, el
cuento de Arturo Cancela "Una semana de jolgorio" porque su
autor no temería el escándalo al descalificar "la noción de que en
ella el orden social estuvo por un momento amenazado". A juicio de nuestro mejor historiador, en esos testimonios "registra-
mos como dominante en la opinión colectiva la memoria aver-
gonzada de un momento de pánico totalmente injustificado".
De esa opinión habría que restar, sin embargo, a la Asociación
del Trabajo, a la Liga Patriótica, a la Gran Colecta Nacional, a
las jerarquías eclesiásticas o al sombrío balance de *La Nación*:

[32] Contaba con 327 centros en junio de 1932, 598 en octubre y 841 en
junio de 1933. En Lila Caimari, *Perón y la Iglesia católica. Religión, Estado y sociedad en la Argentina (1943-1955)*, Buenos Aires, Ariel Historia, 1995, p. 68.
Los círculos y socios aumentan en 32% de 1934 a 1937, cifras de Loris Zanatta, *Del Estado liberal a la nación católica: Iglesia y ejército en los orígenes del peronismo. 1930-1943*, Bernal, Universidad Nacional de Quilmes, 1996, p. 208.

La República pasa por momentos difíciles [...] inquietudes internas perturban la normalidad de sus instituciones y los vientos soplan sobre el orden y el trabajo de los hombres honestos [...] el pueblo ha oído rumores hostiles para el sentimiento de la nacionalidad y las gentes andan medrosas como si algún peligro las amenazara. [...] Las horas que se acercan vienen preñadas de angustia.

Excluidos también cuantos participaron durante dos años en ardientes demostraciones en defensa de la Patria: la inmensa columna convocada por Manuel Carlés, la "verdadera colmena humana" apiñada el 20 de junio de 1920 en la Plaza, "como raras veces se ha visto en nuestra ciudad"[33] y la magna liturgia gubernamental posterior a la revuelta obrera. También al Arzobispo: "deseosos en sumo grado de contribuir eficazmente a la unidad de la Iglesia y de la Patria", convocaba en mayo de 1919 una asamblea para unificar a quienes pretendieran afirmarse católicos, congelando las organizaciones precedentes. La iniciativa respondía a los deseos de Roma pero coincidía en la Argentina con el pánico por los acontecimientos de enero: no casualmente la pastoral asigna a la nueva entidad (la Unión Popular Católica Argentina) la misión de responder a "los golpes que se vienen asestando a las instituciones básicas de la civilización cristiana, la moral pública y privada, la familia, la propiedad dentro de sus límites legítimos".[34]

Crece, paralelamente al incremento de los conflictos sociales, la envergadura de la liturgia cívica yrigoyenista, sosegada a comienzos de su administración. El Presidente no se había apresurado a rendir grandes homenajes a la Patria. Su primer 25 de Mayo fue modesto y más lo fue el segundo, con Yrigoyen fuera de la Capital; si para centenarios de héroes llegaba demasiado

[33] *La Nación*, 20 y 21/5/1920.
[34] Néstor Auzá, *op. cit.*, t. II, p. 15.

pronto o demasiado tarde, se le ofrecían los de las batallas de la Independencia que conmemorará con aplicación a partir de la de San Lorenzo, cuando aparece por primera vez en público desde su asunción,[35] encabezando la comitiva desde la Plaza de Mayo. El 9 de Julio de 1918 llegó en días muy duros: la huelga de estibadores impedía que las cargas salieran de Dock Sud, las de obreros del puerto y de conductores de carros hacían imposible el transporte de carbón y madera —razón por la cual las compañías Alemana de Electricidad, Anglo Argentina de Tranvías y la Primitiva de Gas amenazaban interrumpir sus servicios—, las fábricas con motores eléctricos estaban paralizadas y en barrios a oscuras sus habitantes se desplazaban con velas.[36] Mayo de 1919, cuando el clima social se había endurecido incomparablemente más, inaugura un ciclo de imponentes ceremoniales que no ocultaron el sentido de la nueva Patria.

En primer término, la organizada por Manuel Carlés. Personaje público de primer orden y flamante —e inamovible— presidente de la Liga Patriótica advertía en abril que, "libre, la Liga Patriótica levanta la visera para prevenir a los que odian la Patria y a los que atentan contra su existencia que está preparada para combatirlos en todo terreno",[37] y no faltó a su promesa, como lo probará muy enérgicamente contra huelguistas y anarquistas. Mientras tanto el aniversario de Mayo se presentaba como la ocasión para movilizar todo lo que contaba en Buenos Aires, cosa que hizo, vimos, el 24 de mayo de 1919. Ese día, los dirigentes eclesiásticos volvieron a una demostración patriótica al pie de la Pirámide. La ceremonia oficial del día siguiente cobraba una importancia desconocida bajo la admi-

---

[35] Aunque no estimó necesario trasladarse al lugar de los hechos (donde hablaron el coronel Baldrich y, en nombre de la Juventud Argentina, Alfredo Palacios), ni a la ceremonia chilena.

[36] *La Prensa*, 3/7/1918; *Caras y Caretas*, 7/7/1918.

[37] *La Nación*, 7/4/1919.

nistración yrigoyenista, quizá porque, se escribe, "el trance brinda la ocasión para que se muestre en toda su grandeza el sentimiento de la argentinidad".[38] Si no sorprende a esta altura encontrar en las columnas un muestrario completo de establecimientos católicos, fue más original la participación obligatoria de los colegios públicos secundarios. Desde abril en campaña contra los exámenes de ingreso en las facultades, tendrán también su "semana de mayo": "rememorarán los aniversarios de mayo y julio por medio de fiestas o conferencias populares en sus mismos locales o en otros apropiados en plazas o lugares públicos o al pie de monumentos". El doctor José M. Ramos Mejía —presidente del CNE de 1908 a 1913— coronaba su cruzada de implacable adoctrinamiento patriótico (en su ramo: lo puso fuera de sí que el ministro de Guerra, en el suyo, prohibiera las marchas *Viva la Patria* y *Saludo a la Bandera*, adoptadas en las escuelas). La introducción de clases especiales destinadas "al recuerdo y exaltación de las glorias patrias"[39] puede ser vista como parte de las políticas para hacer de los extranjeros verdaderos argentinos, tarea inacabada como lo sugieren las razones invocadas por el diputado Celesia en 1913 para declarar días de descanso obligatorio al 9 de Julio y el 25 de Mayo. Argumenta, sin equivocarse, que "la mayoría del comercio y de las empresas pertenecen a extranjeros, abundantes también entre los obreros" y,

> [...] no teniendo con nosotros otro vínculo que no sea el del interés [...] todo lo que trae como consecuencia que para ellos los días que rememoran las glorias pasadas de la Patria nuestra no tengan mayor significado y, por tanto, nada hagan de su parte para su debida conmemoración.[40]

---

[38] *La Nación*, 23/5/1919.
[39] *La Nación*, 25/5/1919.
[40] *Anales de Legislación Argentina*, 1889-1919, Buenos Aires, La Ley, p. 892.

Pero no es desatinado inscribir las iniciativas de 1920 en un proyecto glorificador del linaje, los héroes y la tradición, de defensa de un orden amenazado por las huelgas tanto o más que por los extranjeros que estropeaban costumbres y lengua. Es que al advertir que el comportamiento de los nuevos habitantes se apartaba del previsto en el programa original, se descubre que la educación no era forzosamente un instrumento de integración social y de forja de ciudadanos; al contrario, "la instrucción intelectual", observaba en 1920 el presidente del CNE, Ángel Gallardo (cuya inquietud ante el avance del comunismo lo llevó a hacer jurar a los docentes fidelidad a la Patria),

> [...] ofrece peligros cuando se carece de una sólida base de educación moral, pues los conocimientos pueden ser empleados como fuerza destructora en vez de constituir un eficaz instrumento de trabajo y de progreso para el bienestar y perfeccionamiento humanos.[41]

El gigantesco homenaje a la bandera de 1920 hará del bienio uno de los momentos cumbres de la Patria pública.

La Nación estimaba conveniente reproducir el juramento a la bandera en su editorial del 25 de Mayo de 1919, y en 1920, mientras Córdoba prohibía la bandera roja, la señorita Pascuala Muyburu, del Colegio Nacional de Mar del Plata, recibía uno de los 25.000 ejemplares de *El escudo y los colores nacionales* de Estanislao Zeballos: los había impreso gratuitamente para distribuirlos "entre los hijos de extranjeros a fin de fomentar en ellos el sentimiento del deber patriótico y anular las prédicas y acciones con que se intenta afiliarlos a credos sin bandera".[42]

---

[41] *Caras y Caretas,* mayo de 1920.
[42] *La Prensa,* 29/5/20.

Si se quería reanimar públicamente al "símbolo de nuestra nacionalidad" que se pensaba cercado por "credos sin bandera", ninguno de los centenarios que quedaban era más provechoso que el de la muerte de Belgrano.

El 20 de junio los tranvías ostentaban luces azules y blancas, el subterráneo, enguirnaldado, no se había quedado atrás y la Plaza lucía un grandioso arco de triunfo bajo el cual se ubicaron el Presidente y el obispo de Chile. Ante unos 15.000 escolares apostados frente al monumento a Belgrano, mientras 2.500 alumnas de los colegios normales coreaban el himno, Yrigoyen izó una gran bandera. La concurrencia fue tan numerosa que varias damas sufrieron ligeros desmayos, pero ni eso, ni la confusión producida porque las normalistas desfilaron antes que las tropas, ni los desesperados esfuerzos del público para encontrar "nuevos sitios estratégicos",[43] perturbaron la emoción de *La Nación*: "lo de ayer fue una gran apoteosis a la bandera nacional".[44] Debió sin embargo ser desagraviada por los boy-scouts un año después. No era para menos: el anarquismo declaraba una huelga "en el día de la patria burguesa [...], en señal de protesta contra el empacado empecinamiento de los poderes constituidos" y, mientras monseñor Copello preparaba una de sus misas de campaña con procesión, los choferes anunciaban un paro de 24 horas desde la madrugada del 25, "cuando la legión doctrinaria del satelitismo burgués salmodia cánticos a la 'Libertad, Libertad'"; "ni un solo obrero romperá filas en nuestro cruce de brazos en señal de protesta para alquilar sus brazos en ese día de desequilibrio social",[45] decía la extensa declaración. Tamaño texto no podía menos que irritar al "grupo de caballeros" de la Liga que fue a averiguar si era "el producto de algún desequilibrado",[46] caballeros que dejaron dos muertos y un tendal de heridos.

[43] *La Prensa*, 18/5/1920.
[44] *La Nación*, 20 y 21/5/1920.
[45] *La Nación*, 24/5/1921.
[46] *Ibidem*.

Belgrano, hijo dilecto de la Iglesia, era "el mejor de los héroes de la Patria",[47] decía monseñor Napal después de oficiar una misa de campaña en la Plaza, en vísperas del 20 de junio, pero el caso de San Martín había sido menos sencillo. Manifestación de su tardía incorporación al plantel patriótico católico, el obispo Mariano de Escalada no figuraba en la lista de oradores para inaugurar la estatua, monseñor Aneiros estuvo ausente en la procesión de 1878 y los 17 de agosto fueron invariablemente laicos. Hasta 1920.

Tres días después del estallido de una bomba en Tribunales —y del consiguiente allanamiento de *La Protesta*— se estrenaron los tedéum en la Catedral en honor del Padre de la Patria,[48] y en 1924, en el centenario de la batalla de Ayacucho, monseñor Isella, vicario general del ejército, oficiará la que creo primera misa de campaña ante el monumento al héroe.

Fuera de la Plaza, en el microscópico nivel de las ceremonias castrenses, hubo en 1919 otros "puntos de inflexión". Se estrechaban las conexiones entre el ejército y las asociaciones cristianas (la bandera jurada en la Escuela Militar de Aviación en 1919 fue suministrada por las escuelas de Don Bosco, como las que se bendijeron tres años después en Banfield y en Guaminí; San Antonio de Giles recibía la suya del rector del Colegio del Sagrado Corazón, quien ofrecía, además, una placa para el homenaje a Belgrano en el atrio de Santo Domingo) y el presidente de la Cámara de Diputados asistía en 1920 a la jura de la bandera de un batallón de Don Bosco. A la sombra de las fechas patrias, la Iglesia penetraba en los cuarteles, paradójicamente temprano —dado el sabido arraigo del liberalismo y la

[48] *El Diario*, 21/6/1920.

[49] Este año con el embajador del Perú, Expedicionarios al Desierto, la brigada de señoras de la Liga Patriótica, padres franciscanos y dominicos.

masonería en el arma— en la Marina: el 25 de mayo de 1919 los capellanes ofician misas de campaña, con oraciones patrióticas, en prácticamente todas las bases navales del país.

A fines de siglo la procesión del Cristo de la Buena Muerte en Río IV hizo escribir a *Caras y Caretas*:

Aquellas fiestas religiosas en que todo el mundo tomaba parte, ansioso de demostrar su piedad y su fervor, han sido relegadas ya por el espíritu público a las poblaciones lejanas, donde aún se vive vida patriarcal.

El "espíritu público" de Buenos Aires desmentía ahora tan juicioso comentario. Monseñor Copello no hubiera podido escribir, como lo hará en 1934, que se vivía en la "plenitud de esplendor espiritual y material" y que la Capital se estaba "poblando de iglesias"[49] —esplendor e iglesias que eran precisamente obra suya— pero el perfil público de la Iglesia no era tan bajo.

Más de un millón de personas comulgarán en el Congreso Eucarístico Internacional de octubre de 1934, poniendo al descubierto una insospechada extensión de la fe en Cristo de la sociedad argentina. No fue sin embargo (tampoco) un rayo en un cielo sin nubes.

La Plaza conservadora

"No pudiendo hacer que lo que es justo fuera fuerte, se hizo que lo fuerte fuera justo", concluye Pascal, y la acordada de la Corte Suprema en 1930 vino a confirmarlo al reconocer que "es, pues, un gobierno de facto, cuyo título no puede ser judi-

[49] En Loris Zanatta, *op. cit.*, p. 208.

cialmente discutido con éxito por las personas en cuanto ejercita la función administrativa y política derivada de su posesión de la fuerza como resorte de orden y de seguridad social". El primer golpe militar exitoso de la historia argentina inauguró, como se sabe, tiempos de crisis moral y de fraude político. Pero si con él comienza el fin de la certeza en un progreso ilimitado apoyado en el próspero modelo exportador, fue menos una consecuencia del *crack* de 1929 que de la exasperación suscitada por Yrigoyen, imán de un amplísimo frente. La depresión económica y la durísima represión de la dictadura uriburista hicieron disminuir las 125 huelgas de 1930 a 43 en 1931 (de 29.331 a 4.622 huelguistas), pero el Presidente no prohibió los desfiles del 1º de Mayo, permitiendo así que los obreros católicos empuñaran carteles que no podían saber premonitorios: "Ni izquierdistas ni derechistas, siempre verticales". Alcanzados por la ley marcial, los anarquistas —que habían optado por acciones terroristas en los años veinte— tuvieron menos suerte; a fines de 1930 se condenaba a Ushuaia, se fusilaba en Mendoza, La Plata, Rosario, y Di Giovanni caía frente a un pelotón en febrero de 1931.

La breve administración de Uriburu introdujo en la Plaza una innovación política considerable: el General inauguró el balcón de la Casa Rosada para jurar como jefe de gobierno y no lo abandonará en los tres aniversarios que le tocaron, el 25 de Mayo, el aniversario de la Revolución y el 9 de Julio, dedicados muy especialmente a su Legión Cívica. A él se debe asimismo la militarización de los aniversarios de Mayo, no ya en la Plaza puesto que con Uriburu las tropas abandonan el antiguo circuito urbano para desplazarse al norte, a la Avenida Alvear y Palermo. Resultarían ahora disparatados los comentarios sobre monturas o cascos defectuosos, y se invierte el papel de la prensa: de canal de instrucciones para las tropas será un medio de información para facilitar, con el recorrido del desfile en mapas a toda página, la asistencia al espectáculo de las armas. Los abundantes oficios religiosos en ceremonias castrenses culminaron en la solemne misa militar en la Catedral de 1932, pero no hubo, bajo Uriburu, oraciones patrióticas ni prelados en el palco oficial. La devoción presidencial no dejó huellas en la Plaza. Fuera de ella, en cambio, el General quebró la tradición laica de la ceremonia central de juramento de la bandera encaminándose hacia el altar en la Escuela de Mecánica de la Armada donde lo esperaba el previsible Dionisio Napal.

Quienes tumbaron a Yrigoyen no compartían unánimemente el proyecto de su jefe, una "revolución verdadera y no un motín en beneficio de los políticos", como informaba a Carlos Ibarguren, y las desavenencias entre los alborotadores adeptos de un nacionalismo corporativista y los partidarios de una salida constitucional se resolvieron a favor de los segundos. Fracasado el experimento electoral en la provincia de Buenos Aires, y vetada la candidatura radical, en 1932 el general Justo era gobierno. El nuevo Presidente optó por seguir el ejemplo de su antecesor y asistió en Campo de Mayo al oficio de monseñor Caggiano, vicario general del Ejército, pero no hizo otro tanto con el 1º de Mayo: la prohibición de la bandera roja en 1933 condujo a la anulación del desfile socialista, para felicidad del diario *El Pueblo* que se atribuyó la paternidad de la iniciativa.[50]

Desde 1933, escribe Loris Zanatta, "las fiestas patrióticas se transformaron progresivamente en celebraciones religioso-militares y perdieron todo carácter civil". La observación es indiscutible pero conviene precisar dónde y cuándo, porque si en mayo 1934 se eleva en la plaza Congreso un altar "tamaño natu-

[50] *El Pueblo*, 29/4-1/5/1933.

ral" del Sagrado Corazón de Jesús[51] y, al año siguiente, monseñor Copello está instalado a la vera del general Justo y el presidente Vargas, hay que esperar hasta 1937 para encontrar a los jefes eclesiásticos al lado del Presidente en la Plaza, y la consiguiente misa de campaña. Para observar estos (y otros) cambios litúrgicos conviene abandonar las fechas tradicionales y fijarse en el renacimiento público de San Martín y Belgrano. Ambos traen consigo nuevas efemérides; con el primero tenemos nuevamente tropas en la Plaza, con el segundo los jefes eclesiásticos llegan al palco oficial, que se convierte en tribuna política.

A la militarización y clericalización hay que agregar un tercer componente de la Plaza conservadora, la desmesura litúrgica, que no fue acaso ajena a la busca de una legitimación alternativa por gobiernos surgidos del fraude en las urnas.

San Martín y Belgrano, los próceres de los treinta

El Libertador era recordado discretamente en el cuartel de Granaderos, o en ceremonias esencialmente civiles al pie de su monumento, por el Centro Correntino y la Asociación General San Martín (aún en 1930, en el 80° aniversario de su muerte, hubo sólo "un sencillo homenaje en la catedral").[52] También fueron modestamente evocados los 20 de junio, en las escuelas y en Santo Domingo, alojamiento del mausoleo de Belgrano desde 1903.

El general Justo vino a cambiar las cosas. En 1934 San Martín reanudó su ascenso al firmamento patriótico y Belgrano recibió en 1936 honores sólo comparables a los de quince años atrás.

---

[51] *La Nación*, 25/5/1934.
[52] *Crítica*, 17/8/1930.

Se sucedían en todo el país las ceremonias preparatorias del Congreso Eucarístico Internacional cuando José de San Martín volvió a la Plaza con la concentración cívica del 17 de agosto de 1934 —de "significativo espíritu nacionalista"—,[53] organizada por el flamante Instituto Sanmartiniano. Comienza asimismo la participación del jefe de Estado, con la desusada asistencia del general Justo al acto del Colegio Militar. Un año después estará en la Plaza para inaugurar la réplica del cuarto de Boulogne-sur-Mer y escuchar el himno entonado por la señorita Emma López Roca, descendiente de López y Planes, acompañada por la señorita Josefina Lavalle Lezica en el clavicordio de su antepasada, Mariquita Sánchez de Thomson.[54] En 1938 —con el contraalmirante Pedro Casal como sucesor del doctor J. E. Vacarezza en el Instituto Sanmartiniano— un Presidente —el doctor Roberto Marcelino Ortiz— concurre por primera vez al tedéum por el alma del prócer.[55] La presencia de tropas aumenta morosamente hasta que en 1939 Ortiz haga evolucionar en la Plaza a la primera división del Ejército.

Hay sin embargo un ausente: la Iglesia. Sin misas de campaña en la Plaza ni jefes eclesiásticos en el palco oficial, se ciñe a oficios dentro del recinto de la Catedral. Con Belgrano —Manuel del Corazón de Jesús Belgrano como insiste en denominarlo el diario *El Pueblo*—, lo vimos, era diferente. La piedad del creador de la bandera, sepultado con los hábitos de la orden de los dominicos, se prestaba mucho mejor que las ambiguas credenciales católicas de San Martín para asentar las bases de la Patria cristiana. La promoción de Belgrano consagrará, más

[53] *El Mundo*, 17/8/1934.
[54] *La Nación*, 18/8/1936.
[55] La conmemoración se extiende y se nacionaliza: las reparticiones públicas suspenden sus tareas durante 5 minutos en 1936, en 1937 todas las unidades militares, que a partir del año siguiente deberán guardar 5 minutos de silencio y disparar tres cañonazos.

que ninguna otra demostración, la concordia pública de militares y eclesiásticos.

"Tomará el Ejército parte activa en los homenajes al general Belgrano", titula *El Mundo* el 19 de junio de 1936, súbito interés comprensible porque la homenajeada era la bandera; más precisamente una de 7 metros por 15 con un sol de oro bordado, donada el año anterior a la Municipalidad por un Comité de la Juventud Argentina mucho más patriótico y piadoso que su homónimo predecesor.

La plaza de la República se prestaba maravillosamente para recibir la masiva liturgia gubernamental. Parte de las vertiginosas reformas del intendente Mariano de Vedia y Mitre, ofrecía un tercer lugar para concentraciones en el centro de Buenos Aires. Si la ausencia de edificios gubernamentales en su perímetro explica probablemente las escasas restricciones para su uso —el gobierno la propone, "si es domingo" para el acto del 1º de Mayo de 1936—, eso mismo le restaba méritos para protestas; le competerá, inversamente, albergar demostraciones gubernamentales y partidarias —Perón proclamará allí su candidatura en 1945— dispuestas a desafiar su vastedad, prolongada por la avenida 9 de Julio. Al lado del Obelisco, entonces, cuatro regimientos esperaban que la bandera, bendecida en Santo Domingo, hiciera un alto en la Plaza de Mayo, donde monseñor Devoto oficia una misa de campaña. El presidente Justo tenía a su lado, en el palco, al ministro de Instrucción Pública, al intendente, a representantes del Ejército y la Armada y, por un clero ardientemente embarcado en una cruzada anticomunista, al vicario general del Ejército. La misa de campaña fue una primicia y el acto, especial: tuvo oradores. El palco donde se habían pronunciado alabanzas a la Patria se convirtió en tribuna de exasperados discursos.

Es ocioso recordar que la Patria puede aludir, en tiempos de zozobra, al orden social amenazado: como en 1919, el gobierno convocaba a una fervorosa demostración pública, esta vez para designar abiertamente a sus enemigos. Escribo "or-

den social amenazado" porque cuesta ignorar el eco de la agitación obrera argentina encabezada por el Partido Comunista (y, más lejos, de la huelga general que paralizaba Bélgica o
de la ocupación de fábricas por 204.000 huelguistas franceses)
en la acusación del intendente a quienes "abominan de los
símbolos, y en primer término, de la bandera de la Patria" y
"se reúnen bajo el conjuro de otro símbolo, en definitiva, de
una bandera roja", o en los "trapos rojos" evocados por Ricardo J. Alberdi —del Comité de la Juventud—, "acaudillando a
una secta que, manejada desde el extranjero, entabla una lucha a muerte contra los pilares fundamentales de nuestra nacionalidad".[56]

Fuera de la Plaza también el general Pistarini arengaba, insólitamente, en Campo de Mayo. "Debéis honrar siempre los
colores de mayo, y si alguna vez bandera extraña o el insolen-
te trapo rojo osara nublar el sol que resplandece en su centro,
debéis vengarla con la férrea decisión con que se venga el honor de la madre ultrajada".[57] Innovación aplaudida por *El Pueblo*,[58] no será *La Vanguardia* la que la deje pasar, porque "no
sólo nada tenían que hacer con la ceremonia sino porque reac-
tualizan un aspecto que, por lo menos en nuestro país, parecía
terminado, presentando al ejército argentino como habiendo
tomado partido en cuestiones de candente actualidad y que deberían serle completamente ajenas".[59]

Un año después, en "la fecha de recordación que nos faltaba para completar la trilogía de los hechos fundamentales en
que se asienta nuestra nacionalidad" que encantaba a *La Nación*, vemos en la Plaza de Mayo el mismo espectáculo, con los
mismos protagonistas.

---

[56] *El Mundo*, 19, 20 y 21/6/1936.
[57] *La Nación*, 24/5/1936.
[58] *El Pueblo*, 26/5/1936.
[59] *La Vanguardia*, 24/5/1936.

"Los espíritus han de expandirse en la ofrenda de su nacionalismo", solicitaba el ministro de Justicia e Instrucción Pública, "juzgarse patriotas que rechazan los puños crispados de odio, las doctrinas extrañas, los peligrosos experimentos sociales",[60] para calmar la alarma del general Reynolds por "el derrumbe de prejuicios seculares" y "las ideologías extrañas que pueden determinar graves perturbaciones en el sentimiento nacional". Menos fogoso, el presidente de la comisión de homenaje estaba radiante porque veía representadas a "todas las actividades socialmente útiles, lo que es muestra de un acendrado sentimiento nacionalista";[61] útil o no, lo cierto es que había adherido el Partido Socialista, confirmando que su internacionalismo había quedado atrás hacía mucho (cuando en 1896 los afiliados de Tolosa decidían no incorporarse a la procesión patriótica de Mayo).[62] A los más de 120.000 soldados y escolares previstos se sumaron las huestes de Manuel Fresco, gobernador de la provincia de Buenos Aires. El más genuino representante del fascismo en la Argentina no podía ser indiferente al homenaje: asistió con su gabinete e inundó la Plaza con 40.000 comprovincianos (13.500 de La Plata) y 1.200 comisarios de filas —además de 2.000 delegados de la corporación de maestros y un abanderado por cada escuela— para lo cual tuvo que fletar 25 trenes especiales. Desfilaron por la Avenida de Mayo con "clarines y redobloneo de tambores que hace años que no se escuchan en demostraciones tan tocantes como las de ayer".[63]

Las dos efemérides históricas no se vieron inundadas por tan ferviente actividad discursiva. El 20 de Junio, carente de tradición ritual, se prestaba quizá mejor para idear uno, y la ale-

[60] *El Mundo*, 21/6/37.
[61] *El Mundo*, 21/6/37.
[62] Víctor García Acosta, *op. cit.*, p. 222.
[63] *La Nación*, 21/6/1937.

goría del combate entre banderas ofrecía el suelo para constituir públicamente la Patria cristiana.

El reemplazo del Belgrano escolar por su criatura será sancionado con la creación del Día de la Bandera, proyecto enviado por Justo y firmado por su sucesor, que lejos de olvidar la fecha la estetizó superando lo hecho hasta entonces. "Nunca habíamos asistido a un acto como el de ayer. Los 1.200 abanderados eran las niñas y los varones de la Patria nueva", escribe *El Mundo* en junio de 1938 (dos meses antes un acto en el Luna Park adornado con grandes cruces esvásticas reunía 20.000 personas).

El Presidente no olvidó tampoco el 1° de Mayo y prohibió las banderas rojas, acompañado por el encolerizado *El Pueblo* que, en una quimérica operación retrospectiva, no se contentaba con designar a Rosas como el "primer caudillo rojo" sino que recordaba en Urquiza al héroe que "extermina la bandera roja y negra del caudillismo".[64]

Esta serie de acontecimientos nos dice que la imbricación de la Iglesia y el Ejército precedió, en parte, a la demostración del caudal político de la Iglesia en el Concilio Ecuménico. Nos dice también que su transcripción en la Plaza no fue obra del general Uriburu sino del general Justo, quien exhibió estentóreamente la unión de la Cruz y la Espada, inventó efemérides y transformó rituales hasta entonces civiles y laicos. Esta transformación, a su vez, tuvo *tempos* distintos: si el general Justo llevó a la Iglesia, la militarización de la Plaza fue una tarea asumida esencialmente por el doctor Ortiz; a él le cupo además ofrecer al Ejército su fiesta propia, el Día del Reservista, en el aniversario de la ley de organización militar de 1901.

[64] *El Pueblo,* 1/5/1938.

¿Cómo explicar la torsión litúrgica ocurrida esencialmente entre 1935 y 1938?

Del mismo modo que en 1919 y 1920, una conjunción de acontecimientos configuran una amenaza al orden. El año 1936 mostraba por cierto el avance de las derechas europeas, pero si Hitler estaba por asumir los plenos poderes en el nuevo Reich, los argentinos no ignoraban el auge insospechado de la agitación obrera en otros países europeos ni la mayoría absoluta obtenida por el Frente Popular en las elecciones francesas. Franco se ponía en campaña en Marruecos, pero el desenlace no estaba escrito, al contrario, y *El Pueblo* podía escribir que "el 101º ministerio de la tercera República se inicia bajo el símbolo de la bandera roja" y que "el terror rojo de España se pasea triunfalmente".[65] Más cerca, se sabía de la sangrienta represión del alzamiento comunista de Luis Carlos Prestes, a fines de 1935, y de la constitución en Chile del Frente Popular.

La calma no imperaba tampoco en la Argentina. La prensa denunciaba las manipulaciones electorales, particularmente meticulosas en la provincia de Buenos Aires y —pese a la disminución de su caudal electoral nacional tras el levantamiento de la abstención radical— el Partido Socialista había obtenido una aplastante victoria en la elección de senador por la Capital. Hacia 1934, por otra parte, la reanimación de la economía permitía absorber parte de los inéditos 334.000 desocupados de 1932[66] y ponía fin a la relativa paz social de los años de crisis;[67] sin alcanzar los topes de los años radicales, el número de huelguistas de 1929 se duplica casi en 1935 y se triplica en 1936, a la vez que aumenta la duración de los conflictos. Sabemos gracias a Celia Durruty que el Partido Comunista no era

[65] *El Pueblo*, 2/6/1936.
[66] Cifras censales del Departamento Nacional del Trabajo citadas por Sebastián Marotta, *op. cit.*, II, p. 311.
[67] El número de huelgas pasa a 69 y 109 en 1935 y 1936, 52.143 y 85.438 huelguistas respectivamente.

tan marginal en el movimiento obrero como lo afirmaba la literatura sobre el tema. Controlaba el sindicato de la madera —en conflicto durante 46 días en 1934—[68] y el importante sindicato de la construcción (protagonista de un rosario de conflictos, reprimidos, hasta 1937). Paralizaba en octubre de 1935 las obras públicas y privadas de la Capital, alarmando a *La Nación* ante los "grupos de huelguistas que venían de los barrios más alejados en dirección al centro [que] fueron sembrando el terror entre los comerciantes. [...] ardían tranvías y se atacaba a los representantes policiales".[69] Las marchas, petitorios y asambleas culminaron con una huelga general y fue severamente reprimido un mitin en plaza Once, con un saldo de cuatro muertos, heridos y cientos de presos. El 1º de Mayo de 1936, por añadidura, reunía a la UCR, al Partido Socialista, al Comunista y a los demócratas progresistas junto a la CGT, insólita combinación que anunciaba la formación de un Frente Popular, como era de usanza y el Partido Comunista recomendaba desde el año anterior (el gobierno, que no lo podía saber efímero, prohibía el desfile).

Fuera de la Plaza, proseguían las reuniones, actos, bailes y conferencias de parroquias, escuelas, clubes sociales o centros de colectividades; en mayo de 1933, por ejemplo:

[...] el Comité Paraguayo, el Círculo Andaluz, el Club Social Rivadavia de Lanús, el Shimmy Club, el Club Remigio Iriondo, el General San Martín, la Asociación de Deportes Racionales, el Círculo Numancia, el Club Melpómene, Chacarita Juniors, el Club San Blas, el Centro Riojano Español, la Sociedad Recreativa Glorias que Nacen, el Círculo Ateneo, el Círculo Social Americano, Italia Unita, el Club Noel, el Club Colegia-

---

[68] Hugo del Campo, *op. cit.*, p. 138.

[69] En Celia Durruty, *Clase obrera y peronismo*, Pasado y Presente, Buenos Aires, 1969, pp. 80 y ss.

les, el Club Social y Deportivo Nacional de Almagro, el Club
Villa del Parque, el Naútico Buchardo, la Asociación Casa de
Galicia, el Centro Catalá, la Asociación de Socorros Mutuos de
la Unión Ferroviaria, el club social Atlanta, el Ansonia Social
Club, el Círculo Social Sirio Libanés, el Club Yugoslavo, el Centro Región Leonesa, el club social Los Andes, la Sociedad Lago di Como, Defensores de Villa Crespo, la Sociedad Filantrópica Suiza, el Círculo I Trovatori, el Racing Club, la Sociedad
Coral Italiana Amilcare Ponchielli, el Club Social Ceraldo, el
Olimpo Flores Club, el Club Atlético Versailles, el Club Atlético Platense, el Club Mármol, la Asociación Peruana, la Biblioteca Popular y centro social de Villa General Mitre, el club social
y cultural Almagro, el Círculo Cachimayo, el club El Provee-
dor, el Centro Catamarqueño, etcétera.

Otra vez: poco menos que propietario de la Plaza, el Estado no monopolizaba la participación patriótica de los porteños. El golpe militar de 1930 abrió una década de fraude electoral pero dejó intacta la vitalidad asociativa de Buenos Aires.

La Plaza de Junio

Es imposible separar al golpe del 4 de junio de 1943 del enfrentamiento entre proaliados, predominantes en el ámbito
político, y partidarios de la neutralidad, numerosos —algunos
no lo fueron enteramente— entre los militares. El conflicto
mundial había seccionado a la opinión de modo muy parecido
al de la guerra civil española —y casi sin solución de continuidad—; política nacional e internacional se mezclaban como lo
revelaba, en diciembre de 1941, el acto opositor de apoyo a
Roosevelt, que llevó a Castillo a declarar el estado de sitio para
impedirlo. La caída de París dejó a Inglaterra sola frente a la
expansión del Reich, reforzando la convicción progermana de
los oficiales argentinos.

El 7 de junio, después que el general Rawson pasara como una exhalación, asume el general Pedro Pablo Ramírez, y en octubre, cuando el general Farrell ascienda a vicepresidente, el gabinete reflejará la orientación gubernamental. Tenemos al doctor Martínez Zuviría (Hugo Wast, célebre escritor cuyo antisemitismo sólo cedía ante su catolicismo) en Educación y Justicia —con Leopoldo Marechal como director general de Cultura—; al general Luis Perlinger, notorio simpatizante del Reich, como ministro del Interior, a conspicuos personajes del nacionalismo y del catolicismo en puestos oficiales, y al coronel Perón —antes jefe de la Secretaría del Departamento de Guerra— en la presidencia del Departamento de Trabajo, desde diciembre Secretaría de Trabajo y Previsión. El traspaso de la subsecretaría de informaciones al Ministerio del Interior aseguró el control sobre las radios y a la censura de la prensa se sumó, desde enero, la proyección obligatoria de *Sucesos argentinos* en los cines. Fueron exonerados los docentes y funcionarios firmantes de un manifiesto por el retorno a la Constitución, se intervinieron prácticamente todas las universidades y la FUA, en huelga por tiempo indeterminado, era ilegal desde noviembre. El 31 de diciembre se prohíben los partidos políticos y, cincuenta años después de la derrota de la Iglesia, se restaura la enseñanza religiosa en las escuelas. Córdoba derogaba la enseñanza mixta porque estaba fundada "en un concepto optimista de la naturaleza humana, de raigambre romántica, que está en pugna con la doctrina clásica cristiana", y las cosas no eran muy distintas en la Plaza porteña, donde los universitarios asistieron "como corporación" a la procesión de Corpus de 1944 pues el doctor Carlos Obligado estimaba "propio de la Universidad de Buenos Aires rendir públicamente homenaje a Jesús Sacramentado". Si el 4 de junio de 1943 la Iglesia alcanzó el poder, como escribe Loris Zanatta,[70] el 9 de Julio alcanzó el palco oficial.

---

[70] Loris Zanatta, *Perón y el mito de la religión católica*, Buenos Aires, Sudamericana, 1999, p. 15.

La posición internacional del gobierno se volvió insosteni-
ble tras la declaración de guerra del gobierno norteamericano,
cuya presión forzó la ruptura de relaciones con el Eje en enero
de 1944, con las consiguientes renuncias de funcionarios nacionalistas, entre ellos el ministro Martínez Zuviría. Si el terremoto de San Juan habría servido, como decía el general Ramírez,
"para unir a su pueblo, sin diferencias de clases o de ideologías",
el respiro fue breve. El general Farrell reemplazó a un Ramírez
"fatigado por las intensas tareas de gobierno", el coronel Perón
ascendió a ministro interino de Guerra y el coronel Velazco fue
nombrado jefe de policía. La mano gubernamental se hizo durísima. Se disolvieron sindicatos, se intensificó la persecución
de militantes sindicales y comunistas, extendida muy pronto a
todo crítico del régimen: movido por muy legítimas sospechas
sobre la lealtad del magisterio, el interventor del CNE ponía en
comisión a todos los maestros para "eliminar a quienes no fueran dignos del honor de ser maestros de la escuela argentina"
(tres meses después daba por terminada la labor de "saneamiento moral" dejando sin trabajo a 348 —entre los exonerados, 64
por actividades comunistas y 54 por "inmoralidad grave"—).[71]

Vigente el estado de sitio no hubo protestas en la Plaza de
Mayo —ni en ninguna de las demás— pero no quedó vacía, al
contrario. Las autoridades prosiguieron lo comenzado: fue más
exhuberante la celebración de las fechas cívicas, resucitaron algunas que habían pasado inadvertidas y, cuando les pareció
conveniente, inventaron otras.

Con su viaje a Tucumán, el general Ramírez había dado un
insospechado relieve al prácticamente abandonado aniversario
de la batalla epónima y recordó el Día del Reservista con desfile, orquestas folclóricas y cohetes provistos de banderas que

---

[71] *La Nación*, 4/6/1944.

descendían majestuosamente en paracaídas sobre la plaza del Obelisco. El General reservó sus energías, sin embargo, para el acto del 17 de agosto, en la Plaza de Mayo. Si la recordación era colosal, le agregó una peculiaridad: los oradores no representaban instituciones sino, algo corporativamente, a las "fuerzas económicas del país", a la "juventud argentina" y a los obreros (en este caso el cristiano José Ignacio Ibarra, que ofrecía a San Martín —anticipándose dos años al verdadero— el título de "nuestro primer obrero").[72] La presencia del presbítero José F. Bosso en el palco y de monseñor De Andrea en el Consejo de la flamante Orden de San Martín, por otra parte, certificaba la inclusión del Libertador en la Patria católica.

Conviene diferenciar estas ceremonias de las dispuestas por el general Farrell entre abril y julio de 1944. Unas y otras tenían un alto tenor político pero las segundas buscaron explícitamente apoyos al gobierno; exhibían además a las masas ante las dispersas fuerzas opositoras (cuya primera razón de esperar había sido la capitulación de Van Paulus en Stalingrado, en febrero de 1943) que cobraban nuevos ímpetus con cada triunfo aliado y, sobre todo, ante la opinión internacional. El tan notoriamente tardío fin de la neutralidad argentina no había logrado sacar al país del purgatorio donde lo había recluido el gobierno norteamericano: irritado por su obstinación y por la tolerancia a actividades nazis, se negaba a reconocer al gobierno argentino. En junio habían cesado todas las relaciones diplomáticas con los países del continente. En ese contexto, el exacerbado nacionalismo que tiñó las demostraciones públicas del general Farrell debe anudarse a la defensa de una soberanía pocas veces tan jaqueada; el 14 de abril, el 4 de junio y los actos de julio de 1944 fueron testimonios de ese empeño agónico, inseparable de la ambición de dar fuerzas a un régimen acorralado.

[72] *La Prensa*, 18/8/1943.

Desde su creación en 1890, el 14 de abril, el Día de las Américas no había merecido la atención concedida en 1944, cuando coincidía con un acerado discurso de Cordell Hull sobre la unidad panamericana. El Presidente invitó a la Plaza de Mayo y, con Perón a su vera, eligió los balcones del Cabildo para que sus "palabras tengan la solemnidad que impone el lugar, la inspiración de patria que guió la acción de los próceres"; procuraba recuperar el 25 de Mayo para instalarse en otro tiempo histórico, "antes que rigieran para nosotros los tratados de política exterior",[73] aquéllos, precisamente, a los que rechazaba plegarse.

Los rechazaba todavía el día en que las tropas aliadas entran en Roma, el 4 de junio, aniversario del golpe militar. Segundo acto de la serie, la Revolución decidió festejarse a sí misma, exhibiendo generosamente, a lo largo de la avenida 9 de Julio, los frutos de su política industrial. No era una efeméride pero todo concurría para que lo pareciera: misa de campaña ante el Presidente, tropas, masas de niños y estudiantes, escuadrillas que sobrevolaban el Obelisco, prórroga por treinta días de clausuras y desalojos municipales, anulación de penas a los contraventores y la bandera izada en la Plaza de Mayo. No se descuidaron las escuelas, que debían realizar actos el 1°, 2 y 3 de junio "para fijar de manera inconfundible en la mente de nuestros niños los elevados fines de dignificación espiritual y de amplia restauración de los valores permanentes de nuestra nacionalidad, perseguidos por tan importante suceso histórico" y, para fijarlos de manera aún más inconfundible, el doctor Alberto Baldrich, ministro de Justicia e Instrucción Pública, ordenaba leer la proclama del 4 de junio y párrafos del discurso presidencial en el Día de las Américas. Los lemas que debían inscribirse en los pizarrones escolares transcribían la pasión nacionalista del ministro.

"La Instrucción Pública para la Nación; no la Nación para la Instrucción Pública." "La Patria siempre tiene razón, como

---

[73] *La Nación*, 15/4/1944.

siempre tiene razón la madre. Un antipatriota es un traidor, como un mal hijo es un renegado." "El alma y la tierra son lo fundamental; las leyes son lo formal." "No hay restauración imposible. Quien afirme lo contrario desconoce en absoluto la historia", etcétera.

Tenemos por fin, en julio, sin que se conmemore nada, concentraciones en todo el país[74] cuyos objetivos, declara límpidamente el Presidente, son cumplir con el "deber primordial de apoyar al gobierno en la reafirmación hidalga de su nítida posición internacional" y desvirtuar (ante el Departamento de Estado) "la versión que sitúa al gobierno argentino como divorciado o extraño al sentir de la masa popular". El acto frente a la Cancillería, engrosado por obreros de La Plata llegados en trenes especiales, fue convocado por los sindicatos: participaban por primera vez, como tales, en una demostración a favor del gobierno. Menos numerosos, los nacionalistas marcharon por la calle San Martín, aplaudieron frente al Círculo Militar, y se reunieron dos días después en la Plaza de Mayo.

¿Qué puede decirse de nuestra Plaza durante estos años? Ante todo que combinó cambio y continuidad.

La monumentalidad y la frecuencia de los ritos cívicos fueron el núcleo de la continuidad. Los escolares no paraban de conmemorar. En mayo, tras el Día de la Escarapela, llegó el del Himno, celebrado en los jardines del Cabildo con una misa de campaña, alocuciones del vicario general del ejército y de la presidenta de la Asociación Damas Argentinas pro Tradicio-

---

[74] En Córdoba, Mendoza, Rosario, San Juan, Santa Fe, Bahía Blanca, La Plata, Paraná, Tucumán, etcétera, y los convocados por la Unión Ferroviaria frente a la sede de las autoridades provinciales o municipales.

nes Patrias y el poema "A mi tierra" de monseñor Calcagno recitado por la señorita Betty Sara Calveiro. En la Plaza de Mayo se proyectó una película alusiva, obra de las antedichas damas.

La Iglesia había sentado sus reales en la Plaza y también fuera de ella. Los actos de devoción del régimen fueron incontables, desde la imposición de la Faja de Generala a la Virgen de la Merced por el general Ramírez hasta el idéntico gesto del coronel Perón con la del Carmen de Cuyo, en septiembre de 1944, cuando otro avatar virginal, el de Luján, ya protegía las escuelas.

Continuidad también en el gusto por el folclore, introducido en la Plaza en los treinta (bajo la administración justista, después de las reflexiones de un conscripto sobre "El nacionalismo y la juventud", el coro entonaba *Hueya* y la vidala santiagueña *Pobre mi negra*).[75] El general Ramírez no hacía sino cargar las tintas el 17 de agosto, cuando rodeaba a la Plaza con las Milicias Infantiles Argentinas trajeadas de gauchos, y alineaba por Victoria (Hipólito Yrigoyen) a más de 1.000 jinetes con un representante de la Federación Gaucha Bonaerense[76] mientras la Banda Municipal ofrecía los inevitables *El tarco en flor*, *Gato* y *Media caña* y *Huella y gato*. Los bailes y orquestas típicas hicieron recobrar su aire festivo a las conmemoraciones. El general Farrell, fidelísimo partidario de la tradición (hizo jurar la bandera al regimiento 8º de caballería en la quinta El Resero, con misa y asado), concurrirá, terminada la ceremonia del 20 de Junio, a su apreciada quinta de Villa Lugano, donde fue recibido por el batallón de las Milicias Infantiles Argentinas y por señoras y señoritas "con vestidos de percal y cintas celestes en el cabello, y varios jinetes vestidos a la usanza criolla". El Presidente recordó en esa ocasión la conveniencia de "retornar a nuestro pensamiento e inspiraciones del pasado para acentuar

[75] *La Nación*, 26/5/1937.
[76] *La Prensa*, 17/8/1943.

el carácter auténticamente nacional […] Los argentinos deben alejarse del cabaret y refugiarse en el clásico fogón, exaltando como símbolos por nuestras costumbres, el chiripá, el recado y las boleadoras".[77]

El 9 de Julio desfilaron cañones bautizados *Nahuel* y se comunicó oficialmente que criolla había sido la fe gracias a la cual estuvo lista la maqueta del primer avión D. L. —por el "Dale, dale" del presidente Farrell— a los cuarenta y cinco días de recibida la orden.[78] No menos criollo fue el homenaje a San Martín, elegido para instituir el Día del Jinete Argentino, con los ineluctables desfiles de los agasajados "ataviados a la usanza de sus respectivas regiones".[79] En la Plaza, atiborrada por el Instituto Sanmartiniano, el Poder Ejecutivo en pleno asistía a una misa de campaña. Si tanta abundancia de botas, espuelas y bombachas no desentonaba en el clima cultural de esos años, es imposible ignorar la herencia recibida ni la influencia de los grupos ultranacionalistas, reciamente confirmada por el doctor Baldrich, que reclamaba en la Plaza de Mayo "la redención del alma hispano-criolla" invocando a los conquistadores y la epopeya de Facundo "contra la extranjería".[80]

En materia de innovaciones la más notoria, huelga decirlo, fue el acceso de los trabajadores a la Plaza y de los jefes sindicales al palco oficial.

Desde que el general Farrell llegara al poder o, mejor dicho, desde el comienzo de la labor de Perón en la Secretaría de Trabajo, los trabajadores retornaron a la Plaza. Eran 2.000 en febrero de 1944 para pedir el reconocimiento de la Unión Ferro-

[77] *La Prensa*, 20/6/1944.
[78] *La Nación*, 8/7/1944.
[79] *La Nación*, 17/8/1944.
[80] *La Nación*, 7/7/1944.

viaria; 40.000, también ferroviarios, más tarde —amalgamando reclamos, apoyo a Perón y agradecimiento por las mejoras obtenidas— y se verá luego a la Asociación de Obreros y Empleados del Estado. Son convocados además a actos gubernamentales. Por la Secretaría, en mayo de 1944, y por partida doble: para concentrarse en la Plaza el día 24 y para colocar la piedra fundamental de Villa Concepción, el primer barrio obrero.[81] En el primer aniversario de la Revolución abandonan la asistencia anónima de las últimas décadas para retornar a la identificación "en corporación", con carteles[82] que confirmaban públicamente el lazo entre gobierno y sindicatos, y los vemos por supuesto en la Plaza para aplaudir el vertiginoso ascenso político de Perón. No menos vertiginoso fue el de sus dirigentes al palco oficial: estrenado por José Tesorieri y el secretario de la CGT el 9 de Julio de 1944, el mismo Tesorieri, ahora como orador, estará el 17 de agosto, signo de los tiempos, en el lugar ocupado el año anterior por un obrero cristiano.

Para eso, para que los trabajadores concurrieran masivamente y para que sus dirigentes tuvieran un lugar en las ceremonias oficiales, le habían bastado a Perón pocos meses a la cabeza de la Secretaría. En rigor, casi dos años antes del 17 de octubre la Plaza de Mayo fue frecuentada por los trabajadores, aunque quizá no los mismos y sin duda mejor organizados que en 1945.

[81] *La Nación*, 26/5/1944.

[82] "Sindicato Autónomo de Empleados y Obreros de Cervecerías de la República Argentina"; "Asociación de Trabajadores del Estado"; "Los obreros al servicio de la Nación se adhieren al primer aniversario de la revolución del 4 de junio y a la obra de justicia social del Superior Gobierno"; "Sindicato Único de Encargados de Casas de Renta"; "El personal de las Grandes Despensas Argentinas ¡Presente! ¡Viva la Patria!"; "Sindicato del Vidrio. ¡Presente! Cumplimiento de la Ley 11.729"; "Sociedad de Obreros Faenadores de Cerdos y Anexos", etc.

Vale la pena quizá mencionar otra novedad: la escenificación del nacionalismo gubernamental a través de la integración simbólica del territorio. Parece mostrarlo el papel adjudicado a las provincias en la exhibición de la obra revolucionaria del 4 de junio[83] tanto como el desfile del 9 de Julio, que

> [...] asumía una representación íntegramente nacional, habiendo reunido el desfile a tropas de las más lejanas guarniciones con las de importantes capitales de provincias y con las de los acantonamientos de la Capital Federal y sus alrededores.[84]

Lo mismo podría inferirse de la insólita llegada en trenes especiales de delegaciones de colegios del interior para el acto del día 6 en la Plaza de Mayo, y de las arrebatadas palabras del doctor A. Baldrich:

> A la juventud de Tucumán: tierra del Aconquija, a la que nombro primero porque fue tierra de la Independencia y porque de las provincias es vanguardia y baluarte de la revolución militar y redentora; a la de Santiago del Estero: llanura de ascetismo y de peregrinación [...].[85]

Frente a los *diktats* internacionales y una opinión políticamente adversa, se reivindicaría un proyecto de unificación territorial, industrializador y nacionalista que, para lo que importa aquí, es independiente de cuanto podía haber de reales

---

[83] Alcohol isopropílico en San Lorenzo, relevamiento geográfico de la industria del gas, gráficos en relieve con los 61.000 kilómetros de la red nacional de caminos, mapas del gasoducto La Plata-Buenos Aires o del servicio de gas natural en Mendoza.

[84] *La Nación*, 8/7/1944.

[85] *La Nación*, 7/7/1944.

convicciones. Ese proyecto estuvo ensamblado con generosas *tournées* gubernamentales por las provincias. No tenía antecedentes la maratón emprendida en 1944 por el Presidente[86] para llevar el mensaje revolucionario, inaugurar obras de infraestructura y distribuir toda suerte de piedras fundamentales (sin olvidar la designación de funcionarios para las delegaciones regionales de la Secretaría de Trabajo y Previsión). Perón tampoco se quedó todo el tiempo en Buenos Aires y recorrió el país como sólo lo haría durante su campaña electoral.[87] (Si su primer viaje, en diciembre de 1943, había sido organizado por los ferroviarios, el homenaje que se le prepara en Tucumán, dos meses después, gozará del más amplio apoyo oficial (trenes, camiones especiales, ómibus con tarifas reducidas…).

Es una conjetura leer en la presentación del territorio un ingrediente nacionalista, pero tantos desplazamientos pueden ser vistos, menos aventuradamente, como una operación para presentar un gobierno y un Coronel ignorados por la mayoría de los habitantes del país, cuyos frutos se conocerán dos años más tarde.

¿Cómo entender la tan conspicua llegada de nuevos huéspedes a la Plaza de Mayo?

Las enseñanzas políticas del Concilio Ecuménico de 1934 y el agitado contexto social del bienio 1935-1936 permiten comprender la exhibición de la alianza entre la Cruz y la Espada, y

---

[86] En mayo a Mendoza, La Rioja, Catamarca, San Juan, en junio a Concepción del Uruguay, en julio a Córdoba, a Corrientes, etcétera.

[87] A Pergamino, para recibir una espada con empuñadura de oro de grupos obreros, a Quilmes, a Mendoza, a Paraná, a San Nicolás, a Concepción del Uruguay, a la fábrica de aviones de Córdoba, a Rosario, donde inauguró el policlínico ferroviario y fue aclamado en el estadio de Newell's Old Boys, etcétera.

la explicación de la omnipresencia de jefes militares y eclesiásticos después del 4 de junio es aún más sencilla: el ejército está en el poder y había sellado su lazo con la Iglesia. Ahora bien, estas interpretaciones suponen, ambas, ver a la Plaza como la escena donde se exteriorizan relaciones trabadas fuera de ella. Esta lectura, sin embargo, da cuenta imperfectamente del tercer rasgo de estos años, la desaforada magnitud y frecuencia ritual. Irreductible a una mera expresión de fuerzas sociales o políticas, la monumentalidad gubernamental constituye, por el contrario, un medio de *producción de poder en el ámbito público mismo.*

Esto conduce a volver a una dimensión que es común al Día de las Américas, la autocelebración de la Revolución, los llamados a apoyar la política exterior gubernamental y la fervorosa recordación del héroe militar de la independencia: la renovación del antiguo enlace entre autoridad y Patria, operación crucial para el ejercicio del dominio político en tiempos difíciles. Siempre en tren de suposiciones podría verse en esas exageradas demostraciones la busca de respaldo por un gobierno hostigado internacionalmente y presa de los conflictos entre facciones en pugna por dar una orientación política a una Argentina que se sabía de posguerra. Suposición que debe ser matizada, porque el gobierno de Junio había inventado relativamente poco: ya se habían dado los primeros pasos casi una década atrás. Pero las dudosas credenciales democráticas de unos y otros sugieren que la magnitud de los actos gubernamentales venía a llenar el vacío de las urnas.

El balcón

Existe, creo, una imagen irresistiblemente asociada con el nacimiento del balcón de la Casa Rosada: la aparición del coronel Perón, el 17 de octubre de 1945. En realidad no solamente ya se lo había visto el 8 de julio de 1944, sino que el general Uriburu había sido el primero en dirigirse desde allí a una multitud, inaugurando el lazo entre la Plaza y el balcón. Hasta entonces, las autoridades lo ocupaban para pasar revista a las tropas, saludar el día de su asunción o contemplar, parcas, manifestaciones peticionarias. Las cosas podían haber cambiado en octubre de 1916. El escuadrón, que había dispersado "a caballazo limpio", escribe *La Nación*, al gentío agolpado frente al domicilio del doctor Hipólito Yrigoyen, quiso hacer otro tanto en la plaza del Congreso pero el presidente electo "hizo un gesto" y se reemplazó famosamente a los caballos del carruaje que lo conducía a la Casa de Gobierno. Ese día, se recuerda, desechó la tradicional lectura del mensaje presidencial a Cámaras elegidas bajo el régimen anterior y tampoco estimó necesario dirigirse a sus partidarios en la Plaza, cosa que hizo el diputado doctor Leopoldo Bard, con una "corta pero vibrante arenga al pueblo". El Presidente se asomó para saludar militarmente el pasaje de cada cuerpo y abandonó la Casa de Gobierno por Paseo Colón "para evitar las efusiones populares".[88] Su segunda elección produjo tal aglomeración que tardó media hora en llegar a la Plaza. "Un centenar de palomas pintadas con los colores patrios surcó el espacio seguido por otras con los de España e Italia y luego se unieron a las anteriores las que llevaban el rosa, celeste y blanco del Parque de Artillería"[89] mientras el Presidente, silencioso, se instalaba en el balcón, que abandonó nuevamente por la entrada de Paseo Colón.

Yrigoyen no arengó a sus Plazas en 1916 ni en 1928, reserva que podría interpretarse como otra muestra de su resistencia a la palabra en público si no fuera porque no procedieron de otro modo el presidente Alvear en 1922 ni los presidentes electos de la década de 1930. (Será inútil que el 6 de septiem-

---

[88] *La Nación*, 13/10/1916.
[89] *La Nación* 13/10/1928.

bre de 1932 se requiera desde la Plaza al general Agustín P. Justo, que había saludado brevemente desde el balcón después de asumir.)[90]

El 6 de septiembre el centro de gravedad de la política, como apunta Alberto Ciria, se había desplazado del Congreso a la Casa Rosada. Pero si los nuevos jefes podían difícilmente jurar una Constitución caduca ante un Congreso inexistente, no se infiere la decisión de hacerlo ante la Plaza. Es plausible suponer que, cuando las armas ya habían triunfado, Uriburu buscara un *ersatz* de legitimidad popular que ni la fuerza ni la acordada de la Corte Suprema le otorgaban. Se comprendería entonces que jurara "ante vosotros, soldados de nuestra Patria, y ante el pueblo soberano", por un cargo "que he asumido por vuestra voluntad". Como no podía, ni quería, jurar ante los *representantes* del pueblo, lo hacía ante una Plaza designada *pueblo* por el General. Dicho entonces más precisamente, el general Uriburu inauguró la *palabra* como vínculo entre un jefe de gobierno en el balcón y una Plaza adicta y repleta.

El 4 de junio de 1943 la escena se repite. El general Rawson hablará desde el balcón al "Pueblo de la Nación Argentina" —pese a que sólo una muy escasa parte estaba en la Plaza—, tres días después lo imita el general Ramírez y luego el general Edelmiro J. Farrell. Cuando los golpes militares dejen de ser novedosos y la legitimidad *de facto* sea menos controvertida, los balcones de la Casa Rosada serán abandonados por un Aramburu, un Onganía o un Videla. Esta hipótesis es insuficiente sin embargo para dar cuenta del tan frecuente uso de los balcones por el general Farrell: ante los ferroviarios, los empleados del Estado, y después de su promoción a jefe de Estado; en el intermedio había salido a otro balcón, el del Cabildo, en el Día de las Américas.

---

[90] *La Razón*, 20/2/1932.

El nuevo uso de balcones prácticamente mudos hasta entonces, nacido en 1930, restablecido en el 43 y activado en 1944, implicaba una muchedumbre en la Plaza para escuchar —y vitorear— al gobierno. Fueron sin duda más el resultado de convocatorias que de decisiones exclusivamente individuales. Pero que fueran escasamente espontáneas no refuta el advenimiento de un doble fenómeno: un clima de movilización que las consentía y el interés gubernamental en verse plebiscitado públicamente.

La nueva relación entre la Plaza y los balcones alcanzó a las efemérides. El 25 de Mayo de 1944, finalizada la ceremonia, "surgieron voces del sector del público ubicado bajo los balcones de la Casa Rosada" solicitando la palabra del general Farrell quien, era previsible, "accedió al requerimiento del concurso" y halló "un eco vibrante en el público que aplaudió en cada párrafo, manteniendo su ovación hasta que el jefe del Estado se retiró del balcón que ocupaba".[91] La rutina del balcón había irrumpido en la Patria pública. Otra vez: no importa si esas "voces" eran espontáneas o no. Importa que la presencia del jefe de Estado en el balcón y de una muchedumbre en la Plaza llevaban irresistiblemente a encuentros fundados sobre un discurso reclamado desde debajo de los balcones.

Llega julio de 1944. Con el día de la Independencia programado del 7 al 9 resultaba espinoso encontrar una fecha para el juramento del nuevo vicepresidente y no era cuestión de que Perón asumiera en otro lugar que frente a la Plaza. Se intercala entonces un acto, el día 8, convocado nominalmente por la Federación de Maestros y Profesores Católicos y el Sindicato Argentino de Maestros, oportunamente organizados por la Secretaría de Trabajo y Previsión. La aparición de Farrell y Perón en el balcón fue recibida con una salva de aplausos y por un público que enarbolaba por segunda vez carteles sindi-

---

[91] *La Nación*, 25/5/1944.

cales.[92] Para responder al requerimiento popular, según la fórmula periodística, el flamante vicepresidente pronunció su primer discurso desde el balcón de la Casa Rosada y enumeró, también por primera vez, sus tres títulos: soldado, patriota y —porque se lo habían otorgado los ferroviarios en diciembre— "ser considerado primer trabajador".

Precedido por el general Rawson, por el general Ramírez y cuatro veces en cinco meses de gobierno por su amigo el presidente Farrell, nada tenía de sorprendente que el Coronel saliera al balcón para hablar a la entusiasta multitud (los "cuarenta sindicatos") congregada en la Plaza de Mayo. Y puesto que la Casa Rosada y el Cabildo no eran los únicos edificios públicos con balcones,[93] Farrell y Perón hablarán desde los de la Cancillería, en julio, dos días seguidos. Era el principio del fin de las multitudinarias demostraciones gubernamentales. La Plaza de Mayo corrió su misma suerte y deberá compartir con otras su lugar como centro político de Buenos Aires.

[92] Ferroviarios, obreros municipales, cerveceros, tranviarios, panaderos, del vestido, conductores de taxi, telegrafistas, maestros, obreros del puerto, faenadores, canillitas, personal de Molinos del Río de la Plata, Federación Odontológica Argentina, empleados y obreros del Estado, carniceros, etcétera, amén de la delegación de la Corporación Pesquera de Ayuda Mutua de Necochea, Quequén y Mar del Plata, conducida por el capellán Roberto Wilkinson.

[93] El 20 de mayo de 1944, en Córdoba, Perón también prefirió para su discurso los balcones del Cabildo al palco que se había preparado.

5

La Plaza de Perón

La Revolución del 4 de junio significa, para los proletarios, y en cuanto proletarios, el más grandioso acontecimiento imaginable. Y dentro de la revolución de junio, nada tan maravilloso para esos hombres como la obra del coronel Perón. [...] Veo al coronel Perón como a un hombre providencial. Creo que las masas —que ya lo adoran— así lo van comprendiendo. Es un conductor de hombres, un caudillo y un gobernante de excepción.[1]

La opinión pública educada carecía en 1943 de las simpatías, y de la clarividencia, de un Manuel Gálvez. Perón era un relativo desconocido para los porteños cuando pasó a encabezar la Secretaría de Trabajo y —pese a su figuración durante el terremoto de San Juan— la prensa consideraba pertinente publicar su foto y su biografía en ocasión de su nombramiento como ministro interino en el Departamento de Guerra. El Coronel cambiará las cosas rápidamente y, para eso, la radio fue providencial: se había servido precozmente del micrófono el 31 de diciembre de 1943 y no desperdiciará ninguna oportunidad —menos aún la brindada por la proyección obligatoria del noticiario Emelco sobre el aniversario de la revolución y su visita a Córdoba—,[2] al tiempo que los comunicados oficiales sobre sus

---

[1] Manuel Gálvez, "La obra social que desarrolla el coronel Perón", originalmente en *El Pueblo*, prólogo a *El Pueblo quiere saber de qué se trata, op. cit.*
[2] *La Nación*, 10/6/1944.

giras al interior lo incorporaban diligentemente en la esfera pública. No hay razones para pensar que la oposición ignoraba
el apoyo sindical al gobierno, los homenajes y agradecimientos de los trabajadores y la presencia de sus dirigentes en actos oficiales,[3] más visibles probablemente que la larga fila formada frente a la Secretaría para recibir juguetes en el Día de
Reyes de 1945, y pudo difícilmente pasar inadvertido el entusiasmo popular en el juramento de Perón como vicepresidente. Quien se tomara el trabajo podía verificar, como *La Nación*, que pese a estar oficialmente terminado el acto de apoyo
a la política exterior gubernamental, "el público arreció en su
petición de que hablara el coronel Perón", y que "a las excla-
maciones de 'Farrell' y 'Peluffo' se sumó, cuando la manifestación había adquirido un ritmo de marcha más firme, la de
'Perón', 'Perón'".[4]

La relativa indiferencia de 1943 —un militar entre tantos
otros— se esfumó a medida que Perón se revelaba como heredero verosímil de un gobierno militar y catalogado pronazi por muchos mientras que, por cuerda separada, las intervenciones de la
Secretaría alimentaban el encono empresario. A principios de
1944 el Coronel volcaba miles de trabajadores en las calles. La ira
de empresarios y propietarios rurales, de políticos y estudiantes,
explotará en la esfera pública —la prensa, las calles, la Plaza— en
una enconada contienda política sin antecedentes en la historia
argentina del siglo XX.

---

[3] Del personal de tribunales, de los delegados de organizaciones gremiales en el comando divisional del Ejército, de la Unión Ferroviaria, en presencia del Presidente, de 3.000 afiliados de la Fraternidad, de la Unión Tranviarios de la Capital, de los Empleados de Comercio, etcétera.

[4] *La Nación*, 28/7/1944.

La batalla en la prensa

Se sustituyó el trigo por el arroz, la yerba mate por el café y se han suprimido los garbanzos, porotos y lentejas que se encontraban en la preparación de guisados, sustituyéndolos por carne en todos los casos.[5]

La decisión de la Secretaría de Sanidad respondía al deseo de evitar "dentro de la idiosincrasia argentina, el extraordinario desperdicio de alimentos"; había adoptado veinte menúes diferentes para los tuberculosos porque "por la naturaleza propia de su afección tienen provocado un estado particular de espíritu" y no había más ratas en los hospitales municipales: así responde a una nota de *La Prensa,* castigada con cinco días de suspensión por apartarse "de la crítica constructiva". La censura y la clausura de la política partidaria se combinaban para convertir a la prensa en una singular arena de disputas, simultáneamente en la oposición al gobierno y bajo su control. Todo o casi todo era motivo de escaramuzas que poco encubrían su tenor político: en 1945 *La Prensa* elegirá un tema espinoso, la inflación, para informar sobre un "nuevo y repentino aumento en el precio del pan, carne, frutas y leche" pero tendrá que publicar al día siguiente un comunicado oficial, "Fruta barata", que recordaba la venta a buenos precios en los puestos oficiales.

Habitual vehículo del ingreso en la esfera pública de conflictos en diversos ámbitos, la querella entre la patronal y Perón convirtió a la prensa en *el lugar mismo del combate.* Simple transcripción de enfrentamientos *reales* entre protagonistas sociales, puede argüirse, y con razón, pero sería olvidar que su *expresión exclusiva* en los diarios le otorgaba *otro régimen de realidad.* En 1944 se pone de manifiesto la especificidad de los con-

[5] *La Nación,* 26/4/1944.

flictos en el espacio construido por los medios de comunicación —distinto de la calle, la fábrica o la Plaza—: tan visibles
como huelgas y protestas, las "manifestaciones de papel" sus-
tituían el *número* de participantes por la *calidad* de quienes las
firman.

La resistencia patronal a la obra de la Secretaría era conocida por lo menos desde noviembre de 1944;[6] el 22 de diciembre, en momentos particularmente difíciles para el gobierno,
la Unión Industrial sale a la palestra con una declaración que
hace saber su decidido y belicoso ingreso en el frente opositor,
y la elección de la Secretaría como adversario. Perón responde
el 27 y la UIA vuelve dos días después con una nueva solicitada. El Estatuto del Peón, se recuerda, había provocado un to-
rrente de protestas y amenazas, y los estancieros de San Luis no
desmentían a la CGT —que compara esas resistencias con las
levantadas por la abolición de la esclavitud— cuando declaran
que "extinguirá aquel espécimen de amo generoso […] para
dejar a merced de los peones o de cualquier agitador profesio-
nal, conspirando contra la tranquilidad y la vida de las familias
y la de los hombres honestos que trabajan en el campo".[7]

El petitorio empresario de abril de 1945[8] desencadenó el
insólito combate discursivo de junio. En declaraciones a toda
página, el IV Congreso Rural argentino rechaza el Estatuto del
Peón, la Sociedad Rural denuncia el monopolio estatal de la co-

[6] Las organizaciones del comercio objetaban el proyecto de ley de jubilaciones y la reducción de los precios de la ropa por "injerencia excesiva del
Estado", *La Nación*, 8/11/1944.

[7] *La Nación*, 1/1/45.

[8] Sesenta y tres entidades patronales encabezadas por la UIA y la Bolsa
de Comercio se oponían al proyecto de un aumento general de salarios, la
fijación de un salario mínimo y la participación de los trabajadores en las ganancias.

mercialización de granos, y el Manifiesto del Comercio y la Industria ("300 asociaciones representativas de las 'fuerzas vivas'") se alarma ante "el ambiente de agitación social que daña la disciplina y el esfuerzo productivo de la colectividad [que] se origina y es instigado desde las esferas oficiales". Las Confederaciones Rurales Argentinas, la Cámara de Grandes Tiendas y Anexos, la Sociedad Rural Argentina se alzan contra el régimen de jubilaciones, el control del comercio de granos, la modificación de la ley de defensa ganadera y, luego, contra la fijación de precios máximos, medidas todas que constituían una inaceptable intervención estatal que malograba "la disciplinada y pujante eficiencia del esfuerzo productor". Las respuestas no se hicieron esperar. El mismo 16 de junio y cubriendo la misma cantidad de centímetros, Perón denuncia los objetivos políticos de la "eterna oligarquía", y al día siguiente la Secretaría comunicará la solidaridad de unos cincuenta gremios. Los sindicatos, a su vez, hacen conocer su apoyo a la política obrera gubernamental el 19, 20, 21 y 22 de junio, para culminar el día 23 con una enorme solicitada, "El pueblo también tiene voz y la hace escuchar".[9]

¿Para qué se publicaron? La pregunta es lícita porque parece innecesario, o al menos un poco excesivo, que los antagonistas hayan decidido intercambiarse mensajes con sus respectivas posiciones, harto sabidas por unos y otros.

Perón diagnosticará más tarde, acertadamente, que "la República hoy se halla dividida en dos bandos perfectamente claros y reconocibles. Esta división ha tenido origen en la acción de esta casa". La aceleración del tiempo histórico permite sugerir sin embargo que esos dos bandos eran menos "claros y reconocibles" en junio; todavía en agosto, nos dice Félix Luna, "lo importante era la imagen que cada fracción lograría impo-

---

[9] Los sindicatos de telefónicos, bancarios, empleados de comercio y de empresas de seguros, la Unión Ferroviaria y la Unión Tranviarios.

ner a la opinión pública". La declaración empresaria no parece ignorarlo: "Si alguna duda existía, hoy sabe toda la nación dónde se origina el clima de agitación social".[10]

Estamos ante una serie de declaraciones de guerra, pero no solamente. Primero, porque Perón violaba el uso tradicional del espacio público: recurrió a soportes alternativos, dirigidos a públicos localizados que fueron recibidos por sus adversarios menos en función de sus contenidos que como desordenadas estridencias:

> La ciudad azorada ha asistido al ruidoso espectáculo en que se pregona y se amenaza con la violencia desde la radio, las solicitadas, los altavoces, los carteles murales y los folletos destinados a conmover la tranquilidad ciudadana.[11]

Segundo, porque el debate moldeó al conflicto. Al mostrarse, cada bando se definía a sí mismo, a su adversario y exponía lo que estaba en juego. Que la virulenta campaña se desarrollara públicamente indica, por último, la existencia de un tercer destinatario ("toda la nación", "la ciudad azorada"). Las solicitadas, indudables proclamaciones bélicas, son difícilmente comprensibles sin advertir que se disputaban la adhesión de un público que nada hacía suponer enteramente embanderado.

La batalla en las calles

Obligada a abandonar medios de comunicación ocupados por los comunicados oficiales —los exiliados políticos sólo lograban existir públicamente a través de las respuestas gubernamentales—, la oposición había optado como estrategia por de-

---

[10] *La Nación*, 25/6/1945.
[11] *Loc. cit.*

mostraciones de adhesión a los aliados en calles y plazas. El gobierno, que no lo ignoraba, las prohibió puntualmente ("homenajes a países amigos [introducen] entre los participantes 'elementos de acción' destinados a alterar el orden, provocar la intervención policial y desnaturalizar la respetable y propia finalidad de aquellos homenajes")[12] pero le resultaba difícil impedir las expresiones de júbilo por la liberación de París. El entusiasmo de las clases medias —y no sólo de ellas—, llenó la plaza Francia en un acto que quedará para algunos como un ominoso ícono; era, se escribe sin ambages, "la verdadera orientación" del espíritu de Buenos Aires, "la depurada realidad de sus anhelos".[13] Es sabido que combinaba una sincera alegría y la muy evidente hostilidad al gobierno, resumida por Alfredo Palacios: "La liberación de París marca la hora de caída de todas las dictaduras. ¡Viva Francia libre! ¡Viva la Argentina libre!" Al grito de "¡Somos el pueblo!… ¡Somos el pueblo! …" se pretendía competir con el gobierno —¿y por qué no con Perón?— por la propiedad del *verdadero* pueblo; para *La Nación*, en todo caso, "en plaza San Martín estaba el auténtico pueblo argentino —esta vez puede decirse". ¿Pueblo o clase trabajadora? Perón parece distinguirlos al comprobar la detención de un único obrero (del gremio de la construcción, por entonces controlado por los comunistas) en los incidentes y concluir que "la clase trabajadora está compuesta por gente de orden que no tiene necesidad de acudir a actos reprobables y contrarios a la tranquilidad pública desde que se siente protegida por la acción que en su favor desenvuelve la Secretaría de Trabajo y Previsión".[14]

[12] *La Nación*, 7/9/1944.
[13] *La Nación*, 25/8/1944.
[14] *La Nación*, 27/8/1944.

Se cerraba, a mediados de 1944, el período de predominio de los "objetivos revolucionarios" y el gobierno, acosado por una oposición movilizada y el aislamiento internacional, emprendía el duro camino del retorno a las instituciones. En septiembre llega el esperado discurso del Presidente prometiendo "encauzar al país en lo que constituye su auténtica normalidad" y en diciembre se nombra una comisión para estudiar el estatuto de los partidos políticos. El 27 de marzo, a menos de un mes del suicidio de Hitler, se declara *in extremis* la guerra al Eje y se firma el Acta de Chapultepec, para desesperación de funcionarios nacionalistas, que renuncian, y de Federico Ibarguren, interventor federal en Tucumán, que ordena poner la bandera a media asta. El 23 de abril, a las 2 de la mañana, Perón niega por tercera vez toda aspiración presidencial.

Mal podía el gobierno pasar por alto el 8 de mayo de 1945. Declarado feriado, se ofició un tedéum y la ciudad fue embanderada durante tres días, pero como no se perdía de vista su potencial político, se prohibió toda expresión pública (incluso la frase "Berlín ha caído" por radio),[15] pese a lo cual se festejó jubilosamente en los restaurantes porteños, Harrod's y Gath & Chaves adornaron sus vitrinas, se cantó la *Marsellesa* frente al Hospital Francés y la Junta de la Victoria (clausurada en 1943 y autorizada nuevamente en abril) organizó una cena a beneficio de la Cruz Roja británica. Quienes de todos modos salieron por Florida fueron dispersados por la policía, como lo certifica una foto que *La Prensa* no omite publicar. A fines de junio se liberan presos políticos, el Partido Radical y el Socialista recuperan sus sedes, el Comunista la legalidad, el 6 de julio Farrell anuncia la convocatoria a elecciones y el 6 de agosto se levanta el estado de sitio. Nada de esto sosegaba al Departamento de Estado ni a la oposición, que reclamaba la entrega del gobierno a la Suprema Corte.

---

[15] Citado por Robert A. Potash, *El ejército y la política en la Argentina*, t. II, p. 365.

El deshielo fue brutalmente interrumpido en agosto por arrestos a civiles y militares acusados de preparar un complot; los tres muertos en manifestaciones atizaron la inquina contra cuanto uniforme había, como lo experimentaron los soldados con licencias para "dar amplia libertad a la tropa, integrante del pueblo mismo, para participar del alborozo general", informa el ministro de Guerra, "incomprensiblemente atacados a mansalva por ciertos manifestantes". No fueron ajenos a estos ataques los estudiantes, cabeza de la lucha contra el gobierno cuando los partidos no habían recuperado ni sus reflejos ni sus estructuras, y con muy concretos motivos de cólera desde 1943. Perón, presidente provisorio en agosto, intenta calmarlos con un sorprendente discurso "desde la atmósfera azulgris que se atisba ahíta de horizontes [donde] el espíritu se recoge en instintivo movimiento de introspección y una extraña sensación de eternidad domina e invade todo proceso volitivo [...]"; los muertos de mayo, concluye, "cayeron víctimas de la fatalidad". El mensaje irritó aún más a una audiencia que para nada creía en tal fatalidad, y era perfectamente inútil cuando las cartas ya estaban echadas.

Durante los casi dos meses que mediaron entre el levantamiento del estado de sitio en agosto y su reimplantación el 26 de septiembre se abrieron las compuertas a demostraciones opositoras con homenajes a prohombres, según las fechas; a Roque Sáenz Peña, a Alberdi, a José Mármol, a Sarmiento y, en septiembre, a Rivadavia, en el centenario de su muerte: el Instituto Rivadaviano le consagra una semana, lo recuerdan prácticamente todas las instituciones y colectividades, y el día 11 vemos en el Luna Park a Jorge Thénon, a Spruille Braden, al rector de la Universidad del Litoral y al presidente de la Junta de Coordinación Democrática. El 19 de septiembre, por fin, la oposición decide salir masivamente a la calle con la Marcha de la Constitución y la Libertad, autorizada a último momento, y objeto de una violenta Orden General al Ejército, en la que Perón denuncia los "mezquinos propósitos" de "los avaros e injustos", de "esas fuerzas oscuras" que "faltan a sus deberes de cristianos y argentinos".

Se prohibió a la radio difundir anuncios de la marcha que llenaron en cambio las columnas de los diarios. Nos informan que la Junta de Coordinación Democrática distribuyó 2.000 banderas y 50.000 pañuelos —celestes para las mujeres y blancos para los hombres— y, como el entusiasmo folclórico no era patrimonio de nadie, repartió las letras del *Cielito*, de la zamba *Celeste y blanca*, del *Cuándo* y de *La cucaracha*. Al grito de "¡Libros sí, botas no!", "¡Votos sí, botas no!", la Marcha se detuvo en Callao 1405 para aplaudir el breve discurso del general Rawson, en uniforme, pero tuvo "expresiones hostiles" hacia el general Ramírez que, de civil, las "soportó estoicamente largo rato hasta que, apremiado por algunos de sus acompañantes, abandonó el balcón". La policía calculó 65.000 personas. *The Herald Tribune*, 500.000. *The New York Times*, 250.000. Para Félix Luna, cifra probable, fueron 200.000, "una multitud jamás vista en las calles de Buenos Aires", resume *La Prensa*. La demostración no necesitaba ahora la máscara de los próceres pero no por eso se desentendió de la historia: los carteles con los nombres de San Martín, Belgrano, Moreno, Rivadavia, Sarmiento, Mitre, Urquiza y Roque Sáenz Peña trazaban su filiación.

Casi cuanta organización existente en Buenos Aires reclamaba a voz en cuello el retorno a la normalidad constitucional, y llovían ironías y reproches sobre un régimen para cuya desgracia Braden —enemigo declarado de Perón al que acusaba de líder demagógico listo para instalar un régimen fascistoide— será encargado para asuntos latinoamericanos en el Departamento de Estado. Vuelven exiliados y las concentraciones son abiertamente políticas: la UCR en plaza Congreso —con un final de gases y corridas—, el Partido Socialista en la Casa del Pueblo, el Comunista en el Luna Park.

¿Qué sucedía, mientras tanto, en la Plaza de Mayo? Desde principios de 1945, poco y nada. A medida que el gobierno perdía el control de la situación política, parecía no querer o no poder presentarse públicamente.

La batalla de las plazas

Le era quizás embarazoso al gobierno recordar el 25 de Mayo ante fuerzas que, envalentonadas por el triunfo aliado, se sentían con derecho a apropiárselo en nombre de la libertad y la democracia; el hecho es que el acto se redujo a su mínima expresión (representantes de la escuela de suboficiales para rendir honores en la Plaza y un breve desfile por Florida). En el segundo aniversario de la Revolución el gobierno renunciaba enteramente a la Plaza —reemplazó las demostraciones por emisiones radiales—[16] y lo mismo sucedió en el Día de la Bandera. El 9 de Julio, las autoridades se ciñeron al desfile de las tropas por avenida Alvear y a la radio: un discurso de Mercante, gatos y chacareras por la Banda Municipal y una evocación de Martín Fierro. Quedaba la recordación del Santo de la Espada. Si se admite que la Patria puede ser objeto de disputas políticas, así pueden calificarse los acontecimientos del 17 de Agosto de 1945.

Con posiciones antitéticas ardorosamente sostenidas se convocaron simultáneamente dos actos, en dos sitios diferentes: el gobierno, en la Plaza de Mayo, la oposición en plaza San Martín. Organizado este segundo por la Unión Obrera Local —con mayoría socialista y comunista—,[17] contó con estudiantes, par-

[16] Decretó asueto, inauguró un monumento a los caídos en Campo de Mayo y la radio trasmitió el discurso de Farrell desde su residencia en avenida Alvear.
[17] Los oradores: Rubens Iscaro por la Unión Obrera Local, un universitario y un estudiante secundario, un delegado de la Junta de la Victoria y otro del Partido Comunista.

tidos y entidades diversas pero no con Spruille Braden porque, explicaba en su ovacionado mensaje de adhesión, debía recibir a sus compatriotas en la embajada; "bajo la policromía de cientos de banderas amigas", vendidas por la Casa Cesto a 4,90, manifestaron hasta el Congreso donde reclamaron fervorosamente "El Congreso para el pueblo".[18]

El acto había sido anunciado como festejo de la rendición del Japón, el 14 de agosto, pero al elegir el monumento al héroe, y en su día, el paralelismo entre ambos actos no pasó inadvertido para nadie. No para el gobierno que, en la Plaza, rogaba "no hacer manifestaciones que estén fuera del espíritu patriótico de honrar al héroe que anima esta conmemoración" ni para el orador, el coronel Descalzo, que juzgaba "irreverente pretender llevar a su campo partidario al Libertador con sofismas históricos": la república "no tiene sino un honor y un credo, como sólo tiene un nombre y una bandera, la Patria de los argentinos es una sola, indivisible y tiene una historia solamente". La pretensión de duplicar el homenaje lo enardece porque no puede haber dos San Martín, en dos plazas, cubiertas ambas de banderas argentinas.

> ¿Cómo es posible que haya dos historias en una misma Patria? El Libertador es el Gran Neutral porque era y es el padre de la Patria. [...] El Gran Neutral está contra los unos y contra los otros que, enceguecidos, siguen con su furor y el puñal en la mano el camino que les marca quien no tiene responsabilidad ante la posteridad.

¿Lucha por la apropiación simbólica de San Martín? No sería desatinado deducirla de las metáforas de unos y otros: el "Gran Neutral" en la Plaza de Mayo, el del "militar sin tacha y el ciudadano que respetó la libertad después de haberla logra-

---

[18] *La Prensa*, 6/5/1945.

do, como aspiración única de su empresa guerrera",[19] frente a su monumento.

El desdoblamiento del 17 de Agosto no pasó tampoco inadvertido para la prensa; sin estado de sitio, pudo permitirse dedicar el mismo espacio a ambos actos, aludir extensamente al de plaza San Martín como un homenaje al prócer y, más, estimar, como lo hace *El Mundo*, que "el núcleo más expresivo [...] se configura en la gran concentración al pie del monumento erigido al héroe supremo".

La contienda política entre las dos plazas consolidó la trilogía simbólica de la oposición —Plaza Francia, la de San Martín y la de Congreso—, frente a la de Mayo, anexo gubernamental. El peronismo, por su parte, constituía su territorio delante de la Secretaría, donde celebrara su primer aniversario y meta de las cotidianas delegaciones obreras. El 12 de julio de 1945, convocados por la Comisión de Unidad Sindical,[20] confluyeron, frente a Perú al 100, trabajadores de Rosario, cerca de 3.500 de La Plata, 8.000 de Berisso, en total 300.000, exagerará quizá Perón retrospectivamente. Por primera vez el sindicalismo apoyaba públicamente al Coronel, asomado al balcón del primer piso. Los oradores no mencionaron su nombre. Para eso estaban los estribillos ("¡Perón sí, otro no!", "¡Ni nazis ni fascistas. Peronistas!") y los carteles ("Perón, futuro presidente de los argentinos" o ese otro, enorme, con su retrato y la leyenda, "El gran Conductor argentino del Futuro. Porque la Patria lo exige. Por voluntad soberana del pueblo. Por una Argentina libre, fuerte y soberana"). Durante los tres meses siguientes, es-

---

[19] *El Mundo*, 17/8/1945.
[20] La Unión Ferroviaria, la Confederación de Empleados de Comercio, la Unión Tranviarios, la Asociación de Obreros y Empleados del Estado y la CGT.

cribe sin duda con razón Juan Carlos Torre, "las organizaciones
obreras estuvieron conspicuamente ausentes de las calles",[21] pero no habría que olvidar, en agosto, además de los miles de trabajadores de Avellaneda, a los reunidos frente a la Secretaría
(encargados de las casas de renta el 20, centenares de ladrille-
ros el 21, obreros y empleados públicos el 24, ferroviarios el 27,
y otros tantos en septiembre). La prensa, que se contentaba con
reproducir escuetamente los comunicados oficiales, prefirió
describir con más detalles la aparición en la Plaza, en septiembre, de "unas cuatrocientas personas",[22] miembros de una fracción disidente de la Unión Tranviarios que afirmaba representar a 35.000 trabajadores en conflicto desde agosto; su petitorio,
avalado por socialistas y comunistas, no denuncia a la Corporación de Transportes sino a Trabajo y Previsión: la huelga había
sido declarada ilegal y la policía había disuelto un mitin huelguista frente a la Secretaría.

Más extensas fueron las notas sobre el recibimiento entusiasta a Braden, de retorno de Rosario, por "muchas y destaca-
das figuras de nuestros círculos más representativos y calificados"[23] al grito de "¡Vivan los Estados Unidos!", "¡Viva Braden!",
"¡Libertad!", "¡Democracia!", "¡Elecciones!", y su triunfal despedida en el Plaza Hotel. La unanimidad de la prensa le ofrecía a la oposición la representación de una ciudad a su imagen
y semejanza, prometiéndole una segura victoria electoral.

La Plaza gubernamental, mientras tanto, se vaciaba. El aniversario de la batalla de Tucumán fue prácticamente un festival folclórico escolar con un discurso de Ataliva Herrera —interventor del CNE—, un recital de danzas —*Zamba, El palito, La*

---

[21] Juan Carlos Torre, "La CGT en el 17 de Octubre de 1945", Juan Carlos Torre (comp.), *El 17 de octubre de 1945*, Buenos Aires, Ariel, p. 37.
[22] *La Nación*, 14/9/1945.
[23] *La Prensa*, 23/7/1945.

Lorenita, El gauchito— y el poema *Bamba,* de Ataliva Herrera, recitado por la señorita Nelly Fadeux. Al día siguiente el general Rawson era apresado en Córdoba por incitación a la rebelión y se restablecía el estado de sitio. El gobierno clausuró universidades y la policía (con bastones) detuvo a 1.445 estudiantes que las ocupaban. A principios de octubre Aarón Salmún Feijó fue asesinado por la Alianza Libertadora Nacionalista por negarse a vitorear a Perón. Vuelven las tensiones en los altos mandos, que esta vez no se resolvieron a favor de Perón. Obligado a renunciar a todos sus cargos el 9 de octubre, millares de trabajadores se agolparon frente a la Secretaría para escuchar su despedida, trasmitida —para irritación de los jefes militares— por las emisoras oficiales en cadena. En plaza San Martín la oposición manifestaba ruidosamente su triunfo y el gobierno encargaba a Juan Álvarez, apacible Procurador General de la Nación, la integración de un ministerio civil.

Perón llegó detenido el 13 de octubre a Martín García. Volvió a Buenos Aires el 17, muy temprano, e ingresó en el Hospital Militar. Desde los barrios y los suburbios industriales, a pie, en camiones, botes, colectivos o tranvías, los trabajadores afluyeron a la Plaza de Mayo para pedir su liberación. A las nueve menos veinte de la mañana había 1.500 personas, según el parte de policía de la sección 2ª, varios miles se apiñaban frente al Hospital Militar, pero sólo a las once de la noche de ese día caluroso la muchedumbre —que había permitido a Perón imponer condiciones y colaboradores— pudo por fin vivar al Coronel. La primera Plaza peronista, cuando los "cuarenta sindicatos" aclamaban su designación como vicepresidente, fue invocada por Perón para iniciar su discurso: "Hace casi dos años, desde estos mismos balcones…"

Buenos Aires cambió de dueño. Al pueblo de septiembre le siguió este otro, que colmó las calles y la Plaza, adueñándose de una ciudad paralizada por la ausencia de transportes y el cie-

rre de comercios; muchos pernoctaron al aire libre en una noche de calor bochornoso y recorrieron al día siguiente las calles vaciadas por la huelga de la CGT.

El balcón de Perón. El 17 de octubre

No es fácil ocuparse del 17 de octubre sobre el que todo, o
casi todo, ha sido escrito. Expresión de un inédito movimiento popular, perduró como un acontecimiento portentoso de la
historia política argentina. Sin negar su irrebatible rareza es posible, creo, ver al 17 de octubre como una protesta. Porque si
consagró los lazos afectivos entre Perón y los trabajadores, y dio
nacimiento al peronismo, no ha de quitársele cuanto tuvo de
reclamo ante el Poder Ejecutivo tras la evicción de Perón.

Una diferencia, sin embargo, hizo correr ríos de tinta: su
desorganización. No fue eso lo que retuvo la atención de las
reacciones opositoras, muy por el contrario. La mesa directiva
de la UCR lo vio "planeado en detalle por las reparticiones públicas", "la manifestación no fue espontánea. Fue preparada
por la Policía Federal y la oficina de la Secretaría de Trabajo y
Previsión";[24] o como el "malón peronista con protección oficial
y asesoramiento policial" denunciado por el Partido Comunista: "los nazi-peronistas tienen un plan de acción y una dirección única encargada de hacerlo cumplir". La espontaneidad
del 17 ingresó después. Lo hizo al servicio de interpretaciones
del origen del peronismo menos interesadas en refutar el papel de la policía que en anular la intervención sindical.

Le tocó el turno primero a la historia de sí confeccionada
por el peronismo, tal como fue fijada por Perón en su discurso del 17 de octubre de 1946, el primero que pronunció como
presidente. Era razonable que recordara "esta misma histórica

[24] *La Nación*, 25/10/1945.

Plaza de Mayo..." pero lo era menos que afirmara que el año anterior "sin ser más que un descamisado decreté feriado el 18 de octubre", curiosa transformación del 18, día de la huelga general de la CGT para reclamar su libertad. Si es cierto que en 1945 pedía que "realicen el día de paro festejando la gloria de esta reunión de hombres de bien y de trabajo", el hecho es que en 1945 se trataba de un paro y ahora era un feriado decretado por el Presidente. Así, el decreto sucede y no sucede en 1946; es al mismo tiempo nuevo y reiteración de otro, inventado. Esta transmutación anula el paro del 45 y, con él, el papel de las organizaciones gremiales, ya que borrando la huelga los sindicatos quedaban igualmente borrados. Era necesario para eso un *tour de force*: colocarse a sí mismo en condiciones de emitir un decreto "siendo un simple descamisado", pero este detalle no parece haberlo perturbado y pasó inadvertido, debido seguramente al júbilo reinante cuando, en tono bíblico, pide "que escuchen el decreto que ha de leerse, que quedará para todos los tiempos señalado como una costumbre". Costumbre efectivamente: en 1947, apenas comienza a decir "Mañana 18 de octubre...", se grita desde la Plaza "San Perón", y el Presidente consentirá: "Sí, sí, San Perón". A riesgo de exagerar el significado de un texto creo que puede verse en esta ambigüedad de decretos —o en la calificación del 45 como "epopeya de los humildes" pero también como el día en que esos humildes "saludaban mi liberación"— el origen de la autobiografía del peronismo: una movilización sin mediaciones de los trabajadores por su líder; la leyenda de Eva Perón recorriendo barrios y fábricas la reforzará, sin trastornarla, puesto que Eva, simultáneamente parte de los humildes y de Perón, era un intermediario *sui generis*. Así quedó duraderamente fijada, por y para el peronismo, la espontaneidad del 17 de octubre.

Años después, los trabajos de Gino Germani encontraron en esa desorganización la confirmación del papel de los trabajadores recientemente integrados en la fábrica, disponibles para el carisma de Perón. El énfasis en la espontaneidad oblitera también aquí el papel de los sindicatos y autoriza el privilegio acordado a los "migrantes internos", llegados del interior desde mediados de los treinta, con escasa experiencia de lucha gremial y poco o nada tocados por las doctrinas obreras. Las veinticuatro horas que separaron el 17 de octubre de la huelga general de la CGT parecen demostrar que el peronismo había nacido de los obreros de origen rural contra o por lo menos al margen de jefaturas sindicales marcadas por sus orígenes europeos. Esta interpretación fue discutida por investigaciones posteriores que, poniendo entre paréntesis la calidad de los lazos afectivos y directos con Perón, destacan el pragmatismo de la adhesión obrera al peronismo, ligada a la satisfacción de antiguas reivindicaciones. Miguel Murmis y Juan Carlos Portantiero pusieron de relieve la continuidad con los reclamos obreros de los años treinta; el papel de los dirigentes sindicales, de la "vieja guardia sindical" en el ascenso de Perón, le permite a Juan Carlos Torre matizar la espontaneidad de la movilización, porque, escribe, "si fue posible reunir a la muchedumbre popular que se congregó en Plaza de Mayo fue porque en los distintos barrios de la ciudad y de la periferia fabril los comités de huelga surgidos en los días previos actuaron en forma coordinada".

Éste no es el lugar para discutir, una vez más, la naturaleza del apoyo popular al peronismo. Sí me interesa retener que la intervención de los comités de huelga no permite concluir, ni lo pretende, que la insólita magnitud del acontecimiento pueda ponerse en el haber de sindicatos que no habían penetrado en el mundo obrero como lo harían durante el gobierno peronista. Discute eficazmente la tesis de una espontaneidad radical pero sin concluir que el papel de los sindicatos modificó esencialmente la naturaleza de la marcha hacia la Plaza.

Sin entrar en el debate sobre el origen social de sus protagonistas, cabe señalar el original formato de la concentración del 17 de Octubre. Se diferenció de otras, espontáneas, por la ausencia de episodios violentos. También de las organizadas, no sólo por el anárquico desplazamiento de los cuerpos sino por el particular manejo del tiempo. En primer lugar, porque en la inmensa mayoría de las protestas la satisfacción de la demanda está desplazada a un futuro, más o menos próximo: es ese intervalo, precisamente, el que permite la inscripción del reclamo en una cadena protestataria. Por otra parte, porque careció del ordenamiento temporal típico, con una duración fijada por el lapso requerido por los discursos o por el recorrido de una manifestación.

De estas dos expresiones de la desorganización del 17 de Octubre, la oposición optó por privilegiar la anarquía de los cuerpos; para el gobierno, importó la indefinición del tiempo.

Comparemos: como otras protestas, la concentración hubiera podido insertarse como un paso en el proceso de lograr el retorno de Perón, y eso fue exactamente lo que hizo la CGT, actor organizado, al declarar un paro de 24 horas. Como se sabe no fue así. Los trabajadores en la Plaza se dieron un objetivo que podía ser obtenido *hic et nunc*, no se retiraron y esperaron casi doce horas el desenlace. Si no el porqué, pueden identificarse algunas condiciones que hicieron posible esa singularidad.

Venían, en primer lugar, con un reclamo único. Porque el hecho es que no exigían la preservación de los derechos y ventajas adquiridos —aunque así pueda ser interpretado— sino el retorno de quien las encarnaba y, por haberlas concedido, aparecía como su único garante. Único y simple, puesto que podía ser satisfecho con una sola decisión, este tipo de reclamo autorizaba un comportamiento de presión sin plazos.

Contó, en segundo lugar, la posibilidad de éxito, sustentada por la conocida amistad que unía a Perón con el Presidente y el manifiesto caos reinante en el gobierno. No puede olvidarse, por último y sobre todo, el bajo costo de la permanencia en la Plaza; bajo, efectivamente, si se recuerda la represión de tantas protestas sin autorización, y que si bien no podía descartársela —el jefe de policía adicto a Perón había sido reemplazado—, era palpable la indulgencia policial al paso de las columnas. Para el gobierno, inversamente, el paso del tiempo, y el consiguiente crecimiento de la multitud, aumentaba el costo político del uso de la fuerza.

Presencia colectiva con reclamos ante las autoridades en el corazón del centro urbano, el 17 de Octubre se asemejaba a protestas anteriores: también ahora se presionaba a través de la puesta en escena no violenta del número. La diferencia, a la vez condición de posibilidad de su éxito, residió en un desorden que ignoraba las regulaciones y en la permanencia en la Plaza por tiempo ilimitado.

¿Protesta o carnaval?

Dije al comenzar que se exagera mucho, hoy, la obvia imposibilidad de acceder a los acontecimientos sin pasar por "narrativas" o "relatos". Traté de ignorar esta cuestión con una consciente ingenuidad pero la extrema parcialidad de las crónicas sobre el 17 de Octubre obliga a redoblar la cautela y, más, a transformarlas de fuentes en objeto.

Los diarios, se sabe, convergieron en el repudio a lo sucedido en la Plaza y en las provincias pero, por muy tendenciosos que fueran, coincidieron en fechas, lugares y acontecimientos que puedan ser tenidos por informaciones verosímiles. Este registro, llamémoslo descriptivo, cohabitó con el que incrustó al 17 de Octubre en un sistema moral, duplicado por clasificaciones sociales y culturales. A este segundo registro pertenecen, memorables, las instantáneas e injuriosas interpretaciones de socialistas, comunistas y radicales, que lo insertaron como un episodio de la historia antidemocrática argentina, lo asimilaron a las experiencias totalitarias europeas o procedieron a hacer ambas cosas a la vez. La denigración era, también, parte del esfuerzo por incluir un acontecimiento excepcional en historias con sentidos establecidos.

La excepcionalidad del 17 se tradujo en la ausencia de nombre para sus protagonistas (a diferencia de los concurrentes al acto en plaza San Martín, que pudieron ser calificados por *La Época*, único diario favorable a Perón, con términos de una rancia filiación contestataria, "esas 100 'familias' de la plutocracia que acamparon en plaza San Martín días atrás").[25] La inédita presencia de masas desorganizadas obligó a recurrir al *stock* que había servido para estigmatizar y marginar: chusma, lumpen, malevos, murga, hordas, malón. Eran "turbas" incluso para una Delfina Bunge de Gálvez, que admira, solitaria, su aspecto "bonachón y tranquilo", la ausencia de "caras hostiles ni puños levantados como vimos hace pocos años [...] cristianas sin saberlo", y aduce, atinadamente, que los "desmanes" en provincias eran conductas típicas de masa, pues "¡[...] milagro portentoso sería que ninguno hubiera habido en parte alguna! Los hubo hasta entre los cruzados que iban a rescatar al Santo Sepulcro".[26] Pero pese a los Gálvez, del 17 de Octubre de 1945 subsistió la imagen de un candombe.

Destinada a perdurar en la memoria política, será retomada muchos años después para descubrir una voluntad popular de subversión del orden. Aun cuando pueda seguirse a Daniel James[27] cuando escribe sobre la "iconoclasia" popular en los alrededores de La Plata y algunas capitales de provincia (apedrear universidades, centros de estudiantes y de la elite, diarios, símbolos de prestigio social, sin duda, pero también y sobre to-

[25] *La Época*, 18/10/1945, cit. por Mariano Plotkin, *Mañana es San Perón. Propaganda, rituales políticos y educación en el régimen peronista*, Buenos Aires, Ariel, 1993, p. 94.
[26] *El Pueblo*, 18/10/1945.
[27] Daniel James, "17 y 18 de octubre de 1945", en Juan C. Torre, *El 17 de octubre de 1945*, Buenos Aires, Ariel, 1995, pp. 112-113.

do violentamente antiperonistas), lo cierto es que, salvo los balazos frente al diario *Crítica*, no hay rastros de tales comportamientos en Buenos Aires; habría que esperar los incendios de iglesias y del Jockey Club en 1954 para encontrar, si se lo desea, signos de la "iconoclasia" peronista porteña.

Si es imposible descifrar el sentido que tuvo, *para sus protagonistas*, tirarse a descansar en el pasto, comer sándwiches en las plazas, aclamar a Perón, romper vidrieras o hacer gestos obscenos, es en cambio perfectamente legítimo inferir la violación de un orden social y cultural de la reacción de quienes, mal o bien, lo representaban. Lo que supone, sencillamente, tratar a crónicas y declaraciones como objeto, porque son exclusivamente ellas las que atestiguan que usos impensados de los cuerpos trastocaban la normalidad social: una foto aleatoria hará de una solución a la canícula la terrible imagen de las patas en las fuentes.

Una hipótesis razonable: en 1945 las masas invadían un territorio que les era ajeno, armoniza hoy demasiado bien con la visión del Carnaval como inversión simbólica de las categorías sociales y ruptura de las jerarquías, metáfora providencial para los lectores de Bajtin y Da Matta. El socialismo se preguntaba, en 1945, "¿Qué obrero argentino se suma a una manifestación reivindicatoria de sus derechos como en un corso de carnaval?", que no era sinónimo de simple alegría, como bien lo sabía *La Nación*, cuando describía a las masas radicales como "una procesión rodante y aullante [...] una manifestación que por su inofensiva truculencia recordaba a la vez a la Mazorca y al Carnaval [...] el Carnaval de cuando empezó la decadencia del buen Carnaval porteño".[28]

Sucede sin embargo que las interpretaciones ya clásicas sobre la significación del Carnaval se aplicaban a carnavales *real-*

[28] *La Nación*, 7/9/1930. Citado por Ricardo Sidicaro, *La política mirada desde arriba. Las ideas del diario La Nación. 1909-1989*, Buenos Aires, Sudamericana, 1993, p. 117.

mente existentes y designados como tales. En el 45, en cambio, era una categoría clasificadora injuriosa, como parece mostrarlo el hecho de que fue exclusivamente utilizada por los denostadores del 17 de Octubre, y que el peronismo no vio, ni entonces ni después, nada carnavalesco en 1945.

Encontramos aquí la cuestión del régimen de las crónicas, porque existen supuestas descripciones que connotan irresistiblemente un clima "festivo y carnavalesco", y eso infiere razonablemente Daniel James de las informaciones del diario *La Capital* de Rosario.

> Vióse a hombres vestidos de gauchos y mujeres de paisanas [...] muchachos que transformaron las avenidas y plazas en pistas de patinaje, y hombres y mujeres vestidos estrafalariamente, portando retratos de Perón [...] Hombres a caballo y jóvenes en bicicleta, ostentando vestimentas chillonas, cantaban estribillos y prorrumpían en gritos.

Los hombres, mujeres y niños que bailaban por las calles estaban "exóticamente vestidos", insiste el diario al día siguiente, sin dejar demasiadas dudas: era un carnaval. En una vena coincidente el diario *Los Andes* del 19 de octubre nos informa que Buenos Aires estuvo poblada de gauchos y paisanas, de pistas de patinaje, ropas estrafalarias, caballos y bicicletas, agregando más juiciosamente que había "personas de los barrios y de poblaciones de extramuros". (Aportará un dato originalísimo: al promediar la tarde habría llegado una delegación de la provincia de Santa Fe encabezada por "la señorita Gloria Esther López que, con un vestido blanco y un gorro frigio, simbolizaba la Libertad. Invitada a pasar a la Casa de Gobierno, allí posó para los periodistas".) *La Gaceta de Tucumán* ofrece la misma descripción, para Buenos Aires, donde habría que creer que, también,

> [...] vióse a hombres vestidos de gauchos y mujeres con trajes de paisanas, llegando de diversos barrios de la ciudad; mucha-

chos que transformaron las avenidas y plaza en pistas de patinajes y hombres y mujeres vestidos extrafalairamente [sic] portando retratos de Perón [...] hombres a caballo y jóvenes en bicicleta, ostentando vestimentas chillonas, cantaban estribillos y prorrumpían en gritos. Los gritos peculiares de estas formaciones de personas [...] eran entre otros menos repetidos: ¡Viva Perón!, ¡Perón presidente!, ¡Perón sí, otro no!, ¡Viva Velazco!, ¡Viva el Ejército!, ¡Viva la policía!, ¡Abajo los estudiantes!

La verosimilitud de versiones coincidentes que propuse muestra aquí sus limitaciones. Porque nada de todo eso había sucedido. (La explicación: los relatos provenían de la misma, imaginativa y acaso malevolente, agencia de noticias, no tiene mayor importancia.) No hay rastros de pistas de patinaje en crónicas porteñas sobre Buenos Aires ni tampoco en las noticias locales de diarios de provincia, si bien dieron cuenta, ácidamente, de manifestaciones y desórdenes que sus lectores habían podido observar. Atribuidos a la lejana Plaza de Mayo, la distancia hacía plausibles los vestidos estrafalarios o chillones para rosarinos, mendocinos, tucumanos, o futuros lectores. Añadidos a los visibles destrozos locales, esos grupos *carnavalescos* contribuían a alimentar la transcripción del espanto en malignas hipérboles.

Concluyo entonces: el 17 de Octubre fue una protesta potente pero débilmente organizada, y esta debilidad fue, paradójicamente, un factor decisivo para su desenlace porque facilitó la persecución sin plazos de un único objetivo. ¿Es un despropósito preguntarse sobre la parte que le cupo a la originalidad de esa forma protestataria (por añadidura triunfante) en la ofendida indignación de la prensa, los círculos letrados y los partidos? Porque aunque más no sea por su desordenada magnitud, las masas en la Plaza fueron un poderoso proyector que puso en primer plano a los cuerpos, gestos y ropas, convirtiéndolos en metáfora cultural —cabalmente condensada por lo carnavalesco— del pasaje de un enfrentamiento social a un conflicto político.

Del descamisado

El 1° de diciembre se llama a elecciones para el 24 de febrero de 1946. Voluntariamente o no, el sistema político le había dado la espalda a la Plaza. Hay que remontarse mucho en el tiempo para encontrar mitines políticos y no fue elegida por los partidos en ninguna de las coyunturas electorales. Tampoco en el crucial año 45 convocaron mitines electorales ni proclamaron candidaturas ni cerraron campañas. (Hubo, sí, una manifestación obrera, de la Plaza a la Secretaría, para apoyar el decreto de participación en las ganancias, cuyo contenido político no escapó a *La Prensa*; con inocultable malevolencia nos habla de un "conjunto heterogéneo del cual los más ruidosos de sus integrantes exteriorizaban sus preferencias de carácter político hacia determinado candidato, sin manifestar en forma alguna la razón fundamental que había reunido a los demás en ese lugar").[29]

El 8 de diciembre la Unión Democrática llamó a su primer acto público en Congreso, presidido por un enorme retrato de Roque Sáenz Peña; el tiroteo —cuatro muertos y decenas de heridos— parecía confirmar las previsiones del jefe de policía que se había resistido a autorizarlo. Mientras los grandes diarios escatimaban la información sobre la campaña del Partido Laborista, éste convoca, ambiciosamente, en la plaza del Obelisco: un 15 de diciembre de calor infernal 50.000 personas —según el cálculo del corresponsal del diario español *Ya*— esgrimen la foto del Coronel. La lectura de la declaración parti-

[29] *La Prensa*, 8/12/1945.

daria fue interrumpida por la caída estrepitosa de una parte del palco, la presión de los asistentes hizo ceder otra, y ante esa sucesión de desastres pareció conveniente que Perón hablara desde el balcón de Cerrito 366; el discurso fue seguido por antorchas hechas con diarios enrollados, las mismas que tanto irritaban a *La Nación*. A pocos días de los sangrientos episodios en Congreso, el Coronel exhortaba a mantener la tranquilidad y, como antaño los socialistas, a "dar un ejemplo de cultura, de paz y de serenidad desfilando por las calles tranquilos, entusiastas, sin atacar ni injuriar a nadie"; elogia a la policía, a Yrigoyen, a la Iglesia ("benemérita porque hoy, como siempre, está con su pueblo"), y reitera que "no queremos pelear, queremos orden. No ganaremos peleando, ganaremos votando, no tenemos prejuicios raciales [...]".

No existe, creo, una versión completa del discurso, pero sabemos que identifica "dos bandos", "los que gritan viva y los que gritan muera, los que aportan razón y justicia y los que compran armas de contrabando, los que propugnan un movimiento argentino de renovación democrática y los del frente popular". Sabemos también que ese día hizo suya la *camisa*, atándola al asta de una bandera. No hay espacio para reproducir la catarata de reclamos solivantados por el "agravio a la bandera", que si no dejaba de serlo estaba en las antípodas de las ideas de Perón. Sabemos, por último, que adoptó públicamente el término *descamisado*, coreado una semana atrás en el acto de apoyo al decreto de participación en las ganancias (la Alianza Libertadora Nacionalista vitoreaba "al ex funcionario y a las 'chusmas descamisadas' "[30] mientras la mayoría de los manifestantes "procedió a sacarse sus sacos al grito de 'los descamisados'")[31].

El término no era nuevo. "Era el unísono clamoreo de los descamisados", escribía Tomás de Iriarte sobre los católicos re-

---

[30] *La Prensa*, 8/12/1945.
[31] *La Nación*, 8/12/1945.

beldes de Tagle, y tenía antecedentes suficientemente malos como para justificar la airada reacción del diario de Jacobo Varela: "Avellaneda llamaba descamisados a los que allí estaban.
[...] Ahora el mequetrefe de la boca podrida llama descamisados a los porteños [...] ¡Descamisados! ¡Miserable!".[32] Introducido por *La Vanguardia*, escribe Félix Luna, fue "adoptado por
la oposición sin advertir que se estaba regalando al peronismo
un peligroso motivo de propaganda. Hablar de 'descamisados'
era posibilitar una comparación entre éstos y los *sans-culottes*".

Más allá de su empleo político, el término cumplió el papel
capital de *denominar* a las nuevas masas. Que era necesario diferenciar de las tradicionales manifestaciones obreras, o al menos así lo creyeron socialistas y comunistas: el paro del 18 "fue
ajeno a la decisión de los auténticos trabajadores organizados",
afirma el Partido Socialista, según el Comunista "la auténtica
clase obrera representada por sus sindicatos libres e indepen-
dientes [...] ha sido ajena a esos desmanes" y se trataba, nos dice *La Vanguardia*, de "la parte del pueblo que vive ese resentimiento y acaso por su resentimiento se desborda en las calles,
amenaza, vocifera, atropella, asalta a diarios, persigue en su furia demoníaca a los propios adalides permanentes".

"Ya que ellos despectivamente nos califican de chusma des-
camisada, es para nosotros un honor tener un corazón bien
puesto debajo de esa camisa y no debajo de una chaqueta lujosa", decía Perón en su discurso del 15 de diciembre, indicando
quizá que c*husma* era un candidato viable para nombrar a esas
"masas sufridas y laboriosas" a las que se refería en mayo de
1944. No había sin embargo muchos como *descamisados* en los
que estuviera inscripta la posibilidad de invertir su sentido. Perón pudo acaso ponerlo a su servicio porque, a la manera de
los *miserables* de Victor Hugo, los *descamisados* designaban una
situación intermedia entre la condición desgraciada y la condi-

[32] *El Porteño*, 10/5/1878.

ción criminal, entre el pueblo laborioso y el peligroso.[33] Ante esa cosa innominada que fueron las masas el 17 de Octubre, el antiperonismo optó por ver lo criminal y peligroso; Perón las bautizó como desgraciadas y laboriosas.

Sería miope, sin embargo, contentarse con el vuelco de significación de un término. La oposición le brindaba mucho más que la posibilidad de convertir lo negativo en positivo: le ofrecía el corte radical entre los disciplinados obreros del pasado y las masas de Octubre. Porque Perón no se apropió solamente de la palabra sino también de la distinción, para operar la suya propia, entre los trabajadores que le habían precedido y los nacidos peronistas el 17 de Octubre. Efectivamente, sus adversarios no podían haber servido mejor al peronismo.

El 55% de votos del Partido Laborista con la fórmula Perón-Quijano derrotó al 45% de la Unión Democrática. El general Perón asumió el mando el 4 de junio de 1946, día aniversario de la Revolución.

El tercer balcón

"Deseo que el futuro argentino esté encabezado por muchas jornadas de ilusión y de esperanza", dijo el general Perón a sus partidarios ese 4 de junio. Ilusión y esperanza que impulsaron a muchos, informa *La Nación*, a comprar una "pequeña retratera con al efigie del general Perón recortada sobre un corazón de rojo intenso" o un "llavero dorado, también con el retrato del nuevo presidente". La compacta muchedumbre, escribe *El Mundo*, "entonaba canciones, lanzaba globos luminosos

---

[33] Louis Chevalier, *Classes laborieuses et classes dangereuses*, París, Poche/Pluriel, 1978, p. 201.

y repetía conocidos estribillos en tanto encendían antorchas" (no todas fabricadas por los concurrentes: ocho mil —por un valor estimado en tres mil pesos— venían en un camión conducido por Domingo Antonio Laura que se incendió a eso de las cuatro de la tarde).

"Como en los días jubilosos de la historia, la Plaza de Mayo alberga una multitud de argentinos", para quienes la gratitud del Presidente, que invocó a a Dios para ver siempre al pueblo contento, sería eterna. Como era ya su costumbre, pidió que se dispersaran en orden; inaugurando otra, anunció que el día siguiente sería feriado en homenaje a la Revolución del 43,[34] fidelidad confirmada por el doctor Bavio en el parlamento, cuando aseveraba que "la revolución del 4 de junio abrió el horizonte y permitió atisbar bellas perspectivas, las que con vuestra elección y juramento se tornan una luminosa realidad".

El "sabor de fiesta y el talante de romería" de las "manifestaciones ingenuas y espontáneas de nuestras muchedumbres", a los que se refirió en su discurso ante las Cámaras, eran compartidos por 1.487.886 varones y seguramente también por sus familias. Eran menos los que no se regocijaban, pero sumaban con todo la cantidad relativamente apreciable de 1.207.080 que habían preferido la Unión Democrática o partidos provinciales: para muchos el recuerdo de la disolución de los partidos políticos y de la instauración de la educación religiosa en las escuelas cargaban al presente con presagios escasamente entusiasmantes, que parecieron confirmarse con la designación en el Ministerio de Educación del doctor Oscar Ivanissevich, un hombre convencido de que el "esquema fundamental y constructivo, Hogar, Familia, Patria y Dios" había sido "destruido poco a poco por los librepensadores".

[34] El decreto del 4 de junio declaraba en realidad feriados los días 3, 4 y 5 de junio.

Las conmemoraciones peronistas

Mayo

Perón no esperó su elección para apropiarse del Día de los Trabajadores. Lo celebró ya en el Concejo Deliberante en 1944 —intercalado en la serie de actos del presidente Farrell—; se prohibieron otras demostraciones,[35] pero un grupo de comunistas, informa la Subsecretaría de Prensa, "utilizando armas de fuego y trozos de hierro especialmente preparados como cachiporras, adoptó una miserable actitud, índice característico y evidente de su irresponsabilidad, escudándose entre los numerosos grupos de señoras y niños".[36]

El término "oficial" utilizado por la prensa era perfectamente adecuado para el acto realizado en la Secretaría de Trabajo y Previsión, en presencia del Presidente, sus ministros y altos jefes y oficiales del ejército, con marcha militar y alumnas de la Escuela de Sanatorios y Hospitales Regionales. Basta en rigor con escuchar al coronel Perón cuando explica que, "por ser el primero, el excelentísimo señor presidente de la Nación, general Farrell ha querido dar al acto la solemnidad de su presencia que nos llena de orgullo y placer", y no lo desmiente el general, que llega "en [mi] carácter de presidente de la Nación y vistiendo el uniforme de soldado".[37] Levantado el estado de sitio, difícilmente podía el gobierno prohibir otras conmemoraciones en 1945 y 1946, salvo la del desafortunado Partido Comunista, porque los goznes de las puertas del local en Parque Norte no estaban en condiciones y los baños no se adecuaban a las ordenanzas.

---

[35] Las preparadas por el Partido Socialista, del Partido Concentración Obrera y el acto único preparado por la CGT, la USA, diversos sindicatos, la Federación de Empleados de Comercio y la Unión Obreros Municipales.

[36] *La Nación*, 1 y 2/5/1944.

[37] *La Prensa*, 2/5/1944.

En 1946 no habrá balcones. Electo en febrero, Perón no había asumido. Domina todavía una aparente armonía entre el Presidente y los dirigentes del Partido Laborista y Perón será el orador del acto en el local de la calle Cangallo, así como en el de los metalúrgicos frente a la fábrica Vasena y en el más imponente, el dispuesto por la CGT en la plaza de la República en 1947. Perón los tomó a su cargo: porque la CGT y el partido peronista se reunían en plaza Once, el socialismo tuvo que reunirse en la Casa del Pueblo y los radicales, obligados también a elegir un local cerrado, optaron por el Ateneo de la Sección Novena.

Para su primer 1° de Mayo como Presidente, Perón adoptó una suerte de desfile, del Congreso a la Plaza, con Eva Perón, ministros, senadores, diputados y él mismo, naturalmente, que debió cambiarse el uniforme militar que vestía ante las Cámaras para salir a la calle de civil, con la cabeza descubierta. La columna, por así llamar a la multitud que se desplazaba desordenadamente, salió a las cuatro y hubo que esperar media hora para que la cola llegara a la Plaza. A las seis y diez Perón salía al "Balcón 17 de Octubre"[38] ante una multitud que incluía probablemente algunos de los 24.300 empleados de la Dirección de Correos y Telecomunicaciones ascendidos ese día. La Plaza desbordaba, se agitaban centenares de estandartes y, en medio del redoble de un bombo y platillos, se entonaba: "uno, dos, tres, cuatro, presidente para rato", "al yanqui, al ruso, la tapa se les puso".

El desfile tuvo corta vida. Los 1° de Mayo se fijaron en la Plaza, espectaculares gracias a los memorables concursos para elegir la Reina del Trabajo. La Orquesta del Teatro Colón y el Coro del Colegio Militar de la Nación estrenaban en 1948 el *Canto al Trabajo* y las carrozas alegóricas de "Los Derechos del Trabajador" de 1948 nada tuvieron que envidiar a los carros triunfa-

---

[38] *Clarín* 2/5/1947.

les con sus niñas vestidas de República. Pasaron uno por cada
punto del decálogo, hasta culminar con la tan esperada coronación, a cargo de un jurado compuesto por Perón, Eva, Mercante, miembros del Poder Ejecutivo y de la CGT y el toleran-
te cardenal Copello.

Se escribe acertadamente que el peronismo se apoderó del
1º de Mayo —o intentó hacerlo— pero con la condición de no
agregar que "inventó una tradición", si las comillas están por
Hobsbawm y Ranger. Al contrario, el peronismo inventó una
cisura. Como lo demuestra Aníbal Viguera,[39] para fundar su diferencia Perón sustituyó los pacíficos desfiles de las vísperas por
las jornadas de lucha y de represión de 1904 o 1909. Salvando
insalvables distancias, y sin rebautizarlo, Perón aseguró que el
escudito peronista venía a reemplazar emblemas rojos, como
el *edelweiss* había sustituido los incomparablemente más vigoro-
sos de la república de Weimar.

El peronismo opera doblemente sobre el 1º de Mayo. Por
una parte lo fracciona políticamente convirtiéndolo en un día
exclusivamente peronista; por la otra, busca nacionalizarlo, des-
dibujando lo que le restaba como expresión de una parcialidad
social. Para lo primero, prohibió otras demostraciones; le bas-
tó, para lo segundo, conservar la tradición de un día declarado feriado por Alvear, "consagrado en gran parte del mundo
civilizado al descanso de los trabajadores" y que "por singular
y feliz coincidencia esa fecha evoca la de la firma en Santa Fe
de la Constitución Argentina". El secretario de la CGT ampliaba generosamente el campo semántico en 1947:

---

[39] "[…] ni los 1º de Mayo de esos años habían sido trágicos, ni habían tenido como escenario la Plaza de Mayo: los datos no son exactos, pues no era
la precisión lo que importaba sino señalar el inicio de una 'nueva era' […]."
Aníbal Viguera, *op. cit.*

[…] la fiesta del trabajo argentino, que es la fiesta de la soberanía, de la industrialización, del progreso, de la cooperación, de la unión, de la dignidad, del derecho popular, de la autodeterminación, de la libertad, del creciente bienestar y de la justicia social.

Perón dará un paso más, incorporándolo "a las grandes efemérides de nuestra Patria". Esto se tradujo, en la Plaza, en parodias de ceremonias militares como la de 1950, cuando el cofre con la bandera partía en una cureña desde la CGT, se escuchaba el toque de diana, se izaba la bandera con delegados sindicales como guardia de honor y se la arriaba al son de la marcha *Aurora*, del himno, de *Los muchachos peronistas* y de la *Marcha* de la CGT. Un sincretismo litúrgico que no desdeñaba la diversión; para eso estaban la elección de la Reina del Trabajo, Angelita Vélez, Edmundo Rivero, Pablo Palitos, Nelly Omar, los Cinco Grandes del Buen Humor, las orquestas de Francisco Canaro y Julio de Caro.

Pero no habría que exagerar la novedad. Orquestas y bailarines en el Día del Trabajador no eran un antojo peronista; al contrario, se insertaban en la tradición tempranamente inaugurada, en 1907, por el Partido Socialista, asiduamente reunido los 30 de abril en el Colón durante la década de 1920 (en 1927, por ejemplo, se escuchó, después de un discurso de Enrique Dickman, el tercer acto de *La Bohème*, el *Himno al Sol*, la obertura de *Mefistófeles*, la *Internacional* y escenas de prosa). En 1943, en el Luna Park, los socialistas invitaron al cuerpo estable de baile y la orquesta del Teatro Colón, además de la Mejicanita y sus Chinacos, las orquestas de Dajos Bela y de Ángel D'Agostino y el dúo Martínez-Ledesma.[40]

---

[40] *La Nación*, 30/4/1943.

La verdadera innovación del régimen consistió en la conversión del Día de los Trabajadores en una ceremonia estatal dedicada a la pareja Perón-Eva Perón.

Octubre

Cuando llega el 17 de Octubre Perón ya es gobierno y la Plaza es suya. Para entonces estaba consumada la ruptura con el Partido Laborista que, reunido en Congreso, denomina "Día del Pueblo" al que, en la Plaza, era el "Día del Descamisado". Perón, que había estrenado su "compañeros" en diciembre de 1943, comienza ahora su discurso dirigiéndose a "mis queridos descamisados", se dice el "primer descamisado" y anuncia la construcción de un Monumento al Descamisado en la Plaza de Mayo que, indicará luego en una vertiginosa duplicación imaginaria, debe "hacer un descamisado tan parecido, como sea posible, al verdadero descamisado".

El 17 de Octubre fue previsiblemente convertido en una analogía del 25 de Mayo, y aquí sí podría hablarse, si fuera útil, de invención de una tradición. En realidad Perón había rescatado la fecha para sí en diciembre de 1944; de manera curiosamente premonitoria, el entonces coronel Juan Perón titula *El pueblo quiere saber de qué se trata* la recopilación de sus discursos y la presentación de la Secretaría de Trabajo y Previsión. En la carátula, una muchedumbre con el Cabildo como fondo; en el centro, claramente separado de los dos grupos, un hombre con un brazo hacia la gente y el otro hacia el Cabildo. Retomando el emblema acuñado por Bartolomé Mitre en su *Historia de Belgrano* se afirmaría que, por segunda vez, el pueblo quería saber de qué se trataba (o, como dice el Acta, que "las gentes que cubrían los corredores dieron golpes, por varias ocasiones a la puerta de la sala capitular, oyéndose las voces de que querían saber lo que se trataba, y uno de los señores comandantes don Martín Rodríguez tuvo que salir a aquietarlas"). La tapa podría haber reproducido exclusivamente la imagen consagrada del 25 de Mayo, que hubiera sido automáticamente actualizada por el volumen. Pero se le ha ocurrido al dibujante, M. Tejeiro, vestir a hombres y mujeres con ropas contemporáneas —a la izquierda alguien en bombachas de campo, a la derecha, en primer plano, otro en overol— que marcan el corte con el momento mítico del Cabildo. Tampoco llueve.

El volumen recuperaría políticamente la memoria patriótica para afirmar por lo menos dos cosas. La primera, que el pueblo de 1944 es el equivalente del pueblo de 1810. La segunda, que la respuesta a lo que de interrogativa tiene la frase está en lo que Perón ha dicho y ha hecho en poco más de un año. El título condensa lo que los discursos desgranan: el gobierno ha respondido a la inquietud de los vecinos ofreciendo soluciones a los problemas de los trabajadores. ¿Por qué utilizar el verbo en condicional? Porque esta primera lectura no es tan obvia como parece. Dije que un hombre separa en dos a la multitud, parece hablar uniéndola al Cabildo con sus brazos. No hay ya un pueblo de iguales dirigiéndose a los cabildantes sino que ha aparecido alguien que, a riesgo de insistir demasiado en la exégesis de la ilustración, puede ser visto como la más exacta representación del papel de la Secretaría de Trabajo y Previsión, "organismo de enlace entre los trabajadores y el gobierno", al decir del Coronel.

No se trata de una repetición de la Historia, puesta al día pero repetición; al introducir *uno* que es más o diferente se modificaba sustancialmente la homogeneidad simbólica de un Buenos Aires que buscaba reasumir su soberanía. Muestra a Perón enunciando, *en lugar del pueblo,* que éste quiere saber de qué se trata. Esta manera de ver las cosas no es completamente arbitraria, o por lo menos coincide con lo que afirma en el prólogo la florida prosa de César Carrizo:

No cabe dudarlo. El título mismo es un hallazgo. Son palabras de Mayo, la mañana del advenimiento. Requisitoria inmortal que un jefe del Ejército la dice de nuevo al llamar a las puertas de la conciencia del país.

Un "jefe del Ejército" que se encuentra simultáneamente en dos lugares distintos: en el gobierno, porque efectivamente allí estaba, y en la Plaza, figurado en el hombre que se destaca en medio de la muchedumbre. Si las imágenes del 25 de Mayo muestran generalmente al balcón con los cabildantes asomados, ahora no hay nadie, y parece verosímil llenar ese vacío con la labor realizada por la Secretaría. (Inútil agregar que el volumen fue ampliamente distribuido; mi ejemplar había sido enviado al sindicato católico de personal doméstico de casas particulares.)

El 17 de Octubre la historia completará la estampa, reemplazando al Cabildo por la Casa Rosada. Ni la improvisación del discurso de Perón ni los compromisos contraídos con el gobierno le impidieron a Perón bautizar a sus oyentes como "el pueblo de la Patria, el mismo que en esta histórica plaza pidió frente al Cabildo que se respetara su voluntad y su derecho".

Ya presidente, hará publicar a mediados de 1946 un segundo volumen con sus nuevos discursos cuyo título es, poco sorprendentemente, *El pueblo ya sabe de qué se trata*, en el cual, tampoco sorprendentemente, el dibujo de la gente frente al Cabildo es reemplazado por una suerte de *foto del Pueblo*: una multitud sin referencia espacial cubre íntegramente el espacio de la tapa. La representación del 25 de Mayo, alterada en 1944, se invierte. En lugar de la palabra de los vecinos Perón instala la suya: debajo de su cara sonriente inscribe el párrafo que estrenara en su discurso del 4 de junio de 1946 ante las Cámaras: "Quienes quieren oír que oigan; Quienes quieran seguir, que sigan; Mi empresa es alta, y clara mi divisa: Mi causa es la causa del pueblo; Mi guía la bandera de la Patria!". Juan Perón.

El día 17 de Octubre, el Pueblo Argentino volvió por primera vez a Plaza de Mayo, después del 25 de Mayo de 1810 y como en 1810 quiso saber de qué se trataba; pero, como en 1810, ya llevaba su decisión soberana para hacerla respetar.

La analogía formulada por Eva en *La historia del peronismo* era históricamente inexacta pero no equivocada. Inexacta porque acudieron a la Plaza otros *pueblos*, alegorías de otros 25 de Mayo, como el invocado en 1930 por el general José F. Uriburu y en su mensaje de despedida en 1932 ("Ese pueblo que hemos visto el 6 y 8 de septiembre, el auténtico, el legítimo, el descendiente directo del pueblo de Mayo, que en los momentos difíciles de nuestra historia ha sabido siempre discernir quienes le hablan en nombre de la Patria").[41] Pero esos acontecimientos poco se parecían a la "multitud de gente que ocurrió a los corredores [...] exponiendo que el pueblo se hallaba disgustado y en conmoción". Volviendo entonces a Eva, se entiende que no se equivoca, que *ese* Pueblo Argentino no había concurrido a la Plaza hasta 1945 (no puede reprochársele haber olvidado al 5 de abril de 1811); habían faltado sus tres componentes: el lugar, el reclamo ante las autoridades y un desenlace exitoso. No evocaban entonces tan fácilmente el momento en que, nos dice Mitre, "oyéronse grandes golpes dados sobre las puertas por la mano robusta del pueblo y dominando el tumulto las voces de French y Beruti que repetían: 'el pueblo quiere saber de lo que se trata'".

Podría presumirse que el 17 de Octubre no exigiría el despliegue de imaginación que mereció el 1º de Mayo, pero no fue así. Para fijar su significado pareció necesario reemplazar la huelga del 45 por un decreto del Primer Descamisado. "Cada año le daré al pueblo alemán la oportunidad de determinar la extensión de mi poder",[42] se había dicho en agosto de 1934; Perón buscó una análoga legitimidad plebiscitaria con las tres preguntas que promete formular cada 17: "si he trabajado por

---

[41] Cit. en Alicia García y Ricardo Rodríguez Molas, *Textos y documentos. El autoritarismo y los argentinos. La hora de la espada /2 (1924-1946)*, Buenos Aires, Centro Editor de América Latina.

[42] En Arthur Schweitzer, *The Age of Chauvinism*, Chicago, Nelson Hall, 1984, pp. 60 y ss.

el pueblo", "si he defraudado las esperanzas que pusieron en
mí", "si sigo siendo para ustedes el mismo coronel Perón de
otros tiempos". El término plebiscito es probablemente exagerado pero de algún modo hay que denominar una consulta
fundada en el deseo de "no gobernar al pueblo argentino con
otro vínculo que no sea el de la unión que nace de nuestros co-
razones", ignorando el sufragio. Es un lugar común, no por eso
falso, decir que los líderes políticos rehacen su historia y la de
su movimiento; así como un Mussolini daba como único origen del poder fascista la Marcha sobre Roma,[43] sin mencionar
las elecciones que efectivamente lo llevaron al gobierno, Perón
se despreocupa de los comicios del 46 y, con eso, del 45% que
no votó por él, para elegir la unánime Plaza de 1945.

Agrego entonces: Perón no inventó el balcón pero sí un doble nexo entre gobierno y pueblo, el establecido por las urnas
—que siempre respetó— y, cuidadosamente disociado, el que
la Plaza de Mayo confirmaba.

El primer 17 tenía ya mucho de efeméride. Se perdonó a in-
fractores, y el padre Virgilio Filippo ofició una misa de campaña
en la Plaza de Mayo. Misa también en 1947, con arenga del mismo padre, que obsequió al General una escultura de mármol y
bronce, representación, dijo, del Primer Descamisado. Fue la última misa de campaña en la Plaza; Eva asistirá a la ordenada por
los sindicatos en San Francisco, pero ni ella ni Perón irán a futuros oficios.[44]

[43] Ariana Falaschi-Zamponi, *Fascist Spectacle: the Aesthetics of Power in Mussolini Italy*, Berkeley, The University of California Press, 1997, pp. 1-2.

[44] En 1948, de la Alianza Libertadora Nacionalista en Santo Domingo;
en 1949, de la ALN con la corporación de Médicos en la Iglesia de la Inmaculada Concepción de Belgrano, a cargo del presbítero doctor Virgilio Filippo, y en la Basílica de San Francisco auspiciada por la Unión Popular Demócrata Cristiana, etcétera.

No por eso el gobierno desatiende la formación de las almas. A la enseñanza religiosa (que la Unión Popular Demócrata le agradece con un gran crucifijo de oro) agrega en 1947 una hora peronista en todos los grados,[45] pedagogía duplicada en la Plaza con las Medallas Peronistas: a la Abnegación —reservadas a los accidentados de la Fundación Eva Perón—, al Valor, al Trabajo, al Deber, a la Honradez, a la Lealtad, a la Caballerosidad en el deporte, a la Madre —abrochada en 1949 en el pecho de las que tuvieron 19, 20 o 21 hijos— y a los héroes de la concepción deportiva de la Nación ("Campeón Olímpico" o "Pelota Campeones Mundiales").

Estamos en el período de "institucionalización del aparato simbólico oficial" que Mariano Plotkin diferencia de los años 1946-1948. Los actos son pulcramente planificados, eliminando las violencias contra diarios de la oposición o las coronas de flores de la Alianza Libertadora Nacionalista frente a *Crítica*. Se impone orden al recorrido hasta la Plaza: mientras que en el primer aniversario del 17 de Octubre la mayoría concurrió directamente ignorando las columnas previstas por la CGT, en 1948 los sindicatos desaconsejan los desplazamientos individuales y sustituyen la tradicional formación de grupos en los barrios por concentraciones en sus sedes para partir, alineados, siguiendo itinerarios preestablecidos. El 1° de Mayo de 1949 las columnas parciales de trabajadores deben formar a las quince para converger simultáneamente a las diecisiete y treinta en la Plaza, y en 1952 se suprimen las concentraciones previas en Constitución, Once o Retiro, así como los actos en los lugares atravesados por los trenes fletados desde el interior.

La fiesta no escapará tampoco a la regulación: en 1949 se retira la autorización a los bailes populares barriales de La Bo-

---

[45] "Lealtad popular", "Derechos del Trabajador", "Independencia económica", "Cruzada por la paz mundial", "Plan quinquenal", "Justicia social", "Nacionalización de servicios públicos" y "Antártida Argentina".

ca, Plaza Miserere, Constitución, del Ejército de los Andes y de
Parque de los Patricios.

El régimen buscará, nada sorprendentemente, disciplinar
la presencia pública de sus fieles. Para espectáculos y bailes optó por la cómoda avenida 9 de Julio; para sus actos, por la de
Mayo que, con la presencia del General en el balcón, no salía
malparada.

Esta rutina hace escribir a veces que las fechas peronistas
perdieron su espontaneidad para convertirse en espectáculos
montados por el gobierno. La observación es indiscutible si por
pérdida de espontaneidad se entiende una mayor organización,
pero conviene detenerse en la idea de una exhibición organizada *para* los peronistas. Ver a las masas como espectadores no es
falso pero es insuficiente. Lo mismo sucede con la óptica inversa,
la de Perón espectador, adoptada por Emilio de Ípola en su análisis del discurso del 45. Perón, escribe, se coloca como espectador "transformando el acontecimiento en espectáculo [...] un
espectáculo reservado para quien, desde los balcones, dispone
por derecho propio del máximo campo de visión posible". El 17
de Octubre de 1945 Perón pedía "que se queden en esta plaza
quince minutos más, para llevar en mi retina este espectáculo
grandioso que ofrece el pueblo desde aquí" y en su último discurso, el 12 de junio de 1974, dirá que sus "oídos" se llevaban
"la música más maravillosa, la palabra del pueblo argentino",
que habría escuchado desde los balcones de la Casa de Gobierno. Se trata en ambos casos de operaciones discursivas que con-
vierten comportamientos colectivos en espectáculos *para un
espectador privilegiado*, que se extrae imaginariamente del acontecimiento. Los balcones ofrecen la mayor visibilidad sobre la
muchedumbre, pero poseen al mismo tiempo la propiedad de
hacer igualmente visible a quien los ocupa. El *espectador singular*
es así, simultáneamente, el *actor singular*. Quienes están en la
Plaza son espectadores que poseen, también ellos, el máximo
campo de visión posible sobre quien los mira o, para decirlo con
uno de los términos favoritos del General, hay dos retinas.

En otro nivel conviene anotar que Perón designaba acertadamente ese caleidoscopio de imágenes y sonidos —su retina y sus oídos— que es la única materialidad significante de las demostraciones públicas *para sus destinatarios, entre ellos también para esta crónica.*

Para terminar: no creo que la conversión del 1° de Mayo y del 17 de Octubre en ceremonias estatales haya borrado enteramente su contenido original.

El 1° de Mayo era organizado por la central de trabajadores y eran trabajadores los que llegaban a la Plaza, en micros y trenes especiales, y a los trabajadores, y en su día, estaban dirigidos los discursos del Primer Trabajador. Discursos que, como lo señaló Alberto Ciria,[46] pertenecían a un registro distinto que los pronunciados en su condición de presidente ante las Cámaras, o en tanto jefe de las Fuerzas Armadas en las ceremonias militares. Porque por mucho que el ritual peronista se pareciera a la liturgia cívica, Perón mantuvo celosamente las diferencias: el 25 de Mayo y el 9 de Julio conservaron su tradicional perfil republicano sin que destiñera sobre ellos el alud de la propaganda. Su adusta rigidez materializaba las jerarquías estatales mientras que el jolgorio— esmeradamente ordenado, pero jolgorio— de las fechas peronistas las desdibujaba: pese a la muy oficial presencia de las autoridades en el balcón, figuraban una congregación de iguales (salvo uno).

El 17 de Octubre era diferente. Su conmemoración, como otras, revivía simbólicamente un acontecimiento que no existía más en el universo perceptible; lo recordaba y al mismo tiempo ocluía lo que había tenido el 45 como gesta espontá-

---

[46] Alberto Ciria, "Buenos Aires entre el Congreso y la Plaza de Mayo", *De historia e historiadores*, Homenaje a José Luis Romero, vol. col., Buenos Aires, Siglo XXI, 1982, p. 281.

nea. Ocultaban lo irrepetible pero sin destruirlo, en la medida en que la comunidad se celebraba a sí misma en la Plaza y activaba el vínculo originario entre peronistas, y entre peronistas y Perón.

En las antípodas de la celebración de un *volk* o de un pueblo indiviso, estas recordaciones fueron fiestas de y para una fracción social y política, impuestas al cuerpo social. Se exhibían a opositores que no podían esos días leer diarios, ir al cine o al teatro, comprar nafta, comer en un restaurante o reunirse en un bar, bailar en una boîte o tomar un avión. Eran así representativas del peronismo, un régimen autoritario con bases populares que buscaba extenderse indefinidamente —sumando adhesiones sinceras o fingidas— pero que no se proclamó jamás dueño absoluto de la Nación. Perón reconoció siempre la existencia de un resto en la sociedad argentina, a la vez necesario y no absorbible: el adversario figurado por el antipueblo y la antipatria en el discurso, y materializado por la oposición en las urnas. En los 17 de Octubre y en los 1° de Mayo no estuvieron ausentes "los opositores ofuscados que no representan ningún peligro", los "dirigentes que se llamaban a sí mismos obreristas", los "políticos desplazados", "los viejos enemigos", "los falsos apóstoles de la política", en fin, ese vastísimo "ellos" antiperonista, resentido y mentiroso, obligado a contemplar la epifanía peronista.

Fin de reino

En 1952 Eva Perón entraba en la inmortalidad y la economía en un período de agotamiento. El gobierno lanzaba publicitadas campañas contra los "agiotistas" e intentaba aumentar la productividad industrial. En abril de 1954, amén del disgusto por el desabastecimiento, crecían los rumores sobre la corrupción del régimen, que la muerte de Juan Duarte no desmentía. Ante ese cúmulo de desgracias la CGT llamó a un acto de adhesión el día 15. A poco de comenzado, el discurso fue interrumpido por una primera detonación ("los mismos que hacen circular rumores parece que hoy se han sentido más rumorosos, queriéndonos colocar una bomba..."); tras una segunda, más potente, Perón pronuncia una de sus célebres frases: "Compañeros, creo que vamos a tener que volver a la época de andar con alambre de fardo en el bolsillo", y la Plaza replica, "¡Leña, leña!". El ataque terrorista dejó siete muertos y casi cien heridos.

La Plaza, militarizada durante los años posrevolucionarios y lugar de enfrentamientos a fines del siglo XIX, quedó después fuera del territorio de las armas; no hubo bombas, ni siquiera en el presunto complot anarquista desbaratado en 1891. Hasta la llegada de Perón, en Buenos Aires se moría en choques entre máquinas electorales y en encontronazos entre la policía y demostraciones contestatarias pero rara vez dentro del perímetro de la Plaza: a los siete caídos del 15 de abril de 1954 hay que sumar los tres muertos del 5 de junio del mismo año, según informa Félix Luna, durante la represión policial a la protesta metalúrgica. No serán los últimos.

La respuesta al ataque terrorista de abril no se hizo esperar: un grupo quemó la Casa del Pueblo, otro arrasó con buena parte de la Casa Radical, y se hizo una hoguera con todo lo que había en la sede del Partido Demócrata. De dos instituciones que habían atravesado indemnes el 45, una, el Jockey Club, fue totalmente destruido; le tocará poco después el turno a la Iglesia.

Menos de un año después de su oración de diciembre de 1953, en el acto de coronación de la Virgen de Luján en la Plaza de Mayo, Perón se lanza contra la Iglesia. Las embestidas de su discurso del 10 de noviembre de 1954, ratificadas por un súbito anticlericalismo periodístico, fueron un preámbulo a la ofensiva de diciembre. El 8 de diciembre de 1954, día de la Inmaculada Concepción y de la fenomenal recepción a Pascualito Pérez, campeón de peso mosca en Japón, el enfrentamiento se desplegó en la Plaza. Los vaivenes de la autorización a su itinerario llevaron a anular la procesión de clausura del Segundo Congreso Mariano, pero la Catedral se colmó después del oficio hasta desbordar por Avenida de Mayo y Diagonal. La calma desconcentración de unas sesenta a ochenta mil personas constituía una manifestación antiperonista, y así fue vista por el gobierno, que decidió prohibir toda procesión o acto religioso público. No contento con eso hizo votar el divorcio vincular, religión y moral dejaron de ser materias de promoción, reabrió los prostíbulos y ahogó al diario *El Pueblo*. El 6 de mayo de 1955, desafiando la prohibición, los asistentes a la misa en la Catedral marchan por Florida y Corrientes hacia el Obelisco (carga policial, corridas y detenidos) y después del tedéum del 25, esta vez sin la presencia del Presidente, una columna se dirige hacia Santo Domingo.

Llegó por fin el 9 de junio y la procesión de Corpus, trasladada al 11 por ser jueves. A pesar de que el gobierno había autorizado exclusivamente la ceremonia dentro del templo, unos 300.000 feligreses —y otros que lo eran menos— se congregaron en la Plaza de Mayo para desfilar por Avenida de Mayo abucheando a Perón. Por orden del comisario de la seccional 6ª, mientras tanto, se procedía a quemar la bandera y a depositarla al pie del Congreso. (Para desagraviarla, Perón pronuncia un discurso en el acto citado por la CGT en plaza del Congreso.)

Habían quedado atrás las diferentes alternativas a Cristo: para buena parte de la oficialidad, ahora, había que elegir entre Él y Perón. Tras el pobre intento de tumbarlo en 1951, se optó por otro, no menos pobre pero tanto más sangriento. La reforma de la Constitución y el aplastante triunfo electoral del peronismo en 1952 auguraban a la oposición una interminable Vía Crucis. La única salida posible, escribe Félix Luna, parecía ser la muerte de Perón. Para eso debían servir las bombas arrojadas el 16 de junio de 1955 en la Plaza de Mayo, experiencia inédita para los porteños. De la primera tanda, al mediodía, una cayó sobre la Casa de Gobierno, desierta, otra sobre un trolebús, una tercera sobre el Ministerio de Hacienda, y los aviones volvieron a pasar a las dos y a las cinco de la tarde. El bombardeo a la desprevenida Plaza dejó cerca de trescientos muertos y unos mil heridos. (No habrá conmemoraciones durante muchos años pero quedaron las huellas de las descargas en la fachada del Banco Hipotecario.)

Después de la detención de unas 800 personas y del anuncio del fracaso del intento golpista, se incendió la Curia, en la Plaza, y se cayó contra San Francisco, San Ignacio, la Merced... sin intervención policial ni, después, palabra alguna del Presidente. Fueron expulsados del país monseñor Manuel Tato, obispo auxiliar, y monseñor Ramón Novoa, y se clausuraron los locales de la Acción Católica. La Santa Sede excomulgó a Perón.

En un clima enrarecido, el Presidente pronunciará, dos meses después, el que durante casi dos décadas se pensó su último discurso. Tras semanas de aparente conciliación, anunció su retiro y, como era predecible, la CGT decretó un paro general y llamó para el 6 de agosto a la Plaza donde Perón, con una inesperada violencia, pronunció su memorable amenaza: "La consigna para todo peronista, esté aislado o dentro de una organización, es contestar a una acción violenta con otra más violenta. ¡Y cuando uno de los nuestros caiga, caerán cinco de los de ellos!". Córdoba se alzará el 16 de septiembre y el General abandonará la Casa de Gobierno el 20.

Cuando Perón embarca en la cañonera deja una sociedad muy distinta de la que encontró. No es éste el lugar para escribir sobre esa transformación, pero septiembre de 1955 es una coyuntura clave para examinar la calidad peronista de una Plaza sin Perón.

"Tan histórica para nosotros", al decir del General, las conmemoraciones lo habían confirmado durante más de una déca da. Esta rutina, fundada sobre la potencia simbólica del 17 de Octubre, hizo olvidar que, antes de él, el balcón había vinculado, sin mediaciones, a gobiernos militares y un Pueblo figurado por las masas en la Plaza. Es imposible saber si, mezcla de recordación colectiva y celebración de clase, el ritual peronista requería los gigantescos actos en la Plaza, pero lo cierto es que Perón no eligió otro lugar sino ése, como si el único verdadero pueblo peronista con el que pudiera materialmente encontrarse fuese el heredero directo del pueblo de 1945.

Ahora bien, pese a la presencia del General a un ritmo promedio de tres o cuatro veces por año —lo que no es poco—, el peronismo no se había *apropiado* de la Plaza, salvo que se entienda por tal su monopolio *de facto* gracias a la prohibición de actos disidentes. La Plaza de Mayo se constituyó en uno de los signos del peronismo pero no a la manera de la *Marcha* o de su escudo: su capacidad significante no se agotaba, ni mucho menos, en su relación con el peronismo. Que ni la Plaza ni los balcones le pertenecían lo demostró muy rápidamente el general Eduardo Lonardi. El 23 de septiembre de 1955 se presentaba en los balcones de la Casa Rosada, "ante el pueblo de mi Patria, que en impulso espontáneo se erigió en brazo armado para defender la democracia y la libertad". Juzgó innecesario jurar desde los balcones —quizá, supuse ya, porque la intervención política del Ejército había dejado de ser una novedad y, con eso, menos dudosa su legitimidad— pero no porque tuvieran dueño. No vaciló en ocuparlos para hablarle al millón de personas que ennegrecía las tres hectáreas de la Plaza y las calles circundantes. La prensa anotará, como tantas veces, que "nunca se había presentado espectáculo más grandioso" (y, en verdad, sólo las ropas permiten distinguir las fotos de ese día, del 6 de septiembre y de los actos peronistas).

"Era la cita de honor con la Libertad. Una verdadera multitud, exultante de júbilo ciudadano", escribe *La Nación*, "Los '¡viva la patria!' sonaban sin cesar […] y la radiotelefonía los transportaba a todos los ámbitos del país". Pañuelos blancos, banderas, lluvias de flores, nada faltó en el camino del Aeroparque a la Casa Rosada, ni siquiera un "héroe superviviente" en el Salón Blanco, en la persona del octogenario general Florencio Pereira, expedicionario al desierto. Mientras Lonardi abrazaba al cardenal Copello, después del juramento, las "estrofas majestuosas de la liberación de un pueblo", escribe *Clarín*, fueron entonadas en la Plaza, "con el fervor del hombre que siente rotas sus cadenas", fervor intensificado por la visión del Presidente en el balcón. El entusiasmo no era muy diferente del suscitado antaño por el general Uriburu: aunque se ovacionara a Lonardi, Rojas y Olivieri, se aplaudía, ahora también, la caída de un régimen.

Sin aludir a la Plaza peronista, la muchedumbre se agolpaba, prosaicamente, porque el nuevo gobierno estaba en la Casa Rosada, la sola sede del poder que quedaba, y que el balcón hubiera sido peronista hasta la víspera no impidió que sus adversarios lo utilizaran. No clausuraban por eso el significado, peronista, de la Plaza y del balcón.

Fueron rápidamente evidentes las obstrucciones a las iniciativas del general Lonardi; la pretensión de trazar un corte menos abrupto con las instituciones políticas y sindicales del régimen anterior irritaba a la Marina y a la mayoría del Ejército, en tanto que amplios sectores liberales veían con poco agrado a representantes de las corrientes nacionalistas y de la derecha católica en el gabinete. Sesenta días más tarde, la renuncia del Presidente sancionaba la derrota de los nacionalistas; abandonados por la Iglesia, descubren en el "fatídico" 13 de noviembre que tampoco ésta era "la revolución que anunciamos". La disolución del partido peronista, la intervención de la CGT, el fusilamiento de militares y civiles peronistas que intentaron un golpe en junio de 1956, probaban irrefutablemente el proyecto restaurador del gobierno del general Aramburu. Se prohibió a los medios de comunicación —como lo hiciera espontá-

neamente la prensa durante la campaña electoral de 1946—
pronunciar los nombres de Perón y Evita: violencia que puede
denominarse simbólica con la condición de observar que no
hacía sino invertir otra, su extenuante proliferación durante los
años peronistas.

Crecía mientras tanto una forma contestataria violenta relativamente nueva, que las connotaciones europeas del término
"resistencia" describen acabadamente: eran ante todo sedicio-
sos testimonios de supervivencia que hacían públicos los límites
del nuevo orden. Con la excepción de las frustradas tentativas
de realizar actos para el 17 de Octubre (unos 1.000 peronistas
en 1958), la Plaza de Mayo fue ajena a esos tan desiguales combates, así como a otros, menos desiguales, en sindicatos, fábricas y urnas. Durante una década de crisis política permanente
los balcones permanecieron vacíos y los usos de la Plaza se esta-
bilizaron a bajo régimen.

El júbilo de septiembre de 1955 no se repitió en noviembre, y la personalidad de Arturo Frondizi hacía improbable
una arenga pese al efímero alborozo del público cuyos carteles aseguraban que "El pueblo no será burlado. El petróleo será nacionalizado".[47] Su reemplazante, el doctor José María Gui-
do, declaraba, sin equivocarse, "ahora dejaré de ser noticia",
en vísperas de la transmisión del mando al doctor Illia (elegido él también con el peronismo proscripto) quien se trasladó
en octubre de 1963, acompañado por el jefe del Ejército, general Juan C. Onganía, hasta la Casa de Gobierno para observar desde un palco la evolución de los granaderos. Nadie convocó masivamente a la Plaza, salvo la Iglesia, que reunía 250.000
asistentes en 1960 para la clausura de la Gran Misión de Buenos Aires.

El general Onganía, que había ascendido vertiginosamente al comando de la primera división blindada en abril de

---

[47] *Clarín*, 2/5/1958.

1961, no tuvo necesidad de trasladarse del Congreso a la Plaza de Mayo. Adusto, tampoco se asomó a los balcones ante una Plaza por otra parte desierta. A las once de la mañana asumió en la Casa Rosada y delegó en el ayudante del jefe del Ejército, mayor Ramón Camps, la lectura del mensaje de la Junta Revolucionaria. Además de dejar cesante a la Corte Suprema, disolvió el Congreso, los partidos y el Concejo Deliberante. Si el peronismo y la CGT recibieron la Revolución Argentina con inocultable satisfacción, la Universidad de Buenos Aires no esperó siquiera veinticuatro horas para hacer público su repudio. Tampoco repercutió en la Plaza la llegada del ignoto general Levingston —agregado militar en Washington que los diarios tuvieron la gentileza de presentar—, ni la del general Lanusse. Mientras tanto, Juan Perón se ocupaba, desde el exilio, en conservar su poder sobre los peronistas —o sea sobre el sistema político— en las, precisamente por su éxito, escasas coyunturas electorales.

El golpe militar de 1955 se hizo casi a espaldas de Buenos Aires, Córdoba fue el epicentro de la revuelta de 1969 y los movimientos bautizados con el sufijo "azo" estallaron en el interior. La Capital, agitada por los portentosos virajes doctrinarios del doctor Arturo Frondizi, permanecía comparativamente aletargada. El vigoroso sindicalismo peronista prefería ahora actuar *sobre la política desde la fábrica*, y a mediados de los sesenta puso en práctica sincronizados "planes de lucha".

Plaza Once era la predilecta para los mitines y, en función de los vaivenes de régimen, se citaron protestas en la del Congreso. A la de Mayo le quedaban las efemérides. Parecía difícil inventarle nuevos usos o reactivar al balcón. Como se sabe, no será así. Las madres de los desaparecidos introducirán una inédita forma de protesta y el fracaso del proyecto del general Lanusse abrió las compuertas a otros balcones.

"¡Si éste no es el pueblo, ¿el pueblo dónde está?!"

Fueron múltiples las razones que llevaron al general Lanusse a convocar a elecciones para el 11 de marzo de 1973, con restricciones que hacían imposible la candidatura de Perón. La movilización de una nueva juventud peronista no fue la menos importante.

Reclutada inicialmente en las filas católicas, engrosada por grupos penetrados por la Teología de la Liberación y por sectores de las izquierdas conmocionados por la revolución cubana, fue nutrida por jóvenes que, abandonando sus preocupaciones tradicionales, se volcaban a la acción política. Acorde con la atmósfera en buena parte del planeta, la activación de la nueva generación, evidente en la rebelión cordobesa, confluyó con las señales madrileñas que permitían creer en una radical metamorfosis ideológica de Perón. Más o menos revolucionaria, esta generación compartía el deseo de un lazo con la clase obrera, y puesto que ésta era masivamente peronista, una porción considerable adhirió al Movimiento, reclamando el regreso de Perón. Mezcla de buena y de mala fe, la adopción de la "camiseta peronista", al ofrecer un puente imaginario entre vanguardias políticas y masas populares, solucionaba el mismo dilema enfrentado por otros movimientos durante las décadas de 1960 y 1970. La singularidad de la Juventud Peronista provino de las condiciones planteadas por la opción política de los trabajadores, que los condujo a ingresar en un movimiento que ya tenía su líder. Si parecía resolverse así el problema de la distancia entre militantes y masas, la Juventud enfrentó otro, insoluble: su relación como vanguardia con el jefe del movimiento. Las armas, la muerte, se convertían insensiblemente en instrumentos políticos aceptables en los grupos contestatarios y las "formaciones especiales" contaban con la bendición de Perón. Los focos revolucionarios en el interior del país, el asesinato de Augusto Vandor en junio de 1969, el fusilamiento de Aramburu en 1970, fueron recibidos con satisfacción por buena parte de la nueva oposición al gobierno militar.

Para encabezar la fórmula del Frente Justicialista de Liberación Nacional, el General en el exilio —ajustando cuentas con el sindicalismo consolidado durante los años precedentes— designó a Héctor Cámpora, fiel entre los fieles. La Juventud coreó arrebatada "Cámpora al gobierno, Perón al poder" cuando se oficializó la candidatura en enero de 1973. El 11 de marzo el Frejuli es reconocido vencedor, con 49,5% de los sufragios.

El 25 de Mayo, día de la asunción del nuevo gobierno, la juventud radicalizada atestó la Plaza: ebrios de poder y de pasión, FAR, Montoneros, la JP, se celebraban a sí mismos.

Más de un millón de personas desbordó los alrededores del Congreso, la Avenida de Mayo y la Plaza durante la ceremonia, al grito de "¡Se van, se van, y nunca volverán!". Se liberó a los presos políticos de la cárcel de Villa Devoto —donde se leía, pintado en una sábana, "Los comunes con Perón"—, Lanusse fue floridamente agraviado y se impidió el desfile militar. Estas efusiones fueron sin embargo bastante ordenadas: para eso estaba el servicio de orden de la triunfante Juventud, que aplaudía otra "máscara inútil y odiosa" en el quizás inútil pero seguramente no odiado Héctor Cámpora. La JP irrumpió en todos los ámbitos institucionales, bajo la mirada complaciente del nuevo Presidente, y desaparecía todo eufemismo en el feroz enfrentamiento entre la Juventud (infiltrada, traidora, trotskista, para el sindicalismo) y los dirigentes obreros (acusados de burócratas y traidores).

Recuerdo lo sabido. Perón regresa el 20 de junio y cerca de dos millones de personas, provenientes de todo el país, lo esperan frente a un palco instalado sobre un puente de la autopista a Ezeiza; sobre ellos disparan rifles y ametralladoras de grupos de derecha, dejando por lo menos 25 muertos y más de 400 heridos. Perón había destituido ya a Galimberti, irritado por el proyecto de crear milicias populares y su silencio —sólo mencionará "circunstancias conocidas" en su discurso del día siguiente— indicaba límpidamente el fin de su apoyo a los grupos armados y su decisión de poner orden en el Movimiento. Las esperanzas de los dirigentes juveniles estaban liquidadas pero les resultará difícil admitirlo públicamente; si las razones no eran, al fin de cuentas, nada misteriosas, el camino recorrido fue particularmente tortuoso. Por una suerte de golpe de Estado dentro del peronismo, Cámpora renuncia cuarenta y nueve días después de asumir y es reemplazado por el presidente de la Cámara de Diputados, yerno del enemigo jurado de la Tendencia Revolucionaria juvenil, José López Rega. Con la proclamación de la fórmula Juan Perón-Isabel Perón, menos de un mes más tarde, termina el breve predominio de la izquierda peronista dentro del gobierno.

Todo esto, y mucho más —atentados y asesinatos — sucedía fuera de la Plaza. Hay que esperar hasta el 12 de octubre de 1973, día del juramento de Perón como presidente, para encontrarlo, por primera vez desde su retorno, en los balcones de la Casa Rosada. La Plaza no se parecía a ninguna de las plazas peronistas. Rebosante de jóvenes con su emblema, la ametralladora cruzada por una lanza tacuara, desplegaba —después de las ambigüedades vandoristas— una inédita división dentro del Movimiento. El nombre de Perón perdía su monopolio del espacio, atravesado por un gigantesco cartel de Montoneros, cuyos estribillos no obedecían al ritmo impuesto por su discurso ni expresaban el incondicional apoyo de otrora. "Si éste no es el pueblo, el pueblo dónde está", "Y ya lo ve, hay una sola JP", "Montoneros, montoneros", se contentaban con afirmar su existencia ante Perón y ante sus adversarios, y era un desafío, expresión de su paradójica situación.

La distancia entre el Líder y los nuevos peronistas parecía reflejarse en el enturbiamiento de la especularidad visual de los años del régimen. Lo advierte *La Nación* cuando escribe que el grueso y oscuro vidrio blindado que protegía a Perón en el balcón "impedía la simétrica visión entre Perón y sus partidarios" y que, en la Plaza, "un cartel de Montoneros impedía la visión del balcón". El Presidente anuló efímeramente el primer obstáculo, saliendo de detrás del vidrio con los brazos en alto, pero los Montoneros no abolieron el segundo.

Perón anuncia que no se festejará el 17 de Octubre de 1973 pero sí el 1° de Mayo de 1974, y promete, con su arraigada inventiva en materia de fechas, que

> siguiendo la vieja costumbre peronista, los días primero de mayo de cada año [sic] he de presentarme en este mismo lugar para preguntarle al pueblo aquí reunido si está conforme con el gobierno que realizamos.

De ese 1° de Mayo lo menos que puede decirse es que fue insólito, porque lo era la postura de uno de sus protagonistas, la Juventud radicalizada. Su situación se ensombrecía día a día —los reiterados mentís de Perón, los ataques de bandas armadas de extrema derecha, el nombramiento de dos responsables de la represión militar— sin torcer su voluntad de aferrarse al Movimiento. Colocándose en un quimérico molde de Evita, los Montoneros sostenían que si Perón lograba salir del "cerco" creado por el ministro de Bienestar Social, J. López Rega, conduciría el país a una patria peronista y socialista. Creían, o decían creer, que su conducta se debía a la ausencia del contacto directo con el Pueblo, de la "esencia del peronismo". Lo explicaba, en febrero de 1973, *El Descamisado*:

> Hay una relación que hace a la esencia misma del peronismo, que está interrumpida. Es el vínculo directo, frente a frente, entre el pueblo y Perón [...]. Entre Perón y su pueblo, siempre se da este fenómeno de realimentación: la masa crea, Perón encuadra, Perón crea, la masa recrea y así avanza el Movimiento.

Era el famoso diálogo, iniciado en 1945 con el "no me pregunten dónde estuve", respuesta a la reiterada pregunta "¿dónde estuvo?;" los prometidos interrogantes de los 17 de Octubre encontraron invariablemente un coro de "¡Sí!" que no se amilanará ante su número, como el de 1953, ante su huésped, el presidente Somoza:

> [...] "el que se anime a poner un pie en nuestra tierra [...] encontrará millones de argentinos dispuestos a morir [...] Y lo he dicho porque eso es lo que quiere mi pueblo. ¿Sí o no?" Se responde: "Sí". "He dicho también que estábamos contra todo imperialismo [...] Eso es lo que quiere el pueblo argentino para todos los pueblos de la tierra. ¿Sí o no?" Se responde "Sí". "¿Quiere o no quiere el pueblo argentino que seamos amigos de todos los pueblos?" Se responde "Sí". "¿Quiere o no quiere el pueblo argentino que ayudemos a realizar la unión de todos los pueblos americanos?" Se responde "Sí". "Por eso fui a Chile [...] ¿Es o no es lo que quiere el pueblo argentino?" Se responde "Sí" [...].[48]

Aun si se desecha la imagen de una comunión mística entre Líder y masa así como la extravagante idea de un pueblo que decía a Perón lo que quería y obtenía satisfacción (salvo que se entienda por tal la silbatina a Espejo en octubre de 1952, cuidadosamente censurada), el diálogo no fue una leyenda. Su versión más ajustada, sin embargo, no tuvo lugar en la Plaza de Mayo sino en la del Obelisco, y no se estableció con Perón sino con Eva, el 22 de agosto de 1951. Hasta mayo de 1974. La JP y Montoneros estaban convencidos de que el 1º de Mayo se produciría esa comunicación directa y que el Pueblo iría a "hablar, cuestionar, recuperar, defender", como escribe *El Peronista*, sencillamente porque serán ellos los que irán a hacerlo.

---

[48] *Clarín*, 19/10/1953.

Sobran los indicios de la sustitución del Pueblo por la juventud peronista, entre ellos la publicación, en facsímil, de los volúmenes de 1944 y de 1946 con los discursos de Perón. La transformación en la portada de 1973, superpuesta a la precedente, es tan notable como obvia. El "quiere saber" de 1944 es "quiere quiere quiere quiere saber saber", *slogan* más que título, y en lugar de los hombres y mujeres de cuerpo entero, de pie, hay un friso de cabezas jóvenes, muy evidentemente gritando, del cual emergen cinco puños cerrados; no hay más Cabildo ni referencia espacial alguna y las caras están ahora de frente, mirando hacia el lector. El segundo volumen sigue reglas parecidas; al "ya sabe" le sucede "ya sabe sabe sabe ya sabe", y el conglomerado juvenil levanta un cartel con la cara de Perón y manos haciendo la "V" de la victoria. Nueva vuelta de tuerca en el trabajo simbólico, la Juventud movilizada reemplaza a las masas de 1946, como Perón había sustituido a los vecinos de 1944. Conducidos por los Montoneros y afirmándose Pueblo, fueron millares los que decidieron partir hacia la Plaza para responder que no, que no estaban satisfechos con el gobierno.

El objetivo de los organizadores era el de siempre, una fiesta con reina y todo; se distribuyeron los sectores a ocupar y se autorizaron exclusivamente banderas argentinas y sindicales. A las tres de la tarde comenzó el desfile de actores y cantantes, muy pronto cubiertos por el estruendo de los bombos de las columnas montoneras, que no esperaron la llegada de Perón para gritar "Qué pasa, qué pasa, qué pasa General, que está lleno de gorilas el gobierno popular", "Éstos son los montoneros que mataron a Aramburu": otras voces replican, "Asesinos, asesinos". Al "No queremos carnaval, asamblea popular" responde un "Argentina peronista, la vida por Perón" y se aclama a Isabel cuando se oye "Se siente, se siente, Evita está presente". El entusiasmo, quizá, en todo caso el número (50.000 traídos por Montoneros, 20.000 por la CGT), refuerzan el volumen de los estribillos juveniles. Mientras Isabel, en el palco, elegía a la reina del Trabajo, Montoneros, la JP, la JTP y la JUP desenrollan sus carteles y repican "Evita hay una sola…" y "Si Evita viviera sería montonera". A las 16:40 llega en helicóptero el Presidente, recibido durante casi diez minutos por un estruendoso "El pueblo te lo pide, queremos la cabeza de Villar y Margaride". La bravata no terminó allí; después del minuto de silencio en memoria de Eva Perón un tambor ritmó los nombres de los montoneros muertos y los consiguientes "¡Presente!".

Tras el sosiego que siempre trae cantar el himno, un evidentemente soliviantado Perón comenzó el que fue probablemente su discurso más breve, entrecortado por los estribillos desde la Plaza. Al terminar el tercer párrafo ya había reivindicado la calidad de la organización sindical, "pese a esos estúpidos que gritan" y de "algunos imberbes que pretenden tener más méritos" (respuesta: "Se va a acabar, se va a acabar, la burocracia sindical), sindicatos que habían visto asesinados a sus dirigentes "sin que todavía haya sonado el escarmiento" (respuesta: "Rucci traidor, saludos a Vandor"). El Presidente prosiguió, fiel a la verdad:

> Compañeros, nos hemos reunido nueve años en esta misma plaza; en esta misma plaza hemos estado todos de acuerdo en la lucha que hemos realizado […] Ahora resulta que, después de veinte años, hay algunos que todavía no están conformes de todo lo que hemos hecho.

Las columnas se retiran cantando "Conformes, conformes, conformes, general; conformes los gorilas, el pueblo va a luchar", "Aserrín, aserrán, es el pueblo que se va". El 1º de Mayo de 1974, cuando fue a decirle a Perón lo que quería el Pueblo, la Juventud estableció efectivamente la comunicación buscada pero muy distinta de la que decían esperar. Ahora bien, a sabiendas de que el Líder no se inclinaría por ellos, ¿para qué fueron a la Plaza? Es imposible penetrar en sus intenciones individuales pero es lícito al menos suponer que no eran suicidas ni masoquistas, y formular como hipótesis que su comportamiento era coherente con la singular realidad construida por ellos mismos desde comienzos de la década de 1970.[49] En ella, que tenía incrustada una Plaza fabulosa, Perón podía haberlos elegido.

Si Perón los insultó, el hecho es, como escribe Carlos Altamirano, que los Montoneros hicieron "una demostración de fuerza" y "una puesta en escena deseada". Si como demostración de fuerza no se diferenció radicalmente de otras protestas, la "puesta en escena" fue singular. Con ella Montoneros *fabricó*, en la Plaza misma, el conflicto con Perón. No solamente descalificó al Líder —sin aguardar siquiera el comienzo de su discurso— sino que manifestó abiertamente su desacuerdo ante diversos destinatarios (Perón, sus adversarios dentro del Movimiento, la opinión...). Si puede alegarse, con razón, que nadie lo ignoraba, lo nuevo consistió en la producción de un hecho distinto: un *conflicto público*.

Las invectivas y el tono empleados por un irritadísimo Líder eran imprevisibles tanto como que él también diera publicidad a la disputa; lo hizo, obligado, y a su manera. No estimó, naturalmente, que tenía ante sí al Pueblo, pero tampoco a grupos contestatarios, sino que los *vació políticamente* al calificarlos de imberbes estúpidos que gritaban. Los Montoneros lograron sin embargo objetivos nada despreciables: llenar la Plaza y, como un solo hombre, vaciarla. Presagio de los funestos tiempos por venir, ese 1° de Mayo mostraba a la luz del día las feroces luchas intestinas en el peronismo.

En la historia de la Plaza, por último, la presencia simultánea de antagonistas que afirmaban como propio al mismo destinatario configuraba una situación desconocida. Escribí páginas atrás que las protestas se esfuerzan infructuosamente por

---

[49] Procuramos identificarla con Eliseo Verón en *Perón o muerte. Estrategias discursivas del fenómeno peronista*, Buenos Aires, EUDEBA, 2003.

controlar el sentido de sus demostraciones a través de la construcción, con carteles y estribillos, de un enunciador singular de
un discurso argumentativo. Esto viene a cuento aquí porque la
polifonía creada por el triángulo del 1° de Mayo de 1973 —Perón, el sindicalismo, Montoneros— fue un raro ejemplo de los
límites de una disputa en la Plaza. El furor de Perón hizo añicos
su discurso —ilegible, por otra parte, sin las interrupciones de
los Montoneros—, y su estabilidad argumentativa no fue mayor,
al fin de cuentas, que la de los *slogans* férreamente orquestados
por las organizaciones juveniles.

El ERP y Montoneros, ahora en la clandestinidad, no eran
los únicos obstáculos en la ruta del tercer gobierno de Perón; el
Pacto Social impulsado por el ministro Gelbard hacía agua por
los cuatro costados. La inflación y la multiplicación de las huelgas fueron el telón de fondo del último discurso de Perón, el 12
de junio de 1974; sus reproches a empresarios y sindicalistas por
no respetar los acuerdos firmados fueron seguidos por su amenaza de renuncia y la CGT convocó nuevamente a la Plaza.

Tres semanas después, el 14 de julio, se anuncia la muerte del Líder y asume su vicepresidenta y viuda, fielmente servida, como antes el General, por el siniestro secretario José
López Rega. El asesinato de Mor Roig, ese mismo día, inauguraba los que —si se quiere utilizar la metáfora europea—
merecen verdaderamente el título de años de plomo. No hay
casi día sin muertes en las filas de la derecha y, más frecuentes, en las de alguna de las izquierdas. *La Opinión* calculaba 62
muertos en diciembre de 1975, 89 en enero de 1976, 105 en
febrero y, en marzo de 1976, un asesinato político cada cinco
horas y una bomba cada tres.[50] Se canjeaban, en noviembre,

---

[50] Citado por Marcos Novaro y Vicente Palermo, *La dictadura militar.
1976/1983. Del golpe de Estado a la restauración democrática*, Buenos Aires, Pai-
dós, 1996, p. 17.

los previamente secuestrados cadáveres de Aramburu y Eva Perón.

Es trivial recordar la penosa administración de la señora de Perón, penosa para ella misma pero sobre todo para el país: un Estado a los tumbos, bandas armadas a las órdenes de López Rega, una maxidevaluación por obra y gracia del ministro Celestino Rodrigo, con el consiguiente estallido hiperinflacionario. La CGT y las 62 Organizaciones peronistas, recuperado el papel central que tuvieron durante el exilio de Perón, ponían en práctica su antigua estrategia de presión y, echando mano a su aceitada artillería, declaraban la primera huelga general bajo un gobierno peronista. No se movilizaban para entregar la patria al imperialismo, como lo aseguraban los Montoneros, sino para luchar por salarios, como lo hicieran bajo los gobiernos civiles y militares precedentes.

En la convulsa situación creada por el ministro Rodrigo, las tradicionales negociaciones colectivas llegaron a un punto muerto; sindicatos y empresarios fijaron aumentos salariales de 60% a 200% y, con el lema "Gracias, Isabel", los metalúrgicos se citaron en la Plaza para lograr el reconocimiento oficial de los convenios. Esta Plaza se parecía paradójicamente a la imaginada por la Juventud Peronista: los trabajadores fueron a "hablar, cuestionar, recuperar, defender".

Una mirada retrospectiva permite descubrir algo nuevo en las Plazas de 1975. La fábrica y el sindicato habían sido las vías exclusivas para lograr mejoras laborales, pero ahora, bajo el gobierno a la vez débil y peronista de Isabel, los trabajadores se servían, también, del espacio público. Muchas páginas atrás dije que la Plaza no hospedó mitines con reclamos salariales, y que esto fue así hasta que el Estado avanzó sobre el mercado. Agrego ahora: hasta que se produjo la conjunción entre un sindicalismo potente y un gobierno que no podía permitirse ignorarlo ni contaba con los medios para expulsarlo. Un sindicalismo que, por otra parte, no persiguió sólo mejoras salariales; cuando el 27 de junio de 1975 Isabel sale al balcón, los trabajadores convocados por la CGT enarbolaban una selva de carteles exigiendo la destitución de López Rega, Lastiri y Celestino Rodrigo. La Señora, visiblemente emocionada según la prensa, se llevó la mano al corazón y cedió ante la amenaza de un nuevo paro general. Los jefes sindicales habían salido victoriosos: Celestino Rodrigo y José López Rega no tardaron en presentar sus renuncias.

6

Las Plazas de la dictadura

El 24 de marzo de 1976 las Fuerzas Armadas decidieron finalmente terminar con la mezcla de guerra civil, crisis política y desastre económico. A la madrugada, la CGT convocó una postrera concentración en la Plaza. Pasó inadvertida.

Si la mayoría de los argentinos recibió a la Junta militar con alivio y esperanzas, sobre una ancha capa de la sociedad se extendió la que Juan Corradi bautizó "cultura del miedo". Prosiguiendo la obra iniciada bajo Isabel, el gobierno se propuso exterminar grupos guerrilleros y militantes, y acallar a miembros de las vastas redes tejidas por la activación social y la lucha armada. Más que movilizar en su favor —salvo quizás en 1978, enardecido por el boicot al Mundial y la acción internacional en defensa de los derechos del hombre— quiso mantener la pasividad de la población. El éxito coronó ambos objetivos.

Entre otras consecuencias —tanto más graves— de la instauración de la dictadura, puede escribirse, y se escribe, que la represión clausuró el espacio público. Me pareció posible hasta aquí eludir una definición de ese espacio para no agregar otra al vasto *stock*. Para seguir el hilo de esta crónica consideré suficiente calificar como *públicos* los acontecimientos que tenían lugar en el ámbito urbano y eran reproducidos en medios de comunicación virtualmente accesibles. Este restringido criterio evita (para bien y para mal) decidir sobre su tenor polémico y esquivar, por consiguiente, la tradición que tiende a asimilarlo a una comunidad política, a la *polis*. Las consecuencias de esta elección son evidentes durante el período abierto en 1976. Para la concepción que, identificándola con la vigencia de formas democráticas, afirma la posibilidad de expresar disentimiento como condición imperiosa de toda esfera pública, ésta habría desaparecido, barrida por los monólogos gubernamentales. Nada de tal, en cambio, si, de manera más acotada y menos vistosa, se abandona el ámbito de la comunicación de masas para observar el tejido de redes formales e informales de información y de sociabilidad que escapan a la censura estatal. Demos un paso más. Bajo el régimen peronista, especialmente después de 1950, los obstáculos a la expresión de los partidos y el férreo control de diarios y radio restringieron lo público —en cualesquiera de sus acepciones— pero sin clausurarlo: la oposición podía —penosamente— manifestarse.

¿Hasta qué punto pueden matizarse también los años militares, cuando el poder se ejerce con una desconocida violencia? Me aventuro a responder afirmativamente. Primero, porque aunque se aplastaran sin piedad vastas áreas de la cultura y se diezmara a la militancia contestataria, resultaron indemnes franjas de la población para nada angostas que habían vivido alejadas de la tormenta política. Segundo, porque pese a la censura —de una rudeza desconocida en el siglo XX— subsistieron, reproducidas por la prensa, críticas más o menos veladas de diversos sectores a políticas estatales.[1] Concluyo entonces que se operó una drástica contracción de la *polis* pero sin aniquilarla: los índices de las fisuras en el monopolio estatal fueron desde la publicación de las respuestas gubernamentales a denuncias en el exterior, de incontables pedidos de *habeas corpus* y de in-

---

[1] *The Buenos Aires Herald, La Prensa* y *La Voz del Interior* fueron los tres diarios más críticos de la Junta. Tras sanciones a *La Razón, La Opinión* y *Crónica*, en el primer trimestre de 1978, se levantaba la censura a las informaciones del exterior.

formación sobre detenidos, hasta las solicitadas de las Madres en 1977 (*La Prensa* en abril, *La Nación* en diciembre). Por fin, paradoja sólo aparente, el disfraz de ejecuciones como enfrentamientos o intentos de fuga.

Ahora bien, estos argumentos, que pueden ser valederos en la esfera pública más amplia, son inadecuados para el uso colectivo de la ciudad. El estado de sitio y la represión liquidaron *este* espacio público y, con él, a la Plaza. La dictadura quiso devolverla a su rol de lugar de paseo: amplió los espacios verdes, instaló bancos y papeleros alrededor de las fuentes y "trazó alrededor de la Pirámide rayos blancos sobre fondo de baldosas pardo claro, para restituirle una fisonomía que se hizo tradicional, jerarquizándola en sus fuentes y ornamentos principales; reintegrándole su sentido de recinto apacible, testigo de los días del país y digna del respeto de todos los argentinos…".[2] Por lo demás, superando con creces a las celebraciones de 1936, llevó la identificación de la Patria y el Orden en la Plaza a niveles insólitamente guerreros.

Esta crónica pasa por alto el exasperado uso de la Plaza por los militares, pero mal puede prescindir de un movimiento instituido en y por ella, bautizado jurídicamente con su nombre al registrar en 1979 la Asociación "Madres de Plaza de Mayo".

Las Madres

La Plaza protestataria quedó vacía hasta que un grupo de madres volvió a hacerla un sitio de demandas a las autoridades, viniendo desde un espacio exterior a la política: locas con pañales. Sus exigencias de verdad a un poder feroz y arbitrario

---

[2] *Breve historia de la Plaza de Mayo*, Museo de la Ciudad, MCBA, 1976, cit. por Ana Pereyra, "El poder del espacio en el espacio del poder: edificios y monumentos de la Plaza de Mayo", dactilog., p. 11.

fueron, porque no hubo otras y por su forma, una expresión única de disensión pública, un fenómeno (también) portentoso. Mucho se ha escrito, y con razón, sobre la excepcionalidad del desafío de mujeres que nada predestinaba a ese combate, pero acaso eso no impida (tampoco) examinar sus demostraciones públicas en tanto protestas. Es lo que me propongo en estas escasas páginas, dedicadas exclusivamente a su tramo inicial, sin adentrarme en los desvíos de la década de 1980. Dicho de otro modo, me interesan su nacimiento como grupo y los recursos movilizados para enfrentar los obstáculos a su emergencia pública.

Las Madres protestatarias

Los cuerpos protestatarios son signos y soportes de signos. Son, además, conmensurables: la cantidad de participantes es la medida capital de la importancia de una demostración pública o del vigor de un reclamo (de allí que las cifras de las protestas sean siempre polémicas, y las estimaciones de la policía y de los organizadores difieran sistemáticamente). Ahora bien, en cierto tipo de protestas, aquellas que exponen públicamente la vida de uno o unos pocos, el número desaparece como unidad de valor. La dimensión sacrificial de este uso de los cuerpos le confiere una potencia simbólica que, por contraste, revela la legitimidad ordinaria de las prácticas manifestantes organizadas. Los bonzos, Ian Palach, las huelgas de hambre del IRA o el estudiante de Tian An Men son algunos ejemplos modernos. Las rondas de las Madres en la Plaza de Mayo, otro. Pacíficas y silenciosas, en las antípodas de la amenaza de desorden implícita en las concentraciones masivas, no constituyeron por eso un desorden menor a ojos de la dictadura que, en su fase más represiva, se cobró las vidas de Azucena Villaflor, Mary Ponce, Esther Balestrino de Careaga y tantas otras.

Su camino condensó en pocos meses el que para los sectores populares fue, históricamente, un lento pasaje de insatisfacciones individuales a reclamos colectivos. Recurrieron primero a delegaciones con pliegos, a las que un régimen monocorde retiraba mucho de su tradicional legitimidad. Los relatos de sus protagonistas, única fuente sobre este lapso, nos dicen que tras indagar individualmente, sin éxito, sobre el paradero de sus hijos, decidieron presentar a la Junta un pedido conjunto de información. A estar con una de sus autobiografías, eso sucedió un día, en la iglesia de la Marina, donde iban a ver a Gracelli, "Azucena (Villaflor de De Vincenti) dijo que ya basta, que por qué no íbamos a la Plaza y hacíamos una carta para pedir audiencia, y que nos dijeran qué había pasado con nuestros hijos".[3] Eso hicieron el 30 de abril de 1977 —rechazada la audiencia por el Presidente se les aconsejó dirigirse al ministro del Interior, quien les informará que sus hijos se habrían fugado o abandonado el país— y volverán con otros petitorios, como el que exigía el 15 de octubre, con 24.000 firmas, la investigación sobre los desaparecidos y la libertad de los prisioneros sin proceso.[4] Hasta aquí estamos ante formas tradicionales de reclamar. Las rondas en la Plaza, en cambio, fueron demostraciones inéditas. Si se acepta que el movimiento de las Madres pertenece al género protestatario parece razonable buscar las raíces de su peculiaridad en la combinación del contexto dictatorial y la propiedad cardinal que las distingue de otras: su *exigüidad*.

Es imposible decidir cuántos son *muchos* (ni siquiera con el original criterio utilizado por el general Dellepiane para concluir que los 10.000 manifestantes de 1910 eran "una proporción insignificante, un 5% a lo sumo del elemento obrero de

---

[3] *Historia de las Madres de Plaza de Mayo*, Buenos Aires, Asociación de Madres de la Plaza de Mayo, 1996.

[4] Jean-Pierre Bousquet, *Las locas de la Plaza de Mayo*, Buenos Aires, El Cid, 1983, p. 61.

la Capital"),[5] pero es indiscutible que no lo eran las catorce madres en la Plaza de Mayo, un jueves de abril de 1977. Las ochocientas reunidas en octubre serán testimonio de su crecimiento, cambiante según las coyunturas, pero están lejos de los números de las demostraciones que habían acudido, y acudirán, a la Plaza.

La consecuencia más importante, y evidente, de su exigüidad fue una insuficiente presencia pública, indispensable para toda protesta y de una importancia capital para las Madres. No se inmolaron ni produjeron voluntariamente acontecimientos extraordinarios atractivos para la prensa —que, a la inversa, ignoró los secuestros—, la represión les impidió frecuentemente llegar a la Plaza y la censura (o la autocensura complaciente de los medios de comunicación) obturaba todo registro de su existencia. Cualquier pretensión de eficacia para sus reclamos exigía por consiguiente acceder al ojo público, *o generarlo*. Ese destinatario se confunde con el esfuerzo de influir sobre su adversario, la Junta, y fue buscado de mil maneras. Así, recurren muy temprano a solicitadas en los diarios —junto a Familiares de Desaparecidos o exclusivamente suyas—, procuran entrar en contacto con extranjeros claves (desde Terence Todman o Cyrus Vance hasta los periodistas durante el Mundial, pasando por los invitados a congresos científicos) y, para franquear los límites impuestos por la dictadura, buscan —y obtienen— oídos solidarios en el ámbito internacional.

Ahora bien, y especialmente durante los primeros meses, *producir una audiencia* fue sinónimo de *obtener reconocimiento*; en otros términos debían ser vistas para existir en tanto entidad colectiva. Desde esta perspectiva puede interpretarse la elección de la Plaza como una operación tendiente a aumentar su visibilidad. Y lo mismo vale para las rondas, aun sabiendo que,

---

[5] *El Pueblo*, 14/5/1910. Se trataba de la manifestación en apoyo de la huelga general.

nos relatan las protagonistas, fueron una respuesta forzada por la prohibición de reuniones públicas. Forzada pero al mismo tiempo impracticable por demostraciones numerosas. No queridas, la señora de Bonafini podrá lamentarlo después, porque "la ronda es rondar sobre lo mismo, pero marchar es marchar hacia algo", pero lo cierto es que no fueron ajenas a la consagración de las Madres como ícono mundial.

Por su rareza, las rondas contribuían, en los hechos, a aumentar la probabilidad, potenciada por los pañuelos blancos, de ser reconocidas como grupo.

Si tenemos por buena la versión de la señora de Bonafini,[6] los pañuelos se originaron por la necesidad de distinguirse, fuera de la Plaza, en situaciones multitudinarias. Cuando decidieron participar en la procesión a Luján,

[…] no sabíamos cómo identificarnos […]; unas iban a ir desde Luján, las otras iban a entrar en Castelar, otras en Moreno, otras en Rodríguez […], y una dijo "vamos a ponernos un pañuelo". "Un pañuelo…, ¿y de qué color? porque tiene que ser del mismo color." "Y, bueno, blanco." "Y, che, y si nos ponemos un pañal de nuestros hijos" […] Y así nos encontramos, porque ese pañuelo blanco nos identificaba.

De signo inicial de reconocimiento *dentro* del grupo, se convertirán en emblema de su identidad *en la sociedad*. Constitutivos de los cuerpos significantes de las Madres, los pañuelos, a diferencia de otras marcas de pertenencia a grupos, obedecerán a una lógica de presentación pública.

Su liturgia misma puede ser vista también como un recurso para emerger públicamente. Surgidas de manera espontánea ("avisándonos unas a otras que los jueves a las tres y media

---

[6] Graciela Rodríguez Meijide afirma que los pañuelos se adoptaron para recibir al Papa.

nos reuníamos en esa Plaza"), interrumpidas exclusivamente por la represión, las rondas giraron silenciosamente en torno de la Pirámide[7] los jueves a la tarde —el día fijado por el Ministerio del Interior para la presentación de pedidos de información sobre desaparecidos—. Su ritmo semanal y sin plazos constituía una suerte de presencia sin fin que ofrecía una alternativa a la cantidad. En lugar de cuerpos numerosos se exponían indefinidamente Madres con pañuelos blancos, figura insólita apta para otorgarles la visibilidad indispensable y conferir valor a su protesta.

Las Madres como entidad colectiva

La génesis de las Madres y su protesta fueron fenómenos prácticamente sincrónicos. Esta circunstancia da cuenta probablemente de la posibilidad de una doble lectura de sus comportamientos públicos e identificar dos objetivos en su decisión de reunirse en la Plaza: uno instrumental (y explícito), aumentar su visibilidad para dar fuerza a sus reclamos; el otro, obtener una existencia social reconocida.

Los testimonios de las Madres —construcciones retrospectivas—, al insistir sobre su diversidad social o política, construyen una unidad originaria en torno de un único reclamo. Si este relato es verosímil hay que anotar que persiguieron activamente esa uniformidad. Alentaron solidaridades y establecieron relaciones puntuales con organizaciones de derechos humanos, pero se negaron a fundirse en otros movimientos, menos por roces entre personas o razones políticas —el peso del Partido Comunista en algunas de esas organizaciones, por ejemplo— que por su voluntad de mantener sus bases comunitarias. Esa

---

[7] Sin excluir desbordes a los pies de la Casa Rosada, como en diciembre de 1978. En Jean-Pierre Bousquet, *op. cit.*, p.107.

homogeneidad fue buscada también en la Plaza, abriendo sus rondas a quienes compartían la calidad vital de "madre de desaparecido", convertida, en la práctica, en condición estatutaria de pertenencia. No interesa aquí examinar ese lazo impar sino observar que en esa clausura del grupo sobre sí mismo hay una pretensión de semejanza —casi podría escribirse de pureza de sangre— cuya realización plena tenía como escena a la Plaza. Allí, dice la señora Bonafini, "éramos todas iguales". Cualesquiera que fueran las razones (falta de tiempo de los hombres o riesgos corridos por jóvenes) lo cierto es que buscaron otras madres y tendieron a excluir a quienes carecían de esas credenciales —esposas o hermanas—. "Lo de las Madres fue madres", recordará Nora Cortiñas.

> Como en ese momento la represión era tan grande habíamos decidido ir las madres nada más a la Plaza, enfrentarlo las madres, no dejar entrar ni a los chicos jóvenes, ni a las hijas, ni a las esposas, ni a los maridos, salvo para las tareas de estrategia […] Las Madres asumimos una lucha en donde prácticamente no se necesitaba a los hombres […] pudimos crecer porque no estábamos con los hombres al lado, porque era un dominio nuestro, era un espacio nuestro donde no consultábamos absolutamente nada de lo que íbamos a hacer.[8]

Sabemos de la pluralidad de públicos de las protestas. Las rondas de las Madres no fueron una excepción. Sólo indirectamente destinadas a su adversario declarado, la Junta, se exponían a una audiencia a construir, a la mirada de transeúntes, de los medios, de quienes podían apoyarlas o estaban en condiciones de presionar sobre los jefes militares… Pero además

[8] Entrevista con Nora de Cortiñas, Equipo Derechos Humanos, CEDES, 12 de mayo de 1992. Agradezco a Elizabeth Jelin el acceso a esta entrevista y a la de Graciela Fernández Meijide.

si, como creo, su presencia en la Plaza perseguía simultáneamente obtener una existencia social, cabe sugerir que su obstinada exhibición tuvo un público primordial: *ellas mismas*. La indiferencia inicial y la permanente amenaza represiva que sólo,
y sólo parcialmente, "mujeres de edad madura, madres de familia, con todo lo que eso representa en la tradición argentina"[9] podían pretender eludir, me conducen a afirmar que la
persistencia de las rondas era la única confirmación de su existencia como entidad colectiva (como comunidad afectivamen-
te cimentada por ese "sentirnos bien" en la Plaza al que se refiere Hebe de Bonafini).

La supervivencia de las Madres y su protesta pública fueron
dos caras de la misma moneda (las rondas, por ejemplo, au-
mentaban su vulnerabilidad a la represión, pero generaban
estrategias puntuales que robustecían su cohesión: dar todas
sus documentos cuando se los pedían a una, pedir ir todas pre-
sas si una era detenida, rodear las cárceles, etc.). ¿Cómo abandonar, entonces, la Plaza, "lo único, cuando muchos decían
que no había que ir a la Plaza, que éramos locas, que era un
peligro, por qué íbamos a la Plaza"? "[…] Dijimos: tenemos
que ir pase lo que pase. […] Nos golpearon, nos pusieron pe-
rros, pero igual dijimos que no podíamos dejar de ir, y que esa
Plaza había que conservarla porque era la lucha, porque era el
futuro […]".[10]

La duradera fusión simbólica de las Madres y las rondas no
es azarosa: el *ser en la Plaza* de las Madres fue determinante en
su emergencia como entidad. Son escasos los ejemplos que, como éste, corroboran que las protestas públicas engendran al
grupo protestatario.

[9] "Cecilia", en Jean-Pierre Bousquet, *op. cit.*, p. 80.
[10] *Historia de las Madres, op. cit.*, p. 15.

Los círculos de Madres cubiertas de blanco, expuestos frente a la Casa Rosada a la represión dictatorial, constituyeron una protesta *sui generis* que sustituyó la fuerza del número por la terquedad de cuerpos sufrientes que reclamaban la verdad. Su Plaza se convirtió en un territorio político por el camino más lejano al recorrido por el peronismo: ni convocadas ni masivas ni festivas, fueron antitéticas de la Plaza peronista sobre todos los tableros. Las separaba además la ausencia de palabra. Su silencio reemplazó *slogans* y bombos, y ningún discurso vino a ofrecer un sentido a su presencia, o, lo que es lo mismo, los balcones estaban vacíos. Las Madres inventaron una Plaza e iniciaron una tradición, perpetuada en su monumento, los treinta y dos pañuelos pintados en el suelo —no cualesquiera, sino ésos, sus estilizados emblemas—, que son, junto a la Pirámide, las únicas huellas materiales de acontecimientos en la Plaza, porque no hubo finalmente monumentos al Descamisado ni a Evita.

Las tres plazas que quise distinguir, la patriótica, la peronista, la de las Madres, difieren en casi todo pero tienen en común su relación con el poder político: la Plaza fue elegida en 1810, en 1945 y en 1977 para exhibir cuerpos ante las autoridades. La diferencia estribó en que las Madres pusieron en equivalencia virtual el riesgo corrido por unas pocas, su *virtù*, y el volumen de otras.

Prácticamente cubierto el abanico de modalidades y protagonistas podría cerrarse aquí el recorrido de las demostraciones públicas en la Plaza; las que vendrán después son poco más que reiteraciones de un catálogo constituido. Hay sin embargo algunas con rasgos que no convendría olvidar.

Las plazas de abril

"Mamadera, mamadera, mamadera, esta tarde no trabaja, no trabaja ni Videla", gritaban en la Plaza de Mayo algunos miles de estudiantes con sombreros de copa a listón celeste y blanco, eufóricos por el triunfo argentino en el Mundial de 1978, y reclamaban al general Videla asegurándole que si no salía era un holandés. El Presidente estrechó manos y, a las dieciséis, una muchedumbre lo movió a salir al balcón y levantar famosamente sus pulgares. "La plaza de la argentinidad", escribe obedientemente *Clarín*, "fue colmada para festejar el éxito deportivo".

José María Muñoz, relator oficial del Mundial, invitará al año siguiente para festejar en la Plaza el triunfo del seleccionado juvenil en Tokio, previo paso frente a las oficinas de la Comisión Internacional de los Derechos del Hombre para demostrar "al mundo qué pensamos los argentinos sobre los que nos vienen a decir qué tenemos que hacer".[11] El Presidente se mostrará con los jóvenes deportistas en el balcón, gesto con un único antecedente, el presidente Alvear con un afamado aviador. (Pese a la sabida tendencia de Perón a buscar legitimidad política en triunfos deportivos, no habían merecido ese homenaje ni el equipo de basquet en 1950, ni Delfor Cabrera en 1949, ni Pascual Pérez en 1954, ni tampoco un Juan Manuel Fangio, sumados de todos modos a las glorias del régimen.)

Si la aparición del general Videla fue breve, y ante una Plaza relativamente escasa, cuando el presidente Leopoldo Fortunato Galtieri sale al balcón, el 2 de abril de 1982, tiene a sus pies a "la mayor concentración que se registró en la Plaza de Mayo", según *La Nación*, "tan compacta era la muchedumbre que resultaba dificultoso poder leer los carteles ya que unos tapaban a los otros". La profunda emoción patriótica que se había apoderado del pueblo argentino oscurecía, acaso sin borrarla,

---

[11] Marcos Novaro y Vicente Palermo, *op. cit.*, p. 306.

la memoria de los cientos de detenidos del 30 de marzo; ese día los gases, tiros intimatorios y bastonazos policiales impidieron la concentración de trabajadores estatales con carteles ("Paz, Pan y Trabajo") y un petitorio para reclamar el descongelamiento de salarios, signo, para el presidente de la Fraternidad, de "un cambio en la actitud del pueblo ante las situación que está sufriendo […]; ha decidido salir de la pasividad".

El 10 de abril se cita por segunda vez. La Plaza no era un espacio neutro, simple continente de las 100.000 a 250.000 personas reunidas ante el jefe de gobierno. La historia volvía a ofrecer el significado que todos los escolares conocían. Patria por Patria, información por información, nada impedía que el Presidente instalara el acontecimiento como una repetición del 25 de Mayo, cosa que hizo (alegoría que las informaciones sobre movimientos en el sur hacían verosímil). Más, bautizó el acto como "cabildo abierto del gobierno argentino y el pueblo argentino" (y no es imposible que fuera también, para el esperanzado General, una futura plaza popular.)

> Pueblo argentino: el pueblo quiere saber de qué se trata. Repito: el pueblo quiere saber de qué se trata. En mayo de 1810, en esta plaza, el pueblo de aquella época se reunió frente al Cabildo pidiendo saber de qué se trataba; el nacimiento de la Patria. Hoy, como en aquella época, pero con millones de argentinos frente al Cabildo, el pueblo quiere saber de qué se trata.

La demostración duró el tiempo necesario para mostrarla al general Haig como argumento en las negociaciones por las Malvinas. Semanas más tarde el desencanto furioso ante la rendición argentina llevará nuevamente a la Plaza, ahora sin balcones, a quienes seguían creyendo en una victoria argentina. Nada obliga a encontrar en estos encuentros un propósito de legitimación política, pero nada impide observar que, pese a los estribillos antigubernamentales, un pueblo unido plebiscitaba la gestión bélica de la dictadura. Abril de 1982 mostró que la Plaza de Mayo seguía siendo el lugar privativo de la relación entre gobierno y masas. Pero si la Plaza de la Patria y la Plaza Peronista conservaron sus significados virtuales, el de la multitud que respondió al llamado militar quedó por largo tiempo relegado a una zona opaca de la memoria, testimonio de entusiasmos difícilmente compatibles con la pasión democrática que emergería un año más tarde.

Raúl Alfonsín, presidente electo, retomó el hábito del balcón, si bien, amante de los símbolos, optó por el del Cabildo para su "plegaria laica", el Preámbulo de la Constitución. Ya eran incontables y masivas en la Plaza las marchas de las Madres y por los derechos humanos, testimonio de la parálisis de partidos que tardaron en recuperarse.

El 21 de abril de 1985, en vísperas de la apertura del Juicio a las Juntas, tenemos un segundo balcón, ahora el de la Casa Rosada. Para defender a la democracia, objetivo oficial y creíble a estar con los alarmantes rumores reproducidos por la prensa, acudieron 200.000 personas. No podía dejar de ser sorprendente por lo tanto el anuncio de una inminente guerra económica que impediría aumentar los salarios. El Presidente se refería sin duda al Plan Austral pero era difícil adivinarlo detrás de esa misteriosa guerra y de las "inelasticidades duras". Habiendo ido a defender las instituciones democráticas, los concurrentes se enteraban de estar allí en realidad para ser notificados de que deberían apretarse el cinturón. Buena parte del público abandonó la Plaza, pálido remedo del 1º de Mayo de 1974, en el número y en el recuerdo.

Este abril quedó, creo, menos fijado en la memoria que el de 1987. Ante las renovadas amenazas de un golpe y respondiendo al llamado de los partidos y organizaciones sindicales la Plaza fue colmada para apoyar a la democracia. El día 16 había cerca de 400.000 personas frente al Congreso y en la ruta a Campo de Mayo se agolpaban millares para, dice *Clarín*, "saber de qué se trata"; tres días después, más de medio millón de ciudadanos estará en la Plaza de Mayo y escucharán dos veces al Presidente: la primera para pedirles que lo esperen, ("dentro de un rato vendré con las soluciones") y la segunda, tres horas más tarde, para anunciarles, imborrablemente, que la casa está en orden, y desearles Felices Pascuas.

Comparemos dos abriles. En 1982 y en 1987 se buscó llenar la Plaza para demostrar el apoyo popular (a la guerra o a la democracia), objetivos explicitados por los discursos y —si confiamos en carteles, *slogans* y declaraciones— predominantes en el ánimo de los presentes, y en ambos tuvo preeminencia un destinatario adversario al que se exhibía la Plaza: si el helicóptero que obligó a Haig a sobrevolarla fue, por así decirlo, su expresión más pura, en 1987, de manera menos caricaturesca, gobierno, partidos y sindicatos llamaron para mostrarles a los militares el pueblo unido para defender las instituciones.

El énfasis en un adversario compartido fundaba una suerte de comunidad, pero eso mismo oscurecía la naturaleza del lazo entre la masa en la Plaza y los jefes de gobierno en los balcones. Las organizaciones convocantes, más explícitamente en 1987 que en 1982, *pusieron en suspenso las diferencias políticas*, separando el apoyo político y la defensa de bienes colectivos, Patria o Democracia (los estribillos de 1982 no hacían otra cosa). Ni Galtieri ni Alfonsín salieron a los balcones como líderes políticos sino como representantes de valores comunes: con la metáfora del 25 de Mayo, Galtieri ignoraba las fuertes tensiones para dirigirse a un pueblo patriótico indiviso; Alfonsín invitaba "a quienes nos votaron y a quienes no nos votaron, a quienes nos respaldan y a quienes nos critican". Las convocatorias pretendían reunir al Pueblo-Uno. Ambos jefes de Estado, al despolitizar los encuentros, designaban a las masas en la Plaza como una comunidad unánime, un Pueblo indiferenciado. Sólo el peronismo utilizó el balcón para ratificar su condición de fracción del cuerpo social; hizo de la Plaza el escenario de la división de la sociedad y, en el mismo movimiento, la hizo su signo político.

Todos estos encuentros tuvieron en común, sin embargo, uno de los rasgos plebiscitarios de la política argentina: la sustitución de los sufragios por los cuerpos reunidos ante la Casa Rosada, *la presentación antes que la representación.*

Los sentidos de la Plaza

Comencé con la observación, trivial, sobre la ausencia de una sola Plaza; los cambios históricos y sus múltiples funciones permitían otras tantas maneras de abordar una crónica. Es evidente a esta altura que esa variedad proviene, también, de las distintas memorias o, lo que es lo mismo aquí, de sus diferentes significaciones. Como esto no la distingue de otros objetos, conviene interrogarse sobre las propiedades que la singularizan.

Posee, primera cronológicamente, una relación privilegiada con la Patria construida en torno de la figura del 25 de Mayo cuya perennidad estuvo esencialmente a cargo de autoridades que confirieron a esa Patria acepciones diversas. A esa significación, aquí primigenia (no lo fue por supuesto históricamente), el peronismo articuló la suya en una combinación inestable de totalidad y parcialidad social; en esta lista —que admite otras y cuya arbitrariedad no niego— vendrá a sumarse la Plaza de las Madres. Si nos guiamos por textos y rituales, evidencias materiales más ventajosas que la atribución de insondables percepciones colectivas, se infiere que los significados/memorias emergieron sin anular, y sin siquiera perturbar, a los anteriores. Los admitió, unos fugaces, otros perdurables, en contraste con las polémicas reconstrucciones de acontecimientos, lejanos y no tanto, productoras de criterios de memoria y olvido igualmente polémicos. Que esa superposición se haya producido sin roces merece unas líneas, porque remite precisamente al núcleo de la originalidad de la Plaza.

Esa coexistencia virtual fue posible porque no hay aquí relaciones suma cero, en las que lo ganado por unos es perdido por otros. Conviene por eso ser prudentes, en materia de lugares públicos, con los restos del "giro lingüístico": sucede leer sobre combates por su sentido o conflictos por su apropiación, términos que, si no explicitan las razones que los justifican (no es infrecuente) son, en el mejor de los casos decorativos, en el peor, errores que reflejan una visión retrospectiva (no hay motivo alguno, por ejemplo, para sostener, como se ha hecho, que el primer y frustrado acto del 1° de Mayo, prácticamente inadvertido, disputó o invadió simbólicamente el ámbito urbano).

De esa coexistencia no cabe concluir, vale quizá la pena aclarar una banalidad, que la Plaza haya sido un lugar neutro: los textos nos dicen hasta qué punto se la vio violada bajo Yrigoyen, el 17 de Octubre y, hoy, ultrajada por los usos bárbaros de los piqueteros, desobedientes de los cánones burgueses.

El modo específico de atribución de sentido a la Plaza remite a su condición de *lugar público,* como lo muestra una comparación con emblemas de sociedades o grupos, que no admiten una polisemia análoga. Recordemos algunas diferencias elementales. Por lo menos tres rasgos caracterizan a la relación entre el símbolo y lo simbolizado en el caso de, por ejemplo, una bandera: está regida por reglas conocidas (para el que las ignora es un trapo de colores), es unívoca (cada nación tiene la suya) y se agota en su significado (es exclusivamente la bandera de una nación). Está claro que las normas pueden ser cambiadas, como lo muestra la sucesión de decretos sobre su uso y, más memorable, la innovación rosista. Pero dado un régimen de regulaciones, la relación entre el símbolo y lo simbolizado es invariable; correlativamente, sus materializaciones —por definición infinitas— en telas o en baldosas, en un lugar o en otro, no alteran su calidad significante.

La Plaza, *qua* lugar público, posee atributos exactamente inversos. Puesto que no existen normas que, fijando su estatuto simbólico, lo clausuren, permanece abierta la posibilidad de incluirla en nuevas relaciones significantes (o memorias). Por último, como contrapartida, sus sentidos no son unívocos ni se restringen a lo simbolizado. De esa apertura se sigue que la Plaza significa *exclusivamente* en los instantes en los cuales la memoria es activada; fuera de ellos —a la manera de los monumentos que, para Musil, "hacen invisible lo visible"— es un lugar de pasaje de peatones o de albergue de palomas.

Nada impediría reemplazar estas engorrosas disquisiciones por algunas etiquetas existentes, tal la de "lugar de memoria" —"signo que se reenvía a sí mismo"— que Pierre Nora hizo famosa. La Plaza lo es sin duda, precisamente porque *no es* el "lugar de memoria" de la Patria, del peronismo o de las Madres: significa sin referente, más allá de la heterogeneidad de los sentidos que le fueron atribuidos o, mejor, debido a ella. La tan grande variedad admitida por el concepto de Nora en su obra (novelas, circuitos ciclistas, etcétera) obliga sin embargo a abandonarlo para poner en primer plano la especificidad de la Plaza como sitio público. Y a partir de la idea de que sus *significados/memorias remiten necesariamente a acontecimientos* sucedidos dentro de su perímetro. Es en su potencial de trivialización cotidiana —o sea en su calidad de lugar público— donde reside, precisamente, su aptitud para adquirir, sin contradicción, diferentes sentidos.

Esto es quizá más claro si nos preguntamos por la condición para establecer normas —con una gramática no metafórica— capaces de asignarle, como a los emblemas, una significación fija y determinada. Resulta evidente que sería indispensable *cerrarla a los transeúntes.* (Las Madres muestran que ni siquiera bajo estado de sitio, durante una dictadura, pueden evitarse las demostraciones públicas.) Cerrarla y convertirla por consiguiente en una suerte de santuario o museo, consagrado a una única significación/rememoración. Así, y a *contrario*, se sigue que la Plaza de Mayo, materialmente una, adquirió distintos significados por ser un lugar abierto a la circulación y, en tanto tal, escena posible de hechos públicos colectivos.

La dimensión icónica es útil aquí para identificar su modo particular de significación: *la Plaza es signo de acontecimientos por contigüidad, en tanto parte de lo representado.* Esto es, como parte constitutiva del 25 de Mayo, del 17 de Octubre, de las rondas, inconcebibles sin ella. Los emblemas simbolizan entidades colectivas (grupos o naciones); la Plaza representa acontecimientos: para eso son necesarias operaciones forjadas ulteriormente (por la Asamblea del Año XIII, por Perón en 1946, por las Madres en 1979), cuya eficacia se verifica en comportamientos que con-memoran en su territorio mismo.

Es por esa razón que, pese a estar rodeada por la Catedral y la Casa de Gobierno, no fue, estrictamente hablando, signo del poder ni de la religión. Sus sentidos (memorias) emergieron, en una relación indiciaria, tan solo de acontecimientos socialmente seleccionados. La expresión "socialmente seleccionados" es intencionalmente vaga, porque es imposible saber cuáles están destinados a perdurar. Para que eso suceda no alcanzan las motivaciones de los actores ni la magnitud de un episodio histórico. ¿Cuántos recuerdan que plaza Once fue bautizada así por el 11 de septiembre de 1853, fecha de la revolución que, como escribe Tulio Halperin Donghi, marcó como pocas la historia argentina? Desapareció del ámbito público por muy obvias razones hacia 1880, y nada asegura tampoco la perennidad de la Plaza de diciembre de 2001.

Al referirme a la fractura de la Plaza en el Centenario sostuve la necesidad de diferenciar la Plaza del poder, que depende de las prácticas contingentes ligadas a las instituciones que la bordean, y la Plaza como signo. Esta distinción no implica que esta segunda Plaza sea independiente de la autoridad, al contrario. El Cabildo tuvo una importancia genética capital para la emergencia de la Plaza patriótica, y el 45 y las Madres son impensables sin la Casa Rosada. La sede del poder estuvo siempre en el origen de los acontecimientos que otorgaron sentidos a la Plaza y nada impide que engendre otros.

Epílogo

Más o menos agitados, a caballo o de a pie, armados o no, desde 1810 llegaron a la Plaza grupos que pugnaban por el poder. Fueron reemplazados a mediados del siglo XIX por calmas manifestaciones con pliegos de demandas al Municipio, el Parlamento, el Ejecutivo, que supieron ser violentas cuando las pasiones no admitían petitorios. Las autoridades se sirvieron regularmente de la Plaza para celebrar distintas Patrias, porteña o nacional, del orden, popular o democrática. El general Uriburu estrenó el encuentro del balcón y la Plaza, preferido por Farrell y Perón, y elegido también para sus arengas por Lonardi, Galtieri y Alfonsín. Nada justifica afirmar que el 17 de Octubre inauguró una Plaza donde imperaron las protestas populares —sencillamente porque no las hubo durante más de treinta y cinco años— pero es cierto que un Pueblo estuvo presente durante más de una década.

Me pareció posible identificar, algo arbitrariamente, tres plazas significativas hoy, la de la Patria, la de Perón y la de las Madres. El 6 de abril de 1990 hubiera podido quizás agregar otra, "la Plaza del Sí", porque por primera vez desde la muerte de Perón se llegaba a la Plaza para apoyar a un presidente peronista, pero ni Menem ni los dirigentes políticos y sindicales ni los medios creyeron necesario recordarlo. No fue, para nadie, un acto peronista. Puede también pasarse por alto, porque en algún momento hay que poner punto final a esta crónica, el acto de la Renovación peronista o el de Eduardo Duhalde, pero no la revuelta enfurecida que llegó desordenadamente a la Plaza el 19 y 20 de diciembre de 2001. Tuvo, como otras protestas ajenas al canon de la petición, un desenlace violento contabilizado en muertos, heridos y golpeados, pero su éxito político fue rotundo: poco después el doctor De la Rúa partía en helicóptero. Dejó como herencia el refuerzo de las verjas de protección frente a la Casa de Gobierno y una sociedad agitada durante más de un año por una movilización con escasos precedentes. La ceguera —o la falta de coraje político— del Presidente y de sus ministros de Economía había dejado la suya: acercar al país al borde del previsible abismo en el que caería semanas más tarde.

Bajo la más benigna administración de Néstor Kirchner, la Plaza conservó su atractivo para muy diversos mitines, y supo atraer colectivos en torno de la Pirámide o taxistas para enterrarse. Una valla que la secciona más rígidamente que la Recova colonial, policías calmamente apostados, turistas, vendedores de banderitas y de alpiste son otros tantos obstáculos a sortear por los transeúntes.

En la Plaza se vio al poder celebrar a la Patria, a la Iglesia rendir honores a Cristo y a grupos, grandes o pequeños, pacíficos o violentos, reclamar ante las autoridades. O sea que siempre fue política. En septiembre de 2005, sin embargo, los piqueteros introdujeron algo nuevo: *el conflicto por la Plaza*. Las demostraciones organizadas admitieron siempre plazos y las excepciones (1811, 1945, las revueltas violentas) no negociaron, como lo hicieron los piqueteros en 2005, su tiempo de presencia. Durante la fugaz confiscación material y simbólica del corazón del espacio público porteño, hicieron de la Plaza, hasta entonces *escena* de conflictos, el *objeto* del conflicto. Se planteó, por primera vez, un interrogante capital: *¿De quién es la Plaza?*